既有建筑更新改造技术与实践

张彤炜　周书东　阳凤萍　刘　亮　黄志明　主编

中国建筑工业出版社

图书在版编目（CIP）数据

既有建筑更新改造技术与实践/张彤炜等主编. —北京：中国建筑工业出版社，2022.11
ISBN 978-7-112-28023-0

Ⅰ.①既… Ⅱ.①张… Ⅲ.①旧房改造 Ⅳ.①F293.33

中国版本图书馆CIP数据核字（2022）第181427号

本书结合国内外经典改造案例及广东省内的具体案例，分析阐述了既有建筑更新改造中规划设计、工程实施及技术应用等多个方面的内容，总结相关实践经验，能够给后续的既有建筑改造工程提供一定的参考。

本书共8章，包括绪论、既有建筑更新改造的前期开发策略研究、既有建筑更新方案策略研究、既有建筑结构鉴定及加固技术研究、BIM及装配式建造技术在既有建筑改造中的应用、既有建筑外围护结构改造研究、既有建筑绿色改造应用研究、既有建筑改造案例。本书可供类似工程建设、设计、施工等单位从业人员参考及使用，也可供大专院校相关专业师生使用。

责任编辑：杨　杰
责任校对：王　烨

既有建筑更新改造技术与实践

张彤炜　周书东　阳凤萍　刘　亮　黄志明　主编

*

中国建筑工业出版社出版、发行（北京海淀三里河路9号）
各地新华书店、建筑书店经销
北京龙达新润科技有限公司制版
北京中科印刷有限公司印刷

*

开本：787毫米×1092毫米　1/16　印张：14¾　字数：365千字
2022年12月第一版　　2022年12月第一次印刷
定价：**78.00**元
ISBN 978-7-112-28023-0
（40023）

版权所有　翻印必究
如有印装质量问题，可寄本社图书出版中心退换
（邮政编码　100037）

本书编委会

主　　编：张彤炜　周书东　阳凤萍　刘　亮　黄志明

副 主 编：谢璋辉　郑大叶　麦镇东　张　益

参　　编：陈宇震　叶雄明　苏梓豪　赖木顺　周世宗

主编单位：东莞市建筑科学研究院有限公司

参编单位：东莞市莞城建筑工程有限公司

前　言

随着社会经济转型升级和城市化的不断深入，城市空间也在不断变迁之中。一方面城市新区和新建建筑持续涌现，另一方面大量的老旧建筑也面临拆除和更新改造。在世界范围内，社会经济发展达到全面工业化水平以后，相比新建建筑，既有建筑更新改造成了城市发展更新的主要手段。以英国为例，1970年以后的建筑项目中新建建筑比例仅占约1/5，大部分项目为既有建筑的更新改造。如今我国进入了工业化后期，城市发展过程中遗留下一批既有建筑，这些既有建筑的更新改造成为城市发展中不得不面对的问题。

目前我国的既有建筑大部分都是20世纪末21世纪初建造而成，普遍存在结构安全问题、功能退化严重、建筑能耗过大、基础设施不齐全等问题。由于经济、技术以及价值观念等原因，在城市更新中不少既有建筑未能改造再利用，大多还是采取"大拆大建，推倒重来"的方式，一方面造成了资源存量的浪费和资源利用的低下，另一方面，也导致了城市特色的缺失和千城一面状况的出现。城市化进程的快速发展、资源储量有限的现状促使"存量优化和新建提升并举"的新型建设方式成为建设领域落实绿色发展的重要途径。

《中华人民共和国国民经济和社会发展第十四个五年规划和二〇三五年远景目标纲要》的新型城镇化建设中也提出要加快三旧改造，保护城市历史文化的同时加快城市更新和品质的提升。广东省作为三旧改造的先行试验区，在一些城市进行了相关探索实践。广州在三旧改造中提出"微改造"的概念，充分利用原有的建筑基本功能和结构，避免了大拆大建；其他湾区城市如深圳、东莞、佛山等也借助三旧改造契机，通过政府统筹和政策激励，助力产业转型，提升城市品质。

本书结合国内外一些经典改造案例及广东省内的具体案例，立足于区域的建筑更新改造实际情况，建立既有建筑更新改造体系，为改造工程开发和技术应用提供参考。

目 录

第1章 绪论 ······ 1
1.1 概述 ······ 1
1.2 国外既有建筑更新改造发展状况 ······ 1
1.2.1 国外既有建筑更新改造发展历程 ······ 1
1.2.2 国外既有建筑更新改造实践 ······ 5
1.3 国内既有建筑更新改造发展状况 ······ 10
1.3.1 发展历程及实践 ······ 10
1.3.2 国家相关更新改造文件 ······ 16
1.3.3 广东省"三旧"改造政策 ······ 17
本章参考文献 ······ 20

第2章 既有建筑更新改造的前期开发策略研究 ······ 21
2.1 既有建筑改造需要关注的问题 ······ 21
2.2 既有建筑改造管理与实施流程 ······ 22
2.3 改造对象分类及开发模式 ······ 26
2.3.1 改造对象分类 ······ 26
2.3.2 投资运作模式 ······ 28
2.3.3 改造开发模式 ······ 29
2.4 既有住宅建筑改造现状分析 ······ 30
2.4.1 既有住宅建筑改造难点 ······ 30
2.4.2 改造策略建议 ······ 30
本章参考文献 ······ 32

第3章 既有建筑更新方案策略研究 ······ 33
3.1 更新改造目标和策略 ······ 33
3.2 总体规划布局 ······ 33
3.2.1 整体规划理念 ······ 33
3.2.2 公共绿化与活动空间 ······ 36
3.2.3 文化休闲空间 ······ 41
3.2.4 停车空间 ······ 45
3.2.5 交通联系空间 ······ 48
3.2.6 建筑整体形象 ······ 49
3.3 建筑内部改造 ······ 52
3.3.1 主体功能改造 ······ 52
3.3.2 建筑空间改造 ······ 55

3.3.3 公共服务空间 ··· 59
　　3.3.4 内部联系空间 ··· 60
3.4 建筑立面改造 ·· 64
　　3.4.1 保护历史风貌 ··· 65
　　3.4.2 新旧元素和谐 ··· 66
　　3.4.3 加入创新元素 ··· 67
　　3.4.4 融入周边环境 ··· 70
　　3.4.5 垂直绿化立面 ··· 70
　　3.4.6 回应当地文化 ··· 72
3.5 开发利用地下空间 ·· 73
　　3.5.1 地下空间的必要性和优势 ·· 73
　　3.5.2 地下空间开发原则 ·· 74
　　3.5.3 地下空间布局与设计策略 ·· 75
3.6 适老化设计与加装楼电梯 ··· 78
　　3.6.1 既有建筑适老化设计改造原则 ·· 78
　　3.6.2 适老化设计改造策略 ··· 79
　　3.6.3 既有建筑电梯、楼梯改造方法 ·· 79
　　3.6.4 既有住宅电梯增设原则 ··· 82
　　3.6.5 新增电梯、楼梯常见问题及相关建议 ······································ 85
3.7 消防安全提升 ·· 86
　　3.7.1 消防改造常见问题 ·· 86
　　3.7.2 消防改造策略 ··· 87
3.8 特定既有建筑更新改造的策略 ·· 88
　　3.8.1 新旧建筑融合的设计改造策略 ·· 88
　　3.8.2 生态建筑设计改造策略研究 ··· 91
　　3.8.3 高耸既有工业建筑改造策略研究 ·· 92
本章参考文献 ·· 99

第4章 既有建筑结构鉴定及加固技术研究 ·· 101
4.1 既有建筑结构鉴定、加固及改造原则 ·· 101
4.2 既有建筑结构鉴定 ··· 101
　　4.2.1 鉴定标准分级 ·· 101
　　4.2.2 鉴定工作流程及相关工作 ··· 104
　　4.2.3 既有结构的常用鉴定方法 ··· 107
　　4.2.4 现场检测的个别注意事项 ··· 111
4.3 既有建筑的加固 ·· 115
　　4.3.1 既有混凝土结构的加固 ·· 115
　　4.3.2 既有砌体结构的加固 ·· 118
　　4.3.3 既有钢结构的加固 ··· 121
　　4.3.4 与加建结合的加固理念 ·· 124

本章参考文献 ·· 126
第5章　BIM及装配式建造技术在既有建筑改造中的应用 ···················· 127
　5.1　BIM及装配式在既有建筑改造的技术背景 ······································ 127
　5.2　BIM技术在既有建筑改造中的应用 ··· 127
　　5.2.1　资料收集建模阶段 ·· 128
　　5.2.2　改造设计阶段 ·· 128
　　5.2.3　施工及验收 ··· 130
　　5.2.4　运维管理阶段 ·· 132
　5.3　装配式建造技术在既有建筑改造中的应用 ···································· 132
　　5.3.1　设计要点 ·· 133
　　5.3.2　结构体系改造 ·· 133
　　5.3.3　围护体系改造 ·· 135
　　5.3.4　装修和设备体系 ··· 137
　　本章参考文献 ·· 140

第6章　既有建筑外围护结构改造研究 ··· 141
　6.1　背景及原则 ·· 141
　6.2　外围护结构常见的改造方式 ··· 141
　6.3　外墙围护结构改造 ·· 142
　6.4　屋面围护结构改造 ·· 146
　6.5　门窗和幕墙改造 ··· 148
　　本章参考文献 ·· 149

第7章　既有建筑绿色改造应用研究 ··· 150
　7.1　既有建筑绿色改造的必要性 ··· 150
　7.2　建筑外围护绿色改造 ··· 151
　　7.2.1　墙体绿色改造 ·· 151
　　7.2.2　门窗绿色改造 ·· 153
　　7.2.3　屋面绿色改造 ·· 154
　　7.2.4　过渡空间改造 ·· 155
　　7.2.5　遮阳构件改造 ·· 156
　7.3　空调系统的节能改造 ··· 158
　7.4　照明系统的节能改造 ··· 159
　7.5　建筑能源管理系统平台改造 ··· 159
　7.6　废弃材料的绿色改造 ··· 161
　　7.6.1　废弃建材在老旧建筑加建幕墙中的资源化利用研究 ···················· 161
　　7.6.2　基坑弃土与新建建筑一体化的景观营造技术 ······························ 166
　　本章参考文献 ·· 170

第8章　既有建筑改造案例 ··· 171
　8.1　东莞市民服务中心 ·· 171
　　8.1.1　工程概况 ·· 171

8.1.2 改造难点 ·· 172
　　8.1.3 改造内容 ·· 173
8.2 东莞市楷模家居用品有限公司改造项目 ··· 188
　　8.2.1 工程概况 ·· 188
　　8.2.2 改造理念 ·· 188
　　8.2.3 改造内容 ·· 189
8.3 鳒鱼洲文化创意产业园 ·· 198
　　8.3.1 工程概况 ·· 198
　　8.3.2 改造理念 ·· 199
　　8.3.3 改造内容 ·· 204
8.4 麦德龙东莞万江商场改造项目 ··· 207
　　8.4.1 工程概况 ·· 207
　　8.4.2 改造理念 ·· 208
　　8.4.3 改造内容 ·· 208
8.5 太原市图书馆改扩建 ·· 212
　　8.5.1 工程概况 ·· 212
　　8.5.2 改造理念 ·· 212
　　8.5.3 改造内容 ·· 213
8.6 北京798厂房改造 ·· 216
　　8.6.1 工程概况 ·· 216
　　8.6.2 改造理念 ·· 217
　　8.6.3 改造内容 ·· 218
8.7 东莞市老旧小区改造案例 ··· 221
　　8.7.1 东莞市老旧小区的现状及政策 ·· 221
　　8.7.2 东莞第二教师村老旧小区 ·· 222
　　8.7.3 东莞南城黄金花园金碧楼 ·· 222
　　8.7.4 东莞谢岗镇泰康花园 ··· 224
本章参考文献 ·· 224

第 1 章 绪论

1.1 概述

建筑是人类赖以生活生产的空间场所，建筑的建造主要有三种方式，即新建、扩建以及改建。由于建筑产品有一定的生命周期，结构或空间功能不能一直满足使用要求，不满足相关要求的既有建筑往往面临拆除和改造两种选择。相较于传统的直接拆除并新建的方式，既有建筑更新改造有一些特定的优点和适用性。随着大量的既有建筑临近使用期限，更新改造成为一种较为普遍的对既有建筑进行处理的方式。

既有建筑改造在城市更新发展中必不可少。由于土地资源的不可再生，土地规划利用需要考虑耕地和生态保护的问题，城市空间发展面临一些瓶颈。节地节材，合理利用既有建筑和空间，是城市更新改造中的重点努力方向。此外，城市空间和建筑的更新还需要考虑绿色建筑的要求，在充分利用现有资源的前提下，做好建筑节能减排和废弃物回收利用工作。这些现状和要求意味着既有建筑改造应有特定的优势，以及在未来的城市发展进程中扮演重要角色。

1.2 国外既有建筑更新改造发展状况

由于部分西方发达国家较早地完成了全面工业化，随之而来的是大量工业建筑的遗留。同时由于一些历史文化保护和节能环保法律及政策的要求，既有建筑改造相较于新建建筑，更容易在建筑生产中被采纳。比如较早完成全面工业化的英国，20世纪70年代以后的建筑项目中，新建项目仅占20%左右，绝大部分为改造项目。其他的一些发达国家如瑞典、丹麦、美国、加拿大、日本等也将建筑生产的重心放在既有建筑的改造中，其中瑞典在20世纪80年代的既有建筑维修和改造方面的投入约占建筑生产投资额一半，而这方面起步略晚的美国也在21世纪初加大投入，使其建筑更新维护投资规模占到建筑生产总投资额近1/3。

国外的既有建筑更新改造按工程规模划分可分为片区改造和单体建筑改造。片区改造往往是在区域层面，按照规划和历史文化遗产保护要求对区域进行大范围的改造。而建筑改造则涉及较小的范围，主要是对建筑单体和周边环境设施进行改造。国外既有建筑更新改造中涉及片区改造和建筑改造不同范围的现状将在后面章节进行具体介绍。

1.2.1 国外既有建筑更新改造发展历程

20世纪50年代以来，西方城市更新改造概念发生了5次明显的变革。1950年代的主导概念是城市重建（urban reconstruction），1960 年代的概念是城市振兴（urban revitalization），1970 年代的概念是城市更新（urban renewal），1980 年代的概念是城市再开发（urban redevelopment），1990 年代以来的主导概念是城市再生（urban regeneration）。

概念变革反映了城市更新改造的时代背景和时代特征，进入 21 世纪，一些标志性的事件奠定了既有建筑更新改造国际化规范体系。1996 年巴塞罗那国际建筑协会第十九届大会提出对"模糊地段"——如废弃的工业区、码头、火车站等地段的改造。2003 年，国际工业遗产保护联合会（TICCIH）在俄罗斯下塔吉尔通过了国际产业遗产保护领域的纲领性文件——《下塔吉尔宪章》，促使国际间对产业历史遗产的价值及其保护达成共识。

研究表明，既有建筑更新改造开发体系中，政策法规对既有建筑更新改造的实施有决定性的影响，相关体系具体内容如表 1-1 所示。

既有建筑更新改造开发体系　　　　　　　　　　　　　　　　　表 1-1

开发体系	具体内容
法规体系	法律、法规、章程、政策
管理体系	机构设置、组织管理体系、职能
计划体系	目标体系、规划编制
运作体系	更新对象、实施模式、资金来源

各国的建筑更新改造历程和政策往往与其国家发展阶段息息相关，这使得对我国既有建筑更新改造发展现状的探讨有很大的意义。本书重点关注国内包括民用建筑和既有工业建筑两个不同类别中既有建筑改造的实施和发展，并对相关政策制度的演变进行追溯和分析。

（1）国外民用建筑改造发展历程与政策分析

尽管不同国家对民用建筑改造的监管要求各有不同，但对既有民用住宅建筑改造实施监管主要通过出台监管法规和明确责任主体的方式实现。其中法律法规体系包括主要法律、管理法律法规、技术标准和地方性法规，如表 1-2 所示。

国外民用建筑改造法律法规体系　　　　　　　　　　　　　　　表 1-2

国别	主要法律	管理法律法规	地方性法规
英国	《住宅法》	《住房维修与租金法》《社区规划法》	《内城地方法》《地方政府规划和土地法案》
德国	《建设法典》	《联邦建设法》《城市建设促进法》《居住建造法规》《文物保护法》《简单更新计划》	《柏林改造导则》《巴登州城市改造发展计划》《城市发展促进资金指引和项目指南》
法国	《城市改造与社会团结法》	《马尔罗法》《城市规划法》《城市方针法》	《市镇合作法 1991》
荷兰	《住宅法》	《90 年代住房政策白皮书》	《社会租赁部门管理通则》
日本	《日本住宅地区改善法》	《公共住宅法》《都市再开发法》	《东京都市再生试行规则》《东京社区营造条件》

英国的《住宅法》是既有住宅建筑改造依照的主要法律。在此框架下，既有住宅建筑

改造还需要在相应的《住房维修与租金法》《社区规划法》等相应的管理法律法规下实施。在不同时期还出现了一些地方性的法规，如在 20 世纪 60 年代，随着英国工业化到达鼎盛期，环境污染加剧，城市市区人口开始由中心城区向郊区迁移，出现内城空洞化倾向，人口聚居在大城市边缘地带，城市周边出现卫星城。英国政府针对内城发展问题，颁布了内城地方法，提出了一些城区再开发和复兴的政策措施。英国在 1980 年颁布的《地方政府规划和土地法案》中规定，对地方政府公共服务的供给，可以适当引入市场竞争，利用招投标手段，使得地方政府在规划建造、交通基础设施维护、运动和娱乐设施维护等公共服务上，通过与社会机构和私有服务商竞争来获得提供公共服务的机会。

德国一些地方政府发现城市改造更新应注重动员市民的共同参与，产生长效积极的影响。于是 1971 年德国巴登州出台了"城市改造发展计划"激励市民和私营业主参与到旧城改造过程中来。

法国在 1962 年颁布的《马尔罗法》提出将有价值的历史街区规划为"历史保护区"，制订保护和继续使用的规划并纳入城市规划的严格管理。此后 1973 年的《城市规划法》完善了历史建筑与历史街区保护规划工作。两部法律相互补充，完善了历史老旧民用建筑的保护和规划。

与法律法规相应的监管组织体系也包含不同主导机构，详见表 1-3。

国外民用建筑改造监管组织体系 表 1-3

国别	主导机构	组织描述介绍
英国	城市开发公司和相关企业	受城市开发基金赞助的社会企业
德国	开发公司	受政府委托但独立运行的有限责任公司
德国	业主顾问组织	受行政委托独立运营的社会组织
德国	居民代表处	公共居民参与改造的基础性组织机构
法国	低租金租房联合会	经国家批准的具有行政管理性质或社会资金形成的住房管理股份公司
法国	全国房屋修缮局	带有行政管理性质的公共机构
法国	房产修复协会	政府授权认可的社会非盈利行业组织
法国	区域设施安装公司	从事城市改造更新相关业务的社会企业
法国	市级政府	市政府可以颁布一些鼓励旧住宅改造措施
荷兰	业主协会	强制性的管理机构
荷兰	住房协会	政府授权认可的社会非盈利行业组织
荷兰	工程领导小组	工程领导小组包括政府官员，居民代表，建筑师，社会工作者等
荷兰	居民委员会	非营利民间组织
日本	都市基盘整备公团	提供都市改造一体化服务的综合机构

（2）国外工业建筑改造发展历程与政策分析

对于工业化起步较早的国家如英国、德国、日本等，在 20 世纪实现了全面工业化，而后逐步出现了一些工业遗址，工业建筑也不断进行更新改造。从英国、德国、日本过去近一个世纪的工业建筑改造政策发展历程可以看出，规模化的工业建筑改造需要一些配套政策，而这些政策也在不断完善发展。

在 18 世纪 60 年代，随着蒸汽机的发明应用，英国成为最早开始工业革命的国家。在

20世纪50年代，英国开始尝试对一些工业遗迹进行调查和保护。随后到1970年代，英国成立了工业考古协会，进一步推动了工业遗产的保护。而到1980年代和1990年代，一些资金和团体的引入保障了英国工业建筑保护与改造的可持续性，如表1-4所示。

英国工业建筑保护改造重大里程碑　　　　表1-4

时期	历史事件
18世纪60年代	英国开始工业革命
1950年	英国最早提出"工业考古学"，"工业文物全国普查"（National Industrial Monument Survey）形成
1973年	英国工业考古协会（Association for Industrial Archeology）成立举行第一届产业纪念物保护国际会议
1975年	谢尔班·坎塔库齐诺的开创性著作《旧建筑的新用途》出版，手册肯定工业建筑中植入新功能的保护方法
1980年	英国投入大量资金用于工业建筑和遗址改造，357个"保护区合作计划"取得良好成效，其中包括怀特黑文、坎布里亚郡和赫尔等地区旧港口及工业区的改造与转型
1990年	"拯救英国遗产协会"等社会团体产生，以"可持续"为口号，进行一系列以社区为主导的历史建筑改造，如伦敦的装饰艺术大厦
1993年	城市亮点公司创立，专注于旧工业建筑改造
1994年	"英格兰策略联盟"成立，成为英国历史建筑再利用领域最具影响力的国家级机构"遗产更新基金会"成立，该组织在"王子基金会"和英国遗产局的资助下，由专家组资源组成考察团队，调查和保护英国各地工业建筑，创建工业建筑的数据库
1997年	成立专门的国际产业遗产保护组织，并设立专门的产业考古奖
2010年	在《建筑条例》明确了各种修缮技术及要求
2015年	编制《英国历史环境战略性保护框架（2015—2020）》

随着19世纪20年代发布的《针对各种破坏和特征丧失的纪念物的保护和修缮》多个条例，德国开始历史文化建筑的保护。完成工业革命后约一个世纪的1975年，德国推动欧盟出台《欧洲建筑遗产宪章》。随后一些工业建筑保护改造的指导著作和基金会的成立使得德国工业建筑保护改造得以进一步发展，如表1-5所示。

德国工业建筑保护改造重大里程碑　　　　表1-5

时期	历史事件
1823、1824、1830年	陆续发布《针对各种破坏和特征丧失的纪念物的保护和修缮》多个条例
1871年	德国完成工业革命
1975年	推动出台《欧洲建筑遗产宪章》
1984年	出版《大都市——柏林20世纪的工业文化》
1985年	在联邦政府总理倡导下成立"德国文物保护基金会"，并在每年9月举办"文物开放日"活动，在全国范围内向市民展示平时无法见到的文物
2002年	出版《柏林的工业建筑 1840-1910》
2007年	出版《德国柏林工业建筑遗产的保护与再生》
2011年	德国开展全国层面的城市更新项目评估研究对德国全境内1995—2003年间的所有城市更新项目进行系统性的全面评估
2015年	梅前州等联邦州将国际法的文化遗产概念引入《文化遗产保护法》

尽管日本工业化相较于欧洲较晚,但其工业建筑保护改造取得了比较好的效果。近半个世纪以来,日本开始重视工业建筑保护和改造,特别是在1977年初成立了工学考古学会,系统地推进工业建筑保护改造工作。后续该国在政策制定上,陆续出台了《国家文化与文化行政白皮书》和《文化遗产保护法》。一些相关的活动推动如研讨会、申遗等也对日本的工业建筑保护改造有很好的促进作用,如表1-6所示。

日本工业建筑保护改造重大里程碑　　　　　表1-6

时期	历史事件
19世纪70年代	明治维新运动引发日本工业变革
1974年	开始重视产业类历史建筑的改造再利用,代表作是日本建筑师浦边镇太郎将仓敷依比广场中的纺织厂改为观光旅馆
1977年2月	日本工学考古学会成立,创办《工业考古学》刊物
1980年末期	日本开始关心"文化财"中属于生产设施方面的工厂与建筑保存,并进行普查
1988年	日本文化厅公开《国家文化与文化行政白皮书》,解释土地开发与遗产保护间的矛盾关系
1990年	开始大规模近代化遗产的综合调查工作,包括工业遗产的类别以及优秀个案,对于优秀个案则定义为"近代化遗产",并根据《文化遗产保护法》予以认定和保护,其余的则作为有形的文化景观,根据登录文化财产制度给予保护
2008年	日本文化厅开展文化艺术创造城市、文化发祥战略、文化政策评价等研究工作,确认对工业遗产的保护状况
2013年	工业遗产国民会议在东京召开
2014年6月	群马县富冈制丝场、近代绢丝产业遗迹群被列入世界遗产名录
2015年7月	明治产业革命遗址群被列入世界遗产名录

1.2.2　国外既有建筑更新改造实践

片区改造是国外既有建筑更新改造实践的一个重要组成部分。片区改造着眼于对区域既有建筑及相关基础设施进行系统性有机改造。片区改造涉及面较广,涉及规划和历史文化保护等方面,需要在考虑业态变化的前提下进行既有建筑的更新改造。国外的一些改造案例为既有建筑更新改造中的片区改造提供了参考。

北杜伊斯堡景观公园(Landschafts park Duisburg-Nord)位于德国北杜伊斯堡,是一个由工业遗址打造的景观公园,如图1-1所示。废弃的原址主要是钢铁和煤炭工厂厂房。20世纪欧洲的钢铁市场达到了产能过剩的地步,这些工厂于1985年左右关闭。本来这些废弃工业厂房和设施计划被提议拆除,然而一群关心此事的市民采取行动,抗议拆除该遗址。设计师团队最终决定,在对公园进行改造规划设计中,尽可能地保留原始场景,其中甚至包括原有的受污染土壤。但为了突出环境治理的效果,设计团队选择了一种使用植物分解污染物的自然解决方案,称为植物修复。

布莱纳文工业遗迹再造景观是典型的工业遗址文化保护改造工程。废弃的工业遗址始建于1787年,如图1-2所示。该遗址在19世纪曾是英国重要的煤炭和钢铁生产基地,到20世纪开始逐步走向衰落。在2000年,布莱纳文工业遗址被联合国教科文组织列入世界文化遗产名录。由此,在布莱纳文工业遗址的改造中主要以对旧遗址的保护为主,对一些如排水系统等基础设施进行了微改造。景观再造秉承"修旧如旧"的原则,改造尽可能还原原有的生产生活场景，使其 19 世纪的面貌再度呈现于当前。

图 1-1　德国北杜伊斯堡景观公园

图 1-2　英国南威尔士布莱纳文工业遗迹再造景观

意大利都灵工业遗址改建的 Parco Dora 公园是 20 世纪末意大利政府推出的废弃工业改建计划代表项目之一，如图 1-3 所示。该公园充分保留了旧工业遗址中的金属冷却塔作为基本景观元素，在此基础上打造绿色可持续生态公园，遵循冲突性原则，营造出了一种独特的感官效果。在整体规划上，Parco Dora 公园划分为五个板块，不同板块各具特色，

图 1-3　意大利都灵 Parco Dora 公园

相得益彰。设计师通过可持续发展的设计理念统筹各个板块，同时利用类似元素穿插于基本设施和交通之中使之产生了相互联系。

位于新西兰首都奥克兰有一处 Daldy 街景，如图 1-4 所示。此处原来是工业区，后来作为历史遗迹保留。街景改造通过打造生态公园的形式，将旧有工业遗产保护与自然景观融合，形成了一片令人舒适的新天地。

图 1-4　新西兰奥克兰 Daldy 街景

位于英国伦敦的 Westfield 大街是 Westfield 最繁华的商业地带，如图 1-5 所示，这里还曾经作为伦敦举办奥运会的主要场所。在该项目的改造中，设计师团队将原有的奥运相关场所与人群密集的场所相连，使人流在不同空间中自由流动，同时对一些利用率较低的既有空间进行改造，让空间的利用率达到最大化。

图 1-5　英国 Westfield 大街

LADEIRA 街道地处巴西东部城市萨尔瓦多的中心区域，如图 1-6 所示，毗邻海滨，与格劳贝尔·罗查剧院和巴罗基尼亚教堂中的 Gregorio de Mattos 文化区相连。在改造设计中，该项目利用台阶式设计整合了多处游览景观，同时通过独特的地形设计，将街区的各个入口有序地组织起来。改造了原有的斜坡道路，使之成为仅供行人使用的游览通道，该项目还运用开放式的结构整合了位于高处电影院旁边的广场。

位于法国巴黎中央商务区的"街道上的乌托邦"是一个城市景观改造项目，如图 1-7 所示。街道的改造运用了点缀的方式，利用绿植和人行木架桥点缀了本来略显单调的中央商务区现代城市景观，为街道注入了生机。

除了以上片区改造的内容之外，国外的既有建筑更新改造实践也涉及了大量单体建筑

图 1-6　巴西 LADEIRA 街道景观

图 1-7　法国巴黎"街道上的乌托邦"

改造，其主要内容是对建筑单体空间和功能的优化以及结构鉴定加固和相关设备设施的改造等。建筑改造是既有建筑更新改造的基本手段，可以通过对多个建筑的改造实现片区改造。国外的一些典型案例展现了建筑改造的效果与价值。

法国巴黎奥赛艺术博物馆位于塞纳河北岸，如图 1-8 所示，是通过对原有的废弃火车站改造而成，改造工程从 1983 年开始，到 1986 年完工。建筑功能和空间改造充分利用火车站的拱顶造型和大开间特点，将最终的建筑定义为艺术博物馆，用于公众艺术展览和赏鉴。

图 1-8　法国巴黎奥赛艺术博物馆

莫斯科中央电报局初建于 20 世纪 20 年代，到 80 年代需要进行修复改造，如图 1-9 所示。由于其本身具有的民族文化象征意义，改造中需要对原有空间进行恢复。改造过程充分利用了原有建筑结构如砖柱和木质外壳等，对在使用中受损和破坏的部位进行了原位修复。修复后的建筑对国家及社会有重大的社会历史意义，也是国家民族的文化符号之一。

图 1-9　莫斯科中央电报局

伦敦 lion 酒吧餐厅位于伦敦金融城，如图 1-10 所示，是由油毡工厂改造而成的一家休闲餐吧。它的设计保留了原有的工业元素，如门窗及排气管等，使得身处其中的人有一种时空变换的观感。

图 1-10　英国伦敦 lion 酒吧餐厅

位于荷兰蒂尔堡车站旁的 LocHal 图书馆是由旧玻璃生产车间厂房改造而来，如图 1-11

图 1-11　荷兰蒂尔堡 LocHal 图书馆

所示，通过内置书架和搭设楼梯及阅览休憩空间，重新使这座老旧的工业建筑焕发生机。在建筑功能改造和内部空间设计上，设计师充分利用了厂房大开间特点，使之改造成公共空间，做到物尽其用和功能再造。

1.3 国内既有建筑更新改造发展状况

1.3.1 发展历程及实践

国内既有建筑更新改造往往由于建筑用途的不同使得改造大相径庭，故本书分民用建筑和商业建筑介绍两类既有建筑更新改造发展状况。

（1）国内既有民用建筑更新改造发展历程

我国民用建筑保护和改造于近二十年开始起步，随着一些地区法规和典型案例的实施，在北京、上海、广州等地率先开展。

1）北京民用建筑

北京作为首都地区，拥有大量的历史保护建筑。在民用建筑保护改造方面，北京具有较完善的监管体系，并且近二十年的建筑保护立法步骤加快，相继出台了一系列法规制度，进一步完善了民用建筑的保护改造法律体系，如表1-7所示。

北京民用建筑保护改造发展进程　　　　表 1-7

年份	相关政策
2007年8月	北京市2008年环境建设任务书（市环指发〔2007〕35号）规定,通常将1990年以前建成的无产权或多产权且无物业管理的、拥有三栋楼以上规模的住宅小区称为老旧住宅小区
2012年1月	《北京市老旧小区综合整治工作实施意见》
2014年6月	北京市人民政府关于加快棚户区改造和环境整治工作的实施意见
2018年3月	北京市人民政府办公厅印发了《老旧小区综合整治工作方案（2018-2020年）》的通知
2020年5月	北京市住建委等5部门联合印发《北京市老旧小区综合整治工作手册》
2020年7月	北京市住建委联合市规划自然资源委、市发展改革委、市财政局发布《关于开展危旧楼房改建试点工作的意见》
2021年5月	北京市政府发布《关于实施城市更新行动的指导意见》，同时北京市老旧小区综合整治联席会议办公室印发《2021年北京市老旧小区综合整治工作方案》的通知
2021年8月	中共北京市委办公厅 北京市人民政府办公厅关于印发《北京市城市更新行动计划（2021-2025年）》的通知

在相应的监管下，北京民用建筑保护改造涌现了不少具有代表性的案例，其中杨梅斜街是一个既有民用建筑改造的典范，如图1-12所示。北京杨梅竹斜街的改造属于文化遗址保护下的片区改造，在对原有建筑文物保护的同时，引入一些符合环境整体文化氛围的商业，避免因过度商业化影响到文化氛围，以此为原则进行文化遗址保护片区的活化利用。与之前上海田子坊开发不同，杨梅竹斜街活化开发是在政府主导下的历史文化街区保护再造，采取了自上而下的改造策略，在活化过程中同时兼顾了历史文脉保护和商业空间的利用，实现了两者之间的平衡。

图 1-12　北京杨梅竹斜街

2）上海民用建筑

上海作为我国具有历史文化底蕴的大都市也较早推出了民用既有建筑更新改造监管的制度。从 2000 年至今，上海出台了一系列相关发展政策，见表 1-8。

上海民用建筑保护改造发展进程　　　　　　　　　　表 1-8

年份	相关政策
2005 年 12 月	上海市房屋土地资源管理局和上海市城市规划管理局共同制定了《上海市旧住房综合改造管理暂行办法》，并将其定于 2006 年 1 月 1 日实施
2009 年 2 月	上海市印发《关于进一步推进本市旧区改造工作的若干意见》
2015 年 3 月	上海市房管局、市规土局共同制订的《上海市旧住房综合改造管理办法》
2015 年 5 月	上海市人民政府发布《上海市城市更新实施办法》
2018 年 2 月	上海市政府印发《上海市住宅小区建设"美丽家园"三年行动计划(2018-2020)》
2020 年 2 月	上海市房屋管理局、上海市规划和自然资源局关于印发《上海市旧住房综合改造管理办法》的通知（沪房规范〔2020〕2 号），并将其定于 2020 年 3 月 5 日实施
2021 年 1 月	上海市人民政府办公厅发布了《关于加快推进本市旧住房更新改造工作的若干意见》
2021 年 5 月	上海市人民政府通过新的《上海市城市更新实施办法》

上海既有民用建筑改造的代表性案例是上海新天地项目。

上海新天地地处市中心卢湾区淮海中路，如图 1-13 所示，早年经历了三次扩建形成的里弄住宅。新天地的保护和改造是一项复杂任务。一方面，要对原有的历史文化建筑进行保护，以石库门为例，外部空间要依旧保持原状，做到修旧如旧，所以保留了青砖步行道，厚重的乌漆大门，保存着巴洛克风格卷涡状山花的门楣，仿佛时光倒流。另一方面，新天地的改造在保护的同时注重赋予建筑活力。内部设备按照现代都市人的生活节奏、生活方式、情感习俗而引入了自动电梯、中央空调。在建筑细部和新老交接处大量使用具有现代性的材料和手法，为怀旧的环境气氛注入了时代的气息。大至建筑综合体的整片玻璃幕墙，小至街头的路灯都可以感受到现代的设计手法，而非简单的恢复或者延续旧的环境。

图 1-13　上海新天地改造图

3）广州民用建筑

广州民用建筑更新改造随广东省"三旧"改造和广州市城市更新改造起步，近年来也不断推出一些发展政策，具体内容见表 1-9。

广州民用建筑保护改造发展进程　　　　　　　　表 1-9

2009 年 12 月	广州市人民政府印发《关于加快推进"三旧"改造工作的意见》
2013 年 12 月	《广州市历史建筑和历史风貌区保护办法》公布
2015 年 9 月	《广州市城市更新办法》发布
2016 年 9 月	广州市城市更新局印发了《广州市老旧小区微改造实施方案》，提出有关任务目标，并明确了有关改造内容，有关工作全面铺开
2018 年 2 月	广州市城市更新局编制印发了《广州市老旧小区微改造"三线"整治实施方案和技术指引（试行）》
2015 年 12 月	《广州市旧城镇更新实施办法》实施
2018 年 5 月	广州市城市更新领导小组审议通过了《广州市老旧小区改造三年（2018—2020）行动计划》（穗更新函〔2018〕702 号）明确 2018—2020 年推进 779 个老旧小区微改造工作
2018 年 8 月	广州市城市更新局牵头编制出台了《广州市老旧小区微改造设计导则》
2021 年 4 月	市住房城乡建设局印发了《广州市老旧小区改造工作实施方案》

广州的改造不乏典型案例，其中兰蕙园小区改造项目是微改造项目的代表，如图 1-14 所示，位于广州海珠区基立新村社区的兰蕙园小区，有近 30 年的历史，面临着既有老旧住宅小区常见的如居民活动设施缺乏、建筑外观破旧落后等问题。针对这些问题，小区改造采用微改造理念，即在改造前充分了解与征集当地居民意愿，本着适度改造理念和合理利用资源的原则，注重提升社区居住品质，同时引入现代新兴元素，让居民生活更加便利。在改造中，小区增设了休憩长廊、小区活动广场和运动锻炼设施，通过微改造使居民的生活舒适性和小区的便捷性得到了很大提升。

（2）国内既有工业建筑更新改造发展历程

国内工业建筑保护和改造起步较民用建筑略早，北京、上海、广州相较于其他城市起步较早，具有一定的代表性。根据北京、上海、广州近一个世纪的工业建筑保护改造发展进程来看，改造工作开展较广泛，但与之配套的政策制度还相对较少。

图 1-14 广州兰蕙园小区改造

1）北京工业建筑

19 世纪末，北京的近代工业开始起步。经历了一些战争后，北京在新中国成立以后迎来了工业的迅速发展。近四十年来，北京既有工业建筑的保护改造不断发展。随着《国务院关于北京城市总体规划的批复》的发布，北京城区一批工业用地改换用途，各界对北京市既有工业建筑的保护和改造工作进行了研究探索，如表 1-10 所示。

北京工业建筑保护改造发展进程　　　　　　　　　　表 1-10

2005 年 1 月	发布《国务院关于北京城市总体规划的批复》，指出市中心将置换出约 800 万 m^2 土地，工业用地比例将降至 7%
2006 年	改造初期，多数工业建筑采取"推倒重建"的方式开发建设。2006 年，对北京市重点工业区建筑的现状进行了调查和深入研究，颁布了一系列认定、保护和利用的方法
2010 年 11 月	中国建筑学会工业建筑遗产学术委员会成立，旨在探讨和研究中国既有工业建筑保护问题
2021 年 4 月	《关于开展老旧厂房更新改造工作的意见》印发，对老旧厂房提出相关意见
2021 年 5 月	北京市政府发布《关于实施城市更新行动的指导意见》明确首都城市更新行动的类型包括老旧小区改造、危旧楼房改建、老旧厂房改造、老旧楼宇更新、首都功能核心区平房（院落）更新等

北京既有工业建筑保护改造不乏一些典型案例，其中 798 艺术区就是代表性的项目之一，如图 1-15 所示。北京 798 艺术区位于北京朝阳酒仙桥街道大山子地区，为原国营 798 厂等电子工业的老厂区改造而产生的旧工业建筑改造工程。2000 年底，该电子工业老厂区接受重组整合，并从 2002 年开始，一批艺术家和文化机构陆续进驻到北京 798 艺术区，成规模地租用和改造空置厂房，逐渐发展成为画廊、艺术中心、艺术家工作室、设计公司、餐饮酒吧等各种可利用的空间。

北京 798 艺术区的建筑风格简练朴实，讲求功能。宽敞空间和明亮的天窗为其他建筑所少见。它们是 20 世纪 50 年代初由苏联援建、东德负责设计建造的重点工业项目，几十年来经历了无数的风雨沧桑。伴随着改革开放以及北京都市文化定位和人民生活方式的转型、全球化浪潮的到来，北京 798 艺术区等这样的企业也面临着再定义再发展的任务。随着北京都市化进程和城市面积的扩张，原来属于城郊的大山子地区已经成为城区的一部分，原有的工业外迁，原址上必然兴起更适合城市定位和发展趋势的无污染、低能耗、高知识含量的新型产业。

(a) 园区外部图

(b) 园区室内图

图1-15 北京798艺术区

2）上海工业建筑

上海是我国最早开始工业化的城市之一，在20世纪30年代成为了全国最大的工业城市。1990年代随着大量工业企业从上海中心城区迁出，废弃工业建筑改造需求逐步显现，上海市相关主管部门也认定了一批优秀工业历史建筑。而与既有工业建筑保护和改造配套的文件包括《上海市历史文化风貌区和优秀历史建筑保护条例》和《上海市城市总体规划》在2002年和2004年发布，为既有工业建筑保护和改造提供了政策依据，相关发展进程如表1-11所示。

上海工业建筑保护改造发展进程　　　　表1-11

2000年	由于经济利益等因素，大量近代工业建筑被破坏、拆毁
2002年	政府发布《上海市历史文化风貌区和优秀历史建筑保护条例》，提出对工业建筑进行保护、更新活化
2004年9月	发布《上海市城市总体规划》，强调中心城区旧区风貌（历史建筑与街区）保护是上海历史文化名城保护的重要内容
2008年	上海市南市发电厂改造为世博会城市未来馆，是国内首座旧工业厂房改建的"三星绿色建筑"，既有工业建筑改造往绿色改造方向发展
2016年4月	上海市发布《关于本市盘活存量工业用地的实施办法》
2016年12月	《上海市工业区转型升级"十三五"规划》发布
2017年12月	《国务院关于上海市城市总体规划》强调历史文化街区、历史建筑、工业遗产等的保护
2020年7月	上海市印发《关于上海市推进产业用地高质量利用的实施细则（2020版）》
2021年9月	上海市发布《上海市城市更新条例》

上海田子坊由工业厂房改造而来，脱胎于上海早期的弄堂工厂，如图1-16所示。在田子坊的更新改造中，业态由工业和居住逐步变化为文旅商业。2002年，田子坊开始发

展创意产业,充分利用政府鼓励文化产业发展的政策,同时借助世博会契机,进行文创活化。田子坊的文创开发采用自下而上的自然演变模式,通过民众参与、市场调节,逐步演替扩展,进而实现再生。但是田子坊依赖市场运营的模式也引起过于商业化的问题,后续文创活化发展方向有待考虑。

图 1-16　上海田子坊街景图

3)广州工业建筑更新改造发展进程

广州是华南的工业重点城市,从鸦片战争以来一直就是各类工业品和制造品的重要产地。随着新中国成立,广州进入社会建设新时期,各类工业得以快速发展。然而最近 40 年,工业产业结构转变,工业区迁出,大量的工业厂房废弃。到 2009 年,广东省实施"三旧改造",近二十年一系列政策开始支持改造工作的开展(表 1-12),同时也涌现了一些代表性的既有工业建筑改造项目。

广州工业建筑保护改造发展进程　　　　　　　　　　　　　　　表 1-12

2000 年	广州在中心城区推行"退二进三"的政策,在中心城区、港口码头出现了大量闲置工业建筑,90 年代前,广州主要采取简单的拆除重建的方式处理闲置的工业建筑
2009 年	广东省实施"三旧改造",出台了一系列相关政策支持开展改造工作。出现了包括北岸文化码头、羊城创意园、1850 创意园等改造项目
2008 年 3 月	广州关于推进市区产业"退二进三"和旧厂房改造工作中临时建设工程有关规划管理要求的通知
2015 年 12 月	《广州市旧厂房更新实施办法》实施
2021 年 9 月	广州《关于印发广州市旧厂房"工改工"类微改造项目实施指引的通知》

TIT 创意园原为广州纺织机械厂,如图 1-17 所示,改造过程维持原有的服装产业这一基本业态,在此基础上添加文创元素实现了业态升级。现作为服装创意设计中心,兼有部分科技创新、科技互联网。这种传承原有的功能业态的方式,较能保留城市文化和记忆,使旧工业园区焕发新的生命力。园区内厂房是由 20 多家私营纺织机械厂公私合营组建而成。TIT 创意园定位为国家级孵化器,分为时尚创意、创新创业、科技互联网三个板块,旨在打造华南地区乃至全国最具代表性的时尚科技创意产业孵化平台。

图 1-17　广州 TIT 创意园

1.3.2　国家相关更新改造文件

2018 年，住房和城乡建设部发布了关于《进一步做好城市既有建筑保留利用和更新改造工作的通知》，关于既有建筑保护和更新改造的相关条例总结如下：

（1）高度重视城市既有建筑保留利用和更新改造

城市发展是不断积淀的过程，建筑是城市历史文脉的重要载体，不同时期建筑文化的叠加，构成了丰富的城市历史文化。各地要充分认识既有建筑的历史、文化、技术和艺术价值，坚持充分利用、功能更新原则，加强城市既有建筑保留利用和更新改造，避免片面强调土地开发价值，防止"一拆了之"。坚持城市修补和有机更新理念，延续城市历史文脉，保护中华文化基因，留住居民乡愁记忆。深入贯彻落实中央城市工作会议精神，践行绿色发展理念，加强绿色城市建设工作，促进城市高质量发展。

（2）建立健全城市既有建筑保留利用和更新改造工作机制

1）做好城市既有建筑基本状况调查。对不同时期的重要公共建筑、工业建筑、住宅建筑和其他各类具有一定历史意义的既有建筑进行认真梳理，客观评价其历史、文化、技术和艺术价值，按照建筑的功能、结构和风格等分类建立名录，对存在质量等问题的既有建筑建立台账。

2）制定引导和规范既有建筑保留和利用的政策。建立既有建筑定期维护制度，指导既有建筑所有者或使用者加强经常性维护工作，保持建筑的良好状态，保障建筑正常使用。建立既有建筑安全管理制度，指导和监督既有建筑所有者或使用者定期开展建筑结构检测和安全性评价，及时加固建筑，维护设施设备，延长建筑使用寿命。

3）加强既有建筑的更新改造管理。鼓励按照绿色、节能要求，对既有建筑进行改造，增强既有建筑的实用性和舒适性，提高建筑能效。对确实不适宜继续使用的建筑，通过更新改造加以持续利用。按照尊重历史文化的原则，做好既有建筑特色形象的维护，传承城市历史文脉。支持通过拓展地下空间、加装电梯、优化建筑结构等，提高既有建筑的适用性、实用性和舒适性。

4）建立既有建筑的拆除管理制度。对体现城市特定发展阶段、反映重要历史事件、凝聚社会公众情感记忆的既有建筑，尽可能更新改造利用。对符合城市规划和工程建设标准，在合理使用寿命内的公共建筑，除公共利益需要外，不得随意拆除。对拟拆除的既有建筑，拆除前应严格遵守相关规定并履行报批程序。

(3) 构建全社会共同重视既有建筑保留利用与更新改造的氛围

地方各级建设和规划主管部门要坚持共商共治共享理念，积极宣传和普及传承城市历史文脉、推进绿色发展的理念，鼓励全社会形成尊重、保护建筑历史文化和建筑资源的风气。对重要既有建筑的更新改造和拆除，要充分听取社会公众意见，保障公众的知情权、参与权和监督权。对不得不拆除的重要既有建筑，应坚持先评估、后公示、再决策的程序，组织城市规划、建筑、艺术等领域专家对拟拆除的建筑进行评估论证，广泛听取公众意见。

各省（区、市）建设和规划主管部门要加强对城市既有建筑保留利用、更新改造、拆除管理工作的监督检查，指导城市加强既有建筑更新改造利用工作。其中广东省响应国家节约集约用地的要求，成为示范省份，较早地开展了以"三旧"改造为主要目标的既有建筑及旧城改造相关工作，有较为全面的政策法规体系，故在本书中以广东省的既有建筑更新改造政策法规体系为例，进行相应的介绍探讨。

1.3.3 广东省"三旧"改造政策

(1) "三旧"改造的政策背景

2004年，广东深圳出台了《深圳市城中村（旧村）改造暂行规定》提出了旧村改造的要求。而后在2006年，深圳市政府公文《关于宝安龙岗两区自行开展的新安翻身工业区等70个旧城旧村改造项目的处理意见》中进一步将原有要求扩展到旧城旧村改造。在此基础上，佛山市政府在《关于加快推进旧城镇旧厂房旧村居改造的决定》中提出了对旧城镇旧厂房旧村的"三旧"改造。随后在2008年底，国土资源部、广东省政府签署了《关于共同建设节约集约用地试点示范省的合作协议》。在之后的2009年，广东省省政府连续发布了《广东省建设节约集约用地示范省工作方案》《关于推进"三旧"改造促进节约集约用地的若干意见》《转发省国土资源厅关于"三旧"改造工作实施意见（试行）的通知》，正式拉开了广东省"三旧"改造的序幕。

(2) "三旧"改造范围定义

除了省政府对"三旧"改造范围进行了明确以外，广州市、深圳市也分别在相关文件中对"三旧"改造从用地范围的角度进行了进一步解释说明。

1) 广东省对"三旧"改造范围的定义

广东省政府《关于推进"三旧"改造促进节约集约用地的若干意见》指出以下用途土地可列入"三旧"改造：

①城市市区"退二进三"产业用地；

②城乡规划确定不再作为工业用途的厂房（厂区）用地；

③国家产业政策规定的禁止类、淘汰类产业的原厂房用地；

④不符合安全生产和环保要求的厂房用地；

⑤布局散乱、条件落后，规划确定改造的城镇和村庄；
⑥列入"万村土地整治"示范工程的村庄等。

2）广州市对"三旧"改造范围的定义

《广州市城市更新办法》明确了广州已列入省级"三旧"改造的地块，可以被纳入广州城市更新范围，具体包括以下用途的土地：

①城市市区"退二进三"产业用地；
②城乡规划确定不再作为工业用途的厂房（厂区）用地；
③国家产业政策规定的禁止类、淘汰类产业以及产业低端、使用效率低下的原厂房用地；
④不符合安全生产和环境要求的厂房用地；
⑤在城市建设用地规模范围内，布局散乱、条件落后，规划确定改造的旧村庄和列入"万村土地整治"示范工程的村庄；
⑥由政府依法组织实施的对棚户区和危破旧房等地段进行旧城区更新改造的区域。

3）深圳市对"三旧"改造范围的定义

深圳在《深圳市城市更新办法》也将以下一些区域纳入其城市更新列表：

①城市的基础设施、公共服务设施亟需完善；
②环境恶劣或者存在重大安全隐患；
③现有土地用途、建筑物使用功能或者资源、能源利用明显不合社会经济发展要求，影响城市规划实施；
④依法或者经市政府批准应当进行城市更新的其他情形。

（3）"三旧"改造的政策法规

2021年2月，广东省政府出台了《广东省旧城镇旧厂房旧村庄改造管理办法》，在全国范围内率先明确省级层面的"三旧"改造的实施监管制度。该办法进一步明确了"三旧"改造的类型包括全面改造、微改造和混合改造，并从规划、用地、利益分配、监督管理、法律法规等多个方面对"三旧"改造的实施监管进行了详细的解释。

除了省级的"三旧"改造管理办法，广东省内一些地方政府也对此提出一些指导意见。近年来，广州相继出台了《关于加快推进"三旧"改造工作的意见》《关于深入推进"三旧"改造工作的实施意见》《广州市深入推进城市更新工作实施细则》，对市级"三旧"改造和城市更新的实施监管提出了相应的要求。2018年10月，肇庆市人民政府下达了肇庆市"三旧"改造实施意见的通知，并在2020年印发《肇庆市深入推进"三旧"改造三年行动方案（2019—2021）》，加强推动区域的"三旧"改造工作。此外，东莞市也在"三旧"改造政策监管方面做了一些探索。2013年东莞市政府出台了《东莞市"三旧"改造实施细则》和相关指南。而后2018年，东莞市政府印发了《关于深化改革全力推进城市更新提升城市品质的意见》。东莞市自然资源局还编制了东莞市"三旧"改造工作流程如图1-18所示。

在"三旧"改造的政策背景下，大量的既有建筑需要进行更新改造。而"三旧"改造的政策框架也为既有建筑的更新改造提供了政策法规的基础。对于一些不在"三旧"改造范围内既有建筑的更新改造，在缺乏相关监管体系的背景下，遇到一些监管问题也可以参照"三旧"改造的监管流程和制度进行处理。

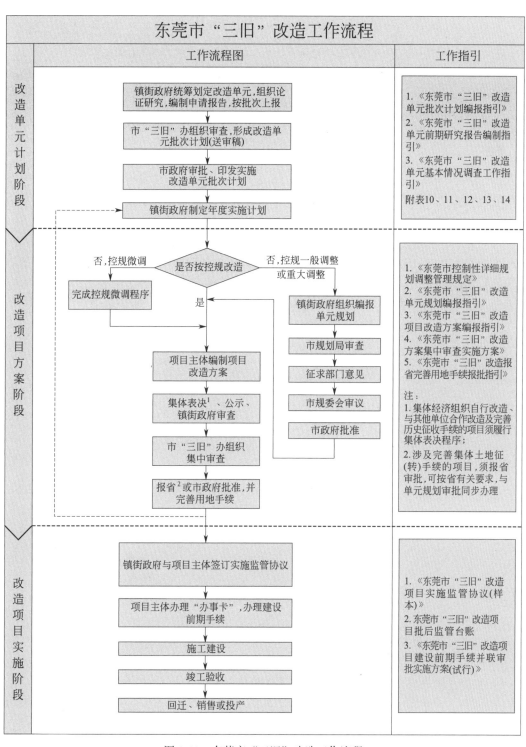

图1-18　东莞市"三旧"改造工作流程

本章参考文献

[1] 问妍，任彬彬. 国外既有建筑改造研究 [J]. 城市建设理论研究：电子版，2012（8）：1-5.

[2] 杨学林，祝文畏，王擎忠. 既有建筑改造技术创新与实践 [M]. 北京：中国建筑工业出版社，2017.

[3] 刘迪，唐婧娴等. 发达国家城市更新体系的比较研究及对我国的启示：以法德日英美五国为例 [J]. 国际城市规划，2021. 36（3）：50-58.

[4] 晏曼等. 既有工业建筑园区更新改造研究与应用——鲶鱼洲文化创意产业园 [M]. 北京：中国建筑工业出版社，2021.

第 2 章　既有建筑更新改造的前期开发策略研究

2.1　既有建筑改造需要关注的问题

当前我国主要城市处于更新迭代和提升品质的阶段，既有建筑改造作为城市更新和城市品质提升的主要实现手段，对其研究探讨意义重大。本书介绍国内外既有建筑更新改造的发展和政策，以关键技术应用为切入点，探讨了既有建筑更新改造关键技术。然而，在既有建筑更新改造实践中明确以下几个问题：

（1）工程改造的产品有哪些，即回答是什么的问题；

（2）工程改造有哪些任务需要完成，即回答做什么的问题；

（3）工程改造的方法和过程，即回答怎么做的问题；

（4）工程改造最终依靠什么样的技术手段实现，即回答如何实施的问题。

根据上述提出的问题，在既有建筑改造过程中，应侧重以下方面：

（1）业态

既有建筑更新改造首先取决于其业态。旧业态在更新改造中往往进行了一定的保留，这种做法往往是出于对历史文化和工业遗迹的保护，特别在有历史价值的旧有业态和有文创产业新业态的体现较为突出。同时，由于区域和建筑空间创新和具备自身特色的要求，既有建筑的更新改造添加一些新业态和元素来吸引人群，在此基础上配以相应的建筑功能。此外，一些项目沿用了旧业态的文化元素或可人为利用的空间功能进行了业态升级，实现了微改造理念。

（2）改造范围和内容

结合多个案例的分析可以得出，既有建筑的鉴定加固和建筑优化改造几乎是各类规模既有建筑更新改造项目的必要选项。这反映了既有建筑改造的基本任务，即保证既有建筑在安全使用的前提下，对其功能和外观进行更新。而对于不同建筑尺度如园区和单体建筑的改造范围和内容又有所不同。园区级的改造几乎都涉及区域功能和交通规划，而单体建筑的改造则侧重建筑自身及相关设施的改造。此外，文创及娱乐休闲类的既有建筑常常包括了对标志性建筑的改造，并以此作为观赏游览的亮点。

（3）改造过程与方法

由各个案例综合考虑可以看出，改造过程遵循从整体到局部的传统工程建造思路，在考虑历史文化保护和区域规划要求的前提下对区域及建筑功能外观进行更新改造。从整体来看，区域及建筑更新改造是一个有机更新的过程，改造过程涉及区域整体空间及相关要素的重构；从局部来看，建筑本体和不同设施的更新形成促成了整个区域系统逐步更新变换。在此框架下对改造过程进行分解，改造任务中的具体工作得以明确。

（4）改造关键技术手段

根据改造具体内容，可以进一步确定改造关键技术手段如原位改造，移位改造等，以及一些技术手段如表皮更换，外置表皮及贴植绿化等。既有建筑更新改造方法及技术应用主要集中在交通及景观规划方法、工程结构安全鉴定技术、建筑工程改造施工技术、绿建节能技术等。在这些方法技术中，建筑规划方面的方法总结较少，工程技术特别是结构安全鉴定和加固方面较多，也形成了一定的体系化应用，但工程其他方面技术应用还比较零散，未形成体系。另外既有建筑更新改造中信息化技术的应用较少，应用深度也有待提高。

同时在构建既有建筑改造的关键知识体系时，应着重考虑以下特点：

（1）业态对改造范围和内容的影响

建筑规划业态作为对工程改造产品的设计交付成果回答了改造中是什么的问题。工程改造的范围和内容可以由对原业态到新业态中改造任务的梳理确定，并进一步明确了做什么的问题。两者之间有较为紧密的关系，故在既有建筑更新改造的早期可以将这两项工作放在既有建筑更新改造工程的规划设计阶段。

（2）改造过程、方法及关键技术的选择

在既有建筑更新改造工程的实施阶段，首先需要考虑的是怎么做的问题，即对改造过程和方法进行明确。这一步工作可以通过分析工程改造任务内部和之间的逻辑关系，根据明确的改造范围和内容，找出相应的过程和方法，最后利用一定的关键技术手段实现。

（3）关键知识体系中自上而下和自下而上两条演化路径

既有建筑更新改造关键知识体系可从自上而下和自下而上两个角度进行分析。自下而上即从微观尺度出发，即单独既有建筑更新改造工程的实施层面，根据工程管理技术体系结合现有的既有建筑更新改造知识逐步实现工程改造。而自上而下体系则可以反映自宏观层面的发展变化，即改造方法和技术手段的突破创新可以改善改造过程，优化改造任务和内容，从而赋予改造更大的选择范围和可行性，促进更大的生产效益和社会经济效益的实现。

2.2 既有建筑改造管理与实施流程

既有建筑改造管理与实施体系是既有建筑改造工程实施的关键，包括了业态规划、改造范围和内容、改造过程和任务、改造方法和技术四个层面。本书从这四个层面展开相关阐述。

（1）既有建筑改造的业态规划

业态规划是既有建筑改造的首要工作，它决定既有建筑和园区改造的方向。明确清晰的业态规划是既有建筑改造顺利实施的基础，在业态规划的基础上对既有建筑和园区改造工程进行整体设计，继而确定既有建筑保护和更新改造计划。既有建筑改造与新建建筑开发不同。一方面，既有建筑的业态规划除了考虑控规、详规等要求以外，还要考虑对区域

第 2 章 既有建筑更新改造的前期开发策略研究

历史文化的保护，在做业态规划之前，需要对改造区域既有建筑历史情况进行充分调研，做好文化脉络的传承和历史遗产的保护。另一方面既有建筑改造也需要解决空间区域的活化和后期运营的可持续问题。这方面可以从商业角度考虑，如何利用文化资源和改造后的建筑空间服务于人，使改造后的区域空间拥有良好可持续的业态。

既有建筑更新改造项目开展前应充分学习当地的各种城市规划，了解与项目相关的政府规划文件。各类规划包括：城市总体规划、控制性详细规划和修建性详细规划、历史文化遗产保护专项规划等，如图 2-1 所示。

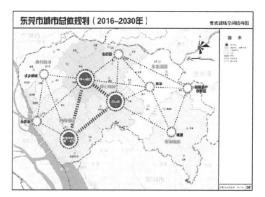
(a) 城市总体规划

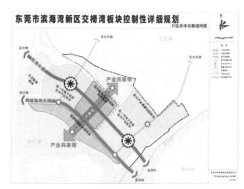
(b) 控制性详细规划

(c) 修建性详细规划

(d) 历史文化遗产保护专项规划

图 2-1　各规划介绍

上位规划是下位规划的指导性规划，其中控制性详细规划是修建性详细规划的上位规划，城市总体规划是控制性详细规划的上位规划。在总体规划中明确城市性质、发展思路，在控制性详细规划中收集基础资料、现状，包括道路退线、容积率、建筑密度、市政设施（停车场、加油加气站、污水处理厂、给水厂等）支路网设计等。所有的设计均应符合所在地城乡规划，且应符合各类保护区、文物古迹保护的建设控制要求。

整体规划的策划过程中，需要注意以下问题：

1）项目定位

既有建筑的定位，应通过对改造项目进行综合考虑，对其既有建筑或园区的现状、周边的环境及在这个城市的定位、交通情况、当地的本土元素等，同时结合未来规划，确定该既有建筑的定位，有利于明确后期的改造方向。以既有工业园区为例，通过对部分调研项目定位和各大功能板块进行梳理，如表 2-1 所示。

既有建筑更新改造技术与实践

调研项目规划定位及板块　　　　　表 2-1

项目	定位	板块
TIT 创意园	国家级孵化器	三大板块：时尚创意、创新创业、科技互联网
33 小镇	艺术小镇＋文化创意街区	三大板块：文化创意区、休闲体验区、创意商务区
太古仓	城市客厅	五大板块：总部办公、商业金融、星级酒店、文化休闲、时尚艺术
华侨城创意文化园	创意休闲产业聚集区	三大板块：产品研发区、绿色办公区、休闲体验区
南海意库	文化产业基地	三大板块：文化创意区、休闲体验区、创意商务区
深圳云里智能园	以智能硬件与智能装备的全生态产业链工业园区	四大板块：办公区、研发区、宿舍区、商业区
F518 创意园	全球设计师与艺术家的价值演绎地	六大板块：创意工作站、创意前岸、艺术创作库、品位街、创展中心及艺术酒店
深圳艺展中心	中国时尚·艺术家居生活的引领者	两大板块：家居创意设计、产品展示销售
岐江公园	综合性城市公园	三大板块：工业遗址区、休闲娱乐区、自然生态区
南风古灶国际创意园	世界陶文化交流平台	两大板块：南风古灶景区、石湾陶文化公园

从表格中可看出，既有建筑定位上主要分为两大类：

①延续原有业态。少数沿用工业园区原有业态，如南风古灶国际创意园，原来是陶器的生产地，在保留原有的窑、传统建筑和街巷的基础上，置入新的商业、办公功能，主要有各种陶制品出售、与陶艺有关的体验教室及陶艺工作室等，现定位为世界陶文化交流平台；TIT 创意园原为广州纺织机械厂，现作为服装创意设计中心，兼有部分科技创新、科技互联网行业。

②改变原有业态。大部分工业园区现有功能与原有业态不相符，如广东中山粤中造船厂改为岐江公园；广州太古仓仓库码头改为旅游观光、商业休闲场所；深圳艺展中心由仓库功能转变为大型软装市场。这种改造能将各种不同功能的业态放入既有工业建筑中，给园区提供了更多可能性，但也存在趋同性较大的问题。

2）空间格局及可用空间

空间格局主要体现在既有建筑所在区位、交通情况与城市的关系上。既有建筑所在园区的布局及可利用空间情况，结合规划定位及现有的规范要求，需要对部分既有建筑所在的园区进行调整及优化，如车道、绿化公园、消防通道等，必要时需要增加或减少部分建筑物，设置绿地和广场等开放空间穿插其间以改善既有建筑所在环境。

3）考虑长远规划

既有建筑在规划定位过程中，考虑经济效益的同时应适当考虑长远定位，适当超前规划以应对所在地块未来周边环境的发展。对于所在地块尚未确定规划用途，可根据现有情况采取 1.5 级开发，盘活现有资源。

4）以人为本的理念

既有建筑在规划过程中需要以人为本，改造时应以开放空间系统作为载体，保留园区自身特色，即原有的文化元素和地域特色，营造园区的场所感。为满足园区内外人群使用需求,使园区开放空间服务于公众,其空间形态具有可识别性,符合环境心理学理念,与更新后的创新创意产业功能业态相适应。

(2) 既有建筑改造的范围和内容

在明确了业态规划之后,既有建筑改造的范围和内容可以随之确定,即在业态发展的基础上,进一步明确工程改造方面的内容,通过对既有建筑和园区的工程改造实现业态规划目标。而建筑改造的范围和内容常常包括建筑优化改造、结构鉴定加固以及相关设施的改造等,对于如单体改造、园区改造等不同尺度的既有建筑改造,相应的范围和内容侧重点有一定差异。所以针对不同尺度的既有建筑改造,需要根据业态规划找到适合的既有建筑改造范围和内容,明确工程改造目标,以便后续改造工作的开展。

(3) 既有建筑改造的过程和任务

既有建筑改造过程遵循从整体到局部的传统工程建造思路,在考虑历史文化保护和区域规划要求的前提下对区域及建筑功能外观进行更新改造,再明确相应的改造任务。对于大尺度的园区改造和小范围的既有建筑改造可以分别从整体和局部来看。从整体来看,区域及建筑更新改造是一个有机更新的过程,改造过程涉及区域整体空间及相关要素的重构,可以按照城市规划来确定整体改造任务。从局部来看,建筑本体和不同设施的更新形成促成了整个区域系统逐步更新变换,而小范围的既有建筑改造可以认为是一个旧城改造或城市更新的局部工程,故可以按照工程项目管理的基本流程确定改造任务。

(4) 既有建筑改造的方法和技术

改造方法和技术是支撑既有建筑改造实施的重要手段,也是实施工程改造的抓手。既有建筑改造工程实施可以根据改造具体内容,进一步确定改造方法,并通过一些技术手段实现。既有建筑更新改造方法技术应用主要有建筑方案优化方法、工程结构安全鉴定技术、建筑工程改造施工技术、绿建节能技术等。改造实施是通过应用工程方法技术实现改造的过程和任务输出,所以可以认为工程方法和技术是解决改造中的工程问题和实施改造的关键手段,也是实现前述业态规划,工程改造内容和改造过程任务的基础。

(5) 既有建筑改造过程监管

不同于新建建筑,既有建筑在规划条件和建设审批过程中的一些监管流程无法做到统一,所以在相关监管实施和政策制定上存在一定的灵活性,但也因此产生了一些监管不严、政策不明确的地方,比如既有建筑更新改造的规划条件如何确定,既有建筑更新改造的建造流程监管如何执行等。在广州、深圳、东莞等地,既有建筑更新改造的监管原则有以下几条:

1) 对有相应法规政策建设项目的大类如城镇老旧小区改造,如图 2-2 所示,应采取相应的监管程序和政策执行;

2) 对没有相应法规政策建设项目参考新建项目监管程序或书面论证后按新建项目相关制度政策执行;

3) 对于无清晰界定法规和政策的建设项目监管项及程序,需要通过专家小组论证后,采用特定方式和程序审批报建。

当前对既有建筑监管还是通过整体政策框架进行顶层约束,而具体操作时则允许一定程度灵活处理的方式进行。这种方式能实现具备基本监管约束力的同时,针对既有建筑改造特殊性,实现个性化改造。然而,在实际的既有建筑更新改造中,各类改造建设项目的实施监管过程中,由于其灵活性,使得一些既有建筑更新改造存在利益驱动产生有悖监管目的的情况,可能对公共利益和行业自律造成损害。此外,对于一些不完全符合现行监管规范,但又可以探索合理改造方案的项目,需要有相关单位通过沟通协调和技术论证实现既有建筑的更新和改造。

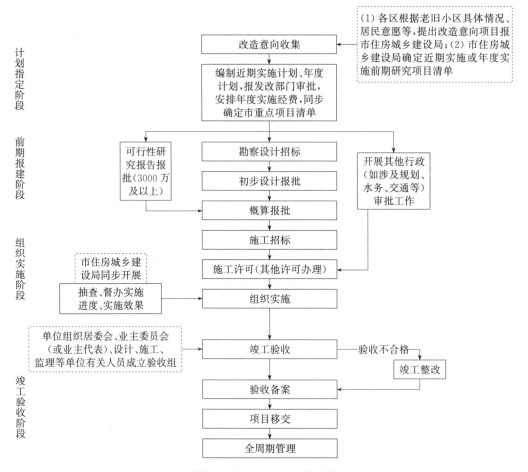

图 2-2 城镇老旧小区改造项目建设流程图示例

2.3 改造对象分类及开发模式

2.3.1 改造对象分类

从既有建筑的历史文化和艺术价值的角度,我们可以将既有建筑分为四类:历史建筑、工业特征建筑、一般特征建筑、新建建筑。既有建筑应先进行分类分级,对不同类型的建筑采取不同的方式方法进行更新改造。

(1)历史建筑

我国 2005 年在《历史文化名城保护规划规范》中对历史建筑的定义为"有一定历史、科学、艺术价值的,反映城市历史风貌和地方特色的建(构)筑物"。在 2008 年《历史文化名城名镇名村保护条例》对历史建筑的定义为"经城市、县人民政府确定公布的具有一定保护价值,能够反映历史风貌和地方特色,未公布为文物保护单位,也未登记为不可移动文物的建筑物、构筑物"。

历史建筑是城市文化和历史的载体,是城市文化内涵的集中体现。既有更新改造项目应严格按照《历史文化名城名镇名村保护条例》、省城乡规划条例等文件,对其进行保护和利用,保留其历史文化和艺术价值,实现城市历史文脉的传承,如图2-3所示。

(a) 历史建筑

(b) 历史建筑铭牌

图2-3 历史建筑

(2) 工业特征建筑

工业特征建筑(图2-4)的保护要求为:可选择性保留,部分进行改造,保留面积比例不低于60%,即在保留工业建筑基本特征的前提下,根据新功能的需要可进行空间重构和建筑形象重塑。保留部分应按照《历史文化名城名镇名村保护条例》、省城乡规划条例等法律法规进行保护管理。

历史延续性显著的既有工业建筑,潜力分析时,可适当减少建筑完整性、区位增值性、预期收益性、环境有利性四个因素的权重,宜将既有工业建筑作为工业遗产进行保护性利用。

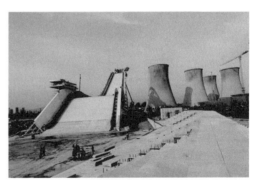

图2-4 具有工业特征的建筑

(3) 一般特征建筑

根据既有建筑的实际情况灵活改造,可以选择拆除重建或者结构加固、功能改造、立面美化等更新工作,实现旧园新生的目标。

(4) 新建建筑

既有建筑在其前期规划过程中,为了满足现有的功能需求和空间效果,往往需要在园区内新建建筑,在园区中新建建筑需要遵循以下原则:

1) 进行建设活动时,应保留街区空间格局、环境风貌和建筑立面等;
2) 新建高度应符合规划的高度控制要求;
3) 新建道路和配套建设市政公用设施时,不得破坏街区历史风貌。

从以上原则中可看出,新建建筑应该考虑与园区整体环境相协调,需尊重原有建筑,在建筑高度、色彩、立面等方面进行考虑。保证在满足现有功能、空间的同时对园区更新改造的负面影响最小。

2.3.2 投资运作模式

在既有建筑改造中,投资运作模式对改造质量和最终效果有很大的影响。由于既有建筑改造工程情况相对复杂,可能涉及片区改造,历史文化建筑和工业遗产保护等需要进行专门计划的部分,对既有建筑改造的开发需要进行详细的分析,确定合理的运作模式,使得改造工程能顺利进行并且长期运营。一般来说,既有建筑改造工程的开发运作模式受投资方资金和主体性质的影响,主要可以分为三种开发模式:政府主导模式、商业投资驱动模式和混合开发模式。

(1) 政府主导模式

政府主导模式常见于老旧小区及棚户区改造工程和大型历史文化建筑及工业遗产区域。该模式通过政府主导相关投资,保证了相关居民和公共利益,对公共福利和文化遗产有较好的保障。这类开发模式在关系民生的工程上效用显著,对历史文化等公共资源也有很好的保护效果,但其中有一些改造项目需要处理好后期运营可持续性的问题。由于一定规模的既有建筑改造工程往往涉及公共基础设施和历史文化保护建筑及工业遗产等公共利益相关的问题,所以这类既有建筑改造往往采用政府主导的模式进行建设开发。按此模式开发的典型案例如东莞市民服务中心,由原来的东莞市会展中心改造而来,在改造中对建筑的使用功能和节能减排等方面进行了调整和强化,使之在向市民大众提供高效服务的同时,践行了低碳环保节能的理念。

(2) 商业投资驱动模式

一些既有废弃建筑有较大的可人为利用的空间,开发中需要进行商业规划实现重新活化和高效利用,故适合采用投资驱动模式进行改造。在投资驱动改造之初,开发企业会对既有废弃建筑和土地的商业价值进行评估,制定相应的整体设计方案,以对其进行重新利用开发。这类开发模式,有利于实现后续运营和商业活动的可持续性,但对于一些区域改造中需要开展的历史文化建筑和工业遗产保护工作效果不甚理想。采用投资驱动模式开发的工程改造案例如深圳南海意库,通过对三洋厂区再生利用打造创意产业园区,重新实现了废旧工业区的活化和商业持续运营。

(3) 混合开发模式

除前面提到的两种既有建筑改造的开发模式以外,还有一种将两者结合产生的混合开发模式。这种开发模式往往在企业开发的模式下通过政府提供政策支持,国有资金驱动等方式实现。混合开发模式下的既有建筑改造在开发过程中兼顾公共利益和商业运营,例如东莞鳒鱼洲,利用了政府 1.5 级开发政策,即政府将基础设施完备、土地出让较慢、潜在价值较高的地块,短期租赁给承租人进行过渡性开发利用,待片区预热、地价提升后,政府按约定收回土地。该工程通过国有资产控股建设企业参与到鳒鱼洲文化创意园的改造中,实现了保护和开发的平衡,在保护工业遗产历史文化建筑,尽可能提高既有建筑园区的活化利用效率,实现了商业可持续。混合开发模式可以帮助达到既有建筑改造中保护和利用的平衡,对两者之间的取舍进行了折中。

三种既有建筑及园区改造模式各有特色,适用于不同类型的改造项目。对于公共建筑和园区改造及一些民生工程,政府主导的开发模式往往能取得较好的效果,但在运营发展上需要有一定配套机制,使之后期能独立运作。而商业投资开发模式是一种较为高效的城市更新手段,通过商业投资开发,可以在较少投入公共资源的前提下,使旧有城市片区和建筑重新焕发活力,并通过商业运营实现区域发展可持续;然而对于一些有历史文化价值的建筑,这种开发模式容易导致社会价值的流失,对于文化保护不利。而混合开发模式能较好地兼顾社会价值和商业可持续,处理好区域经济发展与社会历史文化保护的问题,在实际中也容易取得较好的开发效果。

2.3.3 改造开发模式

根据使用方的需求,既有建筑在更新改造后,通常具有一种或多种非工业生产功能的建筑类型,主要开发模式有单一模式、综合模式。

(1) 单一模式

单一模式指的是改造目的为单一使用功能的开发模式,按场所功能分类:

1) 商业场所,以商业、休闲、金融、保险、服务、信息等为主要业态的公共建筑。
2) 办公场所,将既有工业建筑空间进行分隔改造形成的提供固定工作的场所。
3) 场馆类建筑,指包括观演建筑、体育建筑、展览建筑等空间开敞的公共建筑。
4) 居住类建筑,将既有工业建筑改造为住宅式公寓、酒店式公寓、城市廉租房等居住建筑。
5) 遗址景观公园,将具备历史文化价值的既有工业建筑、设备等的保护修复与景观设计相结合,对既有工业园区重新整合形成的公共绿地。
6) 教育园区,将既有工业建筑改造为教室、图书馆、食堂、宿舍等教育配套设施,与既有工业园区的整体环境设计相结合,形成教育园区。

(2) 综合模式

1) 创意产业园,以文化、创意、设计、高科技技术支持等业态为主的产业园区。
2) 特色小镇,集合工业企业、研发中心、民宿、超市、主题公园等多种业态,功能完备、设施齐全的综合区域。

综合模式设计应遵循产业多元、功能复合、联动集聚的原则,合理规划分区,设置单个或多个主导产业,发挥核心带动作用。

城市更新和既有建筑改造是探索城市更新的路径和机遇,探索城市更新时代下的新业务和新模式,将城市、文化、产业与人的融合共生成为城市更新的大势所趋。既有建筑更新改造前应先进行潜力分析,对具备再生潜力的选择合理的再生模式,根据再生模式确定业态规划，进行规划设计和建筑设计，合理确定产业类型及各产业所占的比例，并对产业进行有效的划分与组合，达到综合效益最大化。

2.4 既有住宅建筑改造现状分析

近年来，随着新建建筑的市场逐渐饱和，增量市场脚步放缓，传统的"大拆大建"时代已逐步退出并向老旧小区更新改造方向迈进。老旧小区的更新改造慢慢成为日后既有建筑改造的重点，2020年国务院印发《国务院办公厅关于全面推进城镇老旧小区改造工作的指导意见》（国办发〔2020〕23号）大力推进老旧小区改造，随后广东省印发《广东省旧城镇旧厂房旧村庄改造管理办法》（省政府令第279号）和《广东省人民政府办公厅关于全面推进城镇老旧小区改造工作的实施意见》（粤府办〔2021〕3号）的工作部署，为既有建筑更新改造提供了可行的方案。

2.4.1 既有住宅建筑改造难点

既有住宅建筑中的老旧小区改造，由于改造面积大、涉及人群广、问题较复杂、政策倾向多等问题，更是引起了社会的广泛关注。对于老旧小区，其主要有以下难点：

（1）年代久远，楼体破旧，改造条件受限。由于既有建筑建成年份较早，后期缺乏维护，导致既有住宅建筑及环境逐渐老化，当时的设计标准相对现在落后，不满足现在居民对宜居生活的要求，相应的公共配套不足，如燃气、电力、排水、供热等配套基础设施和养老、托育、停车、便民、充电桩等不足，但由于改造空间不足等既有条件限制，改造存在一定困难。

（2）居民意愿不强。对于老旧小区改造，如电梯增设过程中，部分底层业主出于自身利益、顾虑、资金、产权责任未明确等因素，考虑造成增设电梯进程受阻，少数人反对从而导致项目暂停的情况常常发生，如何协调老旧小区的各方业主的利益需求及顾虑，提高居民改造的意愿，是改造的难题。

（3）物业管理的缺失。老旧小区常常缺乏后续的物业管理，住宅区内管理力度较低，环境相应较差，住宅区内的设备设施无人进行运维，导致设备设施经常处于停用状态。改造后的住宅也由于物业管理水平跟不上，造成许多配套设施设备无法正常使用，故建立老旧小区的长效运维机制相当重要。

2.4.2 改造策略建议

（1）针对性进行分类

针对年代久远、楼体破旧、改造条件受限等问题，国务院于2020年7月印发"国务院办公厅关于全面推进城镇老旧小区改造工作的指导意见"，文件明确指出老旧小区的改造内容可分为基础类、完善类、提升类三类。

1）基础类。为满足居民安全需要和基本生活需求的内容，主要是市政配套基础设施改造提升以及小区内建筑物屋面、外墙、楼梯等公共部位维修等。其中，改造提升市政配套基础设施包括改造提升小区内部及与小区联系的供水、排水、供电、弱电、道路、供气、供热、消防、安防、生活垃圾分类、移动通信等基础设施，以及光纤入户、架空线规整（入地）等。

2）完善类。为满足居民生活便利需要和改善型生活需求的内容，主要是环境及配套设施改造建设、小区内建筑节能改造、有条件的楼栋加装电梯等。其中，改造建设环境及配套设施包括拆除违法建设，整治小区及周边绿化、照明等环境，改造或建设小区及周边适老设施、无障碍设施、停车库（场）、电动自行车及汽车充电设施、智能快件箱、智能信包箱、文化休闲设施、体育健身设施、物业用房等配套设施。

3）提升类。为丰富社区服务供给、提升居民生活品质、立足小区及周边实际条件积极推进的内容，主要是公共服务设施配套建设及其智慧化改造，包括改造或建设小区及周边的社区综合服务设施、卫生服务站等公共卫生设施、幼儿园等教育设施、周界防护等智能感知设施，以及养老、托育、助餐、家政保洁、便民市场、便利店、邮政快递末端综合服务站等社区专项服务设施。

以上三类改造内容根据老旧小区的需求进行分类，特别是基础类的改造，老旧小区的居民具有强烈的改造意愿，推进难度相对较小，同时对于基础类的建设，政府要发挥财政资金主导作用，做到应改尽改，以基础类作为当下老旧小区的重要任务是可行的；完善类要在尊重居民意愿的前提下，做到宜改即改；提升类要按照政府引导、市场化运作的模式，做到能改则改。

在改造资金上，首先，应按照谁受益、谁出资原则，积极推动居民出资参与改造。小区居民出资责任，可通过直接出资、使用（补建、续筹）住宅专项维修资金、让渡小区公共收益等方式落实。其次，应加大政府支持力度，将城镇老旧小区改造纳入保障性安居工程，中央给予资金补助，按照"保基本"的原则，重点支持基础类改造内容。要统筹涉及住宅小区的各类资金用于城镇老旧小区改造，提高资金使用效率。支持各地通过发行地方政府专项债券筹措改造资金。同时，应持续提升金融服务力度和质效。金融机构加大产品和服务创新力度，在风险可控、商业可持续前提下，依法合规对实施城镇老旧小区改造的企业和项目提供信贷支持。此外，应推动社会力量参与。通过政府采购、新增设施有偿使用、落实资产权益等方式，吸引各类专业机构等社会力量，投资参与各类需改造设施的设计、改造、运营。

（2）健全沟通渠道，完善实施机制。

针对居民意愿不强的问题，文件也指出需要健全相应实施机制，健全并动员居民参与机制。城镇老旧小区改造要与加强基层党组织建设、居民自治机制建设、社区服务体系建设有机结合。建立和完善党建引领城市基层治理机制，充分发挥社区党组织的领导作用，统筹协调社区居民委员会、业主委员会、产权单位、物业服务企业等共同推进改造。搭建沟通议事平台，利用"互联网＋共建共治共享"等线上线下手段，开展小区党组织引领的多种形式基层协商，主动了解居民诉求，促进居民达成共识，发动居民积极参与改造方案制定、配合施工、参与监督和后续管理、评价和反馈小区改造效果等。组织引导社区内机关、企事业单位积极参与改造。

同时文件也指出，应完善相应配套政策，加快改造项目审批，完善适应改造需要的标准体系，建立存量资源整合利用机制，明确土地支持政策。

做好宣传引导，加大对优秀项目、典型案例的宣传力度，提高社会各界对城镇老旧小区改造的认识，着力引导群众转变观念，变"要我改"为"我要改"，形成社会各界支持、群众积极参与的浓厚氛围。要准确解读城镇老旧小区改造政策措施，及时回应社会关切。

（3）健全长效物业管理机制

结合改造工作同步建立健全基层党组织领导，社区居民委员会配合，业主委员会、物业服务企业等参与的联席会议机制，引导居民协商确定改造后小区的管理模式、管理规约及业主议事规则，共同维护改造成果。建立健全城镇老旧小区住宅专项维修资金归集、使用、续筹机制，促进小区改造后维护更新进入良性轨道。

本章参考文献

[1] 刘美霞，武洁青．对既有建筑改造效益分享模式的建议 [J]．住宅产业，2011（1）：3．

[2] 孙艳丽，吴振虎．既有建筑改造投融资模式研究 [C] //既有建筑综合改造关键技术研究与示范项目交流会．2009．

[3] 周志杰．工业遗产改造模式和利用方式 [J]．华人时刊旬刊，2012，000（005）：30．

[4] 晏曼等．既有工业建筑园区更新改造研究与应用——鲻鱼洲文化创意产业园 [M]．北京：中国建筑工业出版社，2021．

[5] 潘丽丽．浅谈城市更新项目投资决策研究 [J]．中国外资，2020（24）：3-4．

[6] 刘卫明．南宁市旧城更新改造模式选择对比研究 [D]．南宁：广西大学，2020．

[7] 宋晨．城市传统商业街区的更新改造策略研究 [D]．合肥：安徽建筑大学，2020．

[8] 李鸿儒．历史文化名城保护中的低碳社区理念实践 [D]．北京：北京交通大学，2019．

[9] 郑诗圣．文化创意型历史街区改造的分析与反思 [D]．广州：华南理工大学，2018．

[10] 赵大光．城市更新与功能更新的策略研究 [J]．中国住宅设施，2021（01）：61-62．

[11] 周永扬．南宁"三街两巷"历史文化街区之兴宁路的改造策略 [J]．广西城镇建设，2021（01）：30-32．

[12] 赵彬元．共生理论下的工业遗产保护与更新规划策略研究——以苏州苏纶厂更新改造为例 [J]．城市住宅，2021，28（01）：62-64．

[13] 于晶．以长春市特色空间为引导的旧城街道改造研究 [J]．北方建筑，2020，5（06）：23-26．

[14] 梁舰，赵路兴，马海顺，张莹．我国老旧小区改造亟待破题 [J]．建筑，2020（13）：32-35．

第 3 章 既有建筑更新方案策略研究

3.1 更新改造目标和策略

城市在其不断发展过程中留下的印记一直延续到今天，形成了如今城市的脉络。城市文脉是一个城市的独特魅力和价值所在。如盲目地拆除城市旧园区与建筑会导致城市的文脉断裂，城市或地区原有的文化积淀消失，并失去其文化内涵和气场，这是不可行的。既有建筑改造根据建筑本身的历史价值及现状概况，结合改造后对于建筑需求进行综合判断，确立改造方案：建筑使用目的、功能分区、建筑结构的改动、建筑立面改造、增加设施设备等内容。既有建筑改造一般通过屋面更新、室内装饰装修、建筑外观美化、景观场景重建、场地拓展改造、新建附加建筑等策略和手段实现改造目标。

既有建筑方案更新改造优化研究展开前应进行实地调研。实地调研内容主要包括政策法规、规划要求、市场需求、区位条件、资源优势、建筑现状及历史文化等。改造方案的确定选择应根据既有建筑占地面积、结构类型、层数、层高、所处区域环境等因素展开考虑，也要考虑安全、经济、环境、文化、社会等内在因素。

每一栋建筑都是特殊的，有其独特的历史价值和意义。改扩建与重建不同，前者要在一定程度上继承和延续原有建筑所代表的场所精神。在改造扩建既有建筑前，需要根据建筑的实际情况以及各地的相关政策规划，重新设计与规划如内部功能布局与外部结构等建筑属性，同时，由于还需考虑既有建筑在其建造、维护条件等各方面的内部差异与场地限制或政策限制等外部因素，需要根据综合考虑各方需求，设计并改建出符合当代需求且能合理使用的新建筑。同时，在改扩建时，要注重新建部分与原有建筑设计风格和技艺的有机结合，外部结构和内部空间分布等相互协调，通过经济合理的技术手段使改造后的建筑达到整体和谐的效果。

3.2 总体规划布局

3.2.1 整体规划理念

现阶段，国内既有建筑与工业园区改造在推动城市发展方面普遍缺乏认识和功能承担。在改造过程中，应将改造项目纳入城市复杂系统的总体发展战略中；同时，一个适宜于当地的既有园区或建筑改造设计，必须充分考虑并结合当地文脉或当地传统文化，这样，改造后的建筑也将成为城市更新和城市经济文化发展的标杆和窗口，成为城市发展的代表。

因此，在既有建筑与园区更新改造层面，首先应从上位规划层面开始，将更新区域视为一个整体系统考虑概念与实际的融合，通过统筹社会、经济、文化、城市规划、文物保护、建筑设计与技术开发等领域，提出整体规划的设计理念并贯彻落实。在对园区进行系统、循序渐进的规划后，园区建设是在一个相对宏观的理念指导下进行的，对既有建筑改造问题的思考和分析会更加全面。

在鳒鱼洲文创园更新改造设计中，设计者从东莞产业文化符号——"世界工厂"与地理文化形象"岭南水乡"出发，制定了"有机改造，城市造园，活力激发"的总体设计策略，将园区内部功能种类繁杂的各个工业与民用建筑有机结合，在改造过程中落实"概念——策略——具体实施与结果"三步走的逻辑导向，使设计者的整体规划理念得以完整呈现，如图3-1所示。

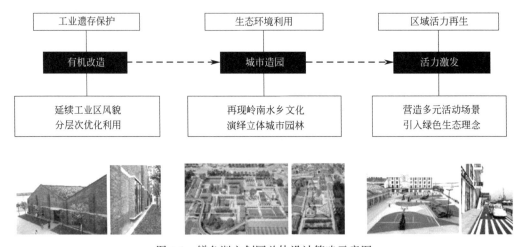

图3-1　鳒鱼洲文创园总体设计策略示意图

东莞市民服务中心工程改造设计中，设计将原建筑东莞国际会展中心进行重新规划设计，将大型公共展览型建筑改造为政务服务型建筑，涉及既有建筑室内外改造、屋面及幕墙改造、地下空间改造与设备管线改造等，项目周边环境复杂，交通繁忙，经过充分考虑建筑周边环境与当地政策文化后，设计师提出设计"东莞市城市会客厅"概念，意在把新建筑打造为市民服务地标，通过提供建筑的开放性与易达性，将公共空间优化整理，实现改造扩建设计中秉承的亲民、便民、绿色、人文的理念，如图3-2所示。

在佛山南风古灶改造案例中，总体改造规划理念以保护南风古灶（国家级文物保护单位）为核心，构建"一核一线五轴六带"的历史片区脉络。其中，设计师根据当地独特的城市文脉，对历史肌理进行修复、编织，形成"年轮"式规划结构：即在该区域内形成多层年轮结构——"滨江风景带、传统历史建筑景观带、工业历史建筑景观带、生态带、现代商业带"等规划区域，如图3-3、图3-4所示。

在此基础上，园区围绕不同历史时期陶器工业留下的工业遗迹，作为构建"历史年轮与肌理结构"的关键要素进行研究。在设计中，通过对工业建筑的改造和再利用，推动该片区形成陶文化主题体验城，将工业历史建筑资源与石湾历史街区的传统陶文化有机融合，最终实现保护与发展的和谐。

第3章 既有建筑更新方案策略研究

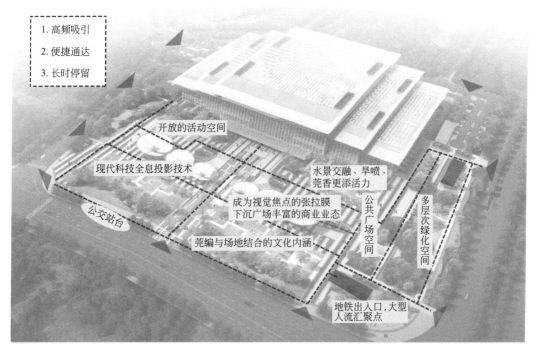

图 3-2 东莞市民服务中心周边景观概念改造设计

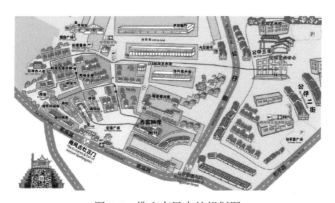

图 3-3 佛山南风古灶规划图

图 3-4 佛山南风古灶高灶改造后实景图

广州太古仓案例中，如图 3-5 所示，在整体改造规划时，规划结合了园区内实际建筑概况与现代技术，对既有建筑进行建筑的保护和再利用，主要应用了以下四种方式：一是对具有较高历史价值的建筑采用修旧如旧原则，进行就地保护，如园区内原有的 20 世纪初的七座仓库用当代技术保持和恢复原建筑面貌；二是保留了具有一定价值的建筑改造，并结合园区功能与环境，打造新的功能环境形象，如园区内部的办公楼改造作为配套服务设施；三是保留水塔等具有尺度感和地域特色的工业构筑物，并结合时代需求，赋予新的观景平台功能；四是将工业园区中的交通场所和基础设施改造为公共休闲空间或服务中心，如将太古仓原有的 3 个"T"字形码头改造为游艇码头和公共休闲空间。

图 3-5　广州太古仓创意时尚园改造后实景图

3.2.2　公共绿化与活动空间

户外休闲绿地可以把人们从室内引向室外，并为人们提供一个舒适、优美的休闲环境。但传统的既有建筑以及老旧工业园区在规划时往往忽略了绿地与公共空间的规划，缺少集中的活动空间。一般既有工业园区内部都以小而散的绿地为主，缺乏统一的规划设计与生机活力。在改造户外景观环境过程中，可对既有建筑与工业园区所在区域内遗留的构筑物，如烟囱、水塔、指示牌、锅炉等进行重新利用，并遵循历史场景与记忆加以创新设计，使改造后体现出当地的历史与艺术性，通过现代设计手法将历史与文脉加以展现。在对既有工业园区与既有建筑进行改造时，可遵循以下原则：

（1）结合生态自然的理念

在鲢鱼洲文化创意产业园改造案例中，鲢鱼洲基地两面环河道，沿岸绿地景观层次多样，视觉开阔，设计结合园区实际地形与工业园区建筑功能，围绕滨水空间进行整体规划：顺应地势，确立景观主轴，并沿主轴与内部建筑空间设置如景观广场、景观庭院等；各景观间形成景观次轴，与基地周边的水道，湿地公园与林荫干道形成不用层级的景观网络，丰富园区内各景观视角，使参观者仿佛置身园林之中，产生视觉上的愉悦感，如图 3-6 所示。

同时，园区景观规划与建筑景观融为一体：结合建筑物主体功能，在建筑层面采用如垂直绿化、种植屋面、廊道设置绿化、丰富走道等灰空间，设置内部庭院、种植绿化等方

(a) 东莞鳒鱼洲文创园广场旁连体树　　　　(b) 东莞鳒鱼洲文创园保留原有大树

图 3-6　东莞鳒鱼洲保留绿植图

式,通过以上设计手段,将景观绿轴延伸至建筑物内部,为绿色植物赋予了新的功能,塑造出独特的园区景观风貌。

在景观节点中,设计结合基地历史与自然设计,保留了园区内具有年代感与历史标志性树木,与历史痕迹产生对话,展示了既有建筑园区的历史风韵。

在对老旧工业园区进行绿色改造设计时,规划建筑空间功能除需满足厂区生产需求外,还应关注厂区的整体风貌。在东莞市楷模家居用品有限公司老旧厂区改造案例中,如图 3-7 所示,规划通过在建筑周边设置适当的绿地、水池与广场,提高场地绿地率,并围绕绿化空间建设公共空间,以此为员工生活提供更多活动空间,增加生活趣味性,改善了厂区的生产生活环境品质。

(a) 屋面种植大量绿色蔬菜　　　　　　　　(b) 屋面种植鸟瞰

图 3-7　厂区屋面种植绿植图片

同时,针对工业园区建筑空间较大、屋顶较平、建筑密度大等特点,利用工业园区既有建筑屋面种植绿色植物,植物通过光合作用、叶面的蒸发作用以及对太阳辐射热的遮挡作用来减少太阳辐射热对屋面的影响,从而降低屋顶的温度。

(2) 结合场地分层次优化理念

对既有建筑周边绿化景观进行改造提升过程中,需要结合建筑所处周边环境,利用城市人文景观元素,根据不同使用者的需求将场景按不同区域与层次划分,避免使景观场景的单一片面化,公共活动空间场景的改造应满足不同使用者的社交与生活需求,同时做好无障碍设计。

东莞市民服务中心在改造过程中，建筑南边广场作为项目的形象展示区，围绕中心景观轴，对景观广场区域做出划分，从西至东一次为：林荫空间、中轴空间、形象展示空间、中心空间等，通过不同区域展现东莞形象，为丰富市民的业余生活提供了优良的环境（图3-8）。

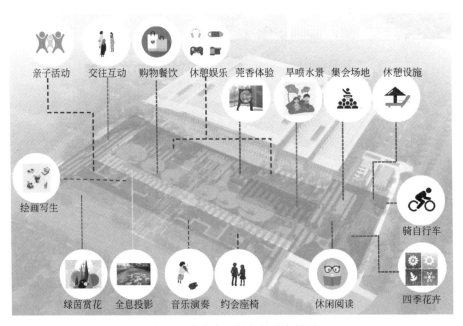

图3-8　东莞市民服务景观布景图

在鳒鱼洲文化创意产业园改造升级中，规划理念是将公共活动空间与绿化空间进行化整为零处理，使其融入产业园区的各个角落。园区内部公共空间业态复杂，空间多样，通过规划构筑物、绿植、广场等空间，营造各式中式庭院与西式开放街区、灵活组合各种平面与三维空间，有机整合各类空间，达到"步移景异"，公共活动空间功能相互融合的效果，在满足不同使用人群的同时，也有效地促进了不同人群间的交流与活动（图3-9）。

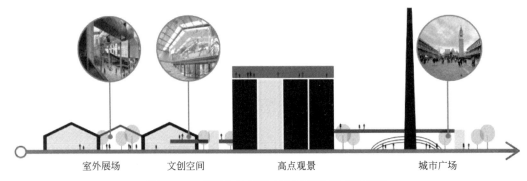

图3-9　鳒鱼洲文化创意产业园部分剖面示意图

（3）尊重自然环境理念

公共绿化与户外活动空间改造过程中，应尊重原有自然环境。针对现场的地形地貌以及周边环境因素进行二次开发时，应结合当地文化理念，并将其反映在景观里。

鲡鱼洲改造项目临近江边，如图 3-10～图 3-12 所示，结合"山—城—水"的城市格

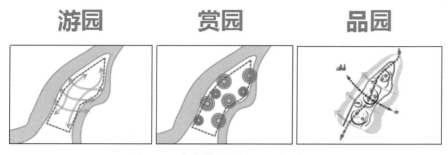

图 3-10　东莞鲡鱼洲景观设计逻辑图

图 3-11　东莞鲡鱼洲江边风景

图 3-12　标志性路径示意图

局与"水—岸—陆"的水乡文化,将水乡文化与城市园林有机融合;可观可赏可游的多层次活动是水乡文化的内涵所在,城市造园策略通过"观水、亲水、戏水"策略进行回应。

同时,场地保留了鳓鱼洲路旁的大片原生岭南树木,并围绕古木新建了草坡、绿化带,结合景观,沿场地设置不同的平台,在丰富林荫路径的同时,也为游客游览时提供休憩与活动空间。

广州 TIT 创意产业园的更新设计过程采用了绿地与生活空间相互渗透的营造形式,绿地与建筑的平面关系表现得十分紧密。以互动参与型绿地为主的生活空间为游客日常交流与活动创造了轻松愉悦的生活环境,同时自然生长式的绿地形式表现出生活区自由流动的场所氛围。

园区内的植被最能体现工业遗产创意产业园区的地域性。在广州 TIT 创意产业园的设计过程中,植物被视为地域景观之一,符合岭南设计景观的特点。如果人们在工业遗产创意产业园看到树荫、花草,到处都是生机勃勃、栩栩如生的常绿景象,这也是一个区域亮点。创意产业园保存的具有岭南特色的植物,可以为既有工业产业园的更新改造提供线索与参照,此种绿地营造形式既富有情趣又能触发场所记忆,如图 3-13 所示。其次,保留原有公共绿地,通过布设花箱、小品等活动性街道"家具"的方式替代石墩,灵活引导人群行径路径,同时能有效阻止社会车辆闯入绿地入口。

图 3-13 广州 TIT 创意产业园保留植物图

在广州信义会馆改造案例中,改造主要围绕环境场所精神和道路绿化环境系统展开,园区以保留在区内原有的百年古树作为主要元素,以延续基地原有的外在特征,如图 3-14 所示;环境设计中还引入了具有地域文化隐喻的珠江元素,沿江修建了亲水木栈道,既有建筑改造的博物馆旁增加了岭南常见的园林植物,为单调的工业用地增添了地方历史韵味。

在信义会馆园区改造中,如图 3-15 所示,设计师采用了具有地方工业特色的材料环境元素如枕木、红砖、河石、路灯等作为母题,来实现园区里旧元素与新建材料的有机结合,此做法也延续了园区内部的工业风格特征和历史特色。其中,轨枕的应用非常巧妙,不仅用于局部墙面装饰,还用于分隔车位和铺设花坛,地面铺贴以指示原厂区的交通轨道。

图 3-14　广州信义会馆保留植物图

(a) 改造后建筑前铺地　　　　　　　　　　　(b) 改造后巷道铺地

图 3-15　广州信义会馆改造后铺地图

3.2.3　文化休闲空间

既有建筑的文化属于城市文化的一部分，而城市文化则由物质文化、制度文化、精神文化构成，三者相辅相成，构成了有机的城市文化体系。一般而言，一个城市的物质文化反映它的制度和精神文化。

美国人本主义城市规划理论家凯文·林奇（Kevin Lynch）在《城市形态》中写道，一个城市的物质文化是由各种符号组成的。城市中的物质元素都可看作其象征的文化符号，如典型的建筑物、草地、彩绘窗户、屋顶、柱子、门廊等。不同地域的城市体现了其各自独特的场景记忆与线索。

通过对既有建筑场所的解读，城市居民会逐渐形成对城市空间的认同感和归属感，从而提升对城市中既有建筑的感知，并形成对城市文化形象的解读，逐渐认同当地的场所精神。城市文化形象的感知取决于城市中既有建筑物与物质文化对城市制度和精神的反映程度。因此，城市居民对既有建筑的感知、认知和记忆是城市物质文化空间形成的关键。

广州太古仓创意时尚园在升级改造时，保留了大部分的既有建筑，并完整地保留了仓库、码头、水塔等构筑物及其独特的肌理，如图 3-16 所示，这些都是老码头仓库区的精华所在。此次改造升级对区域进行整体保护，保留原有的基本格局和产业特色，将工业遗产改造为创意时尚服务和城市奇幻活动的开放空间。保留的滨水人行道为园区公共空间的一大亮点，凉亭、咖啡茶馆等空间沿河布置，提供高品质的休闲场所，其余三个码头是公园内各具特色的开放空间，码头可看作延伸到珠江的平台，视野开阔，是观赏珠江的绝佳场所。特色滨水步道与码头空间相结合，有效吸引和聚集园区人流。

(a) 时尚园滨水人行道　　　　　　　　　(b) 时尚园码头平台

图 3-16　太古仓创意时尚园滨水景观图

广州太古仓创意时尚园有着深厚历史底蕴，仓库边、码头旁还保留着多处历尽沧桑的工业构件，如图 3-17 所示，如静立江边的锈迹斑斑的船锚，符合时代特征的水塔等都意在唤醒场景记忆，与过去工业场所产生对话。

(a) 时尚园水塔图　　　　　　　　　(b) 时尚园船锚图

图 3-17　太古仓创意时尚园工业遗产构件

在既有建筑改造时，应注意重点开发与提炼本区域具有特殊历史意义的元素，配合现代创新材料、工艺、技术与修缮方式重现还原场地主体的特点或历史，最大限度地对原有景观进行保护。工业遗产文化景观在进行改扩建和再利用时，应注意体现现代人的物质和精神文化追求，既要符合现代美学，又要体现时代主题。广州 TIT 工业遗产创意产业园的改造应充分挖掘工业遗产的主题，体现文化景观的地域性，如图 3-18、图 3-19 所示。

图 3-18　广州 TIT 园区原有锅炉房保留的景观设计

(a) 动力冷冻机房改造前　　　　　　　　　　　(b) 动力冷冻机房改造后

图 3-19　广州 TIT 园区动力冷冻机房改造前后对比图

同时，设计师在步道两侧重点挖掘沿街建筑特色，1850 创意园前身是吴源集团与广州化工集团共同建设的锦州江双氧水厂厂区，如图 3-20 所示，现如今在其破旧遗址旧址上改建为文化创意园。设计师将原有的工业空间作坊打造成创意氛围浓郁、配套设施完善的创意产业新基地的同时，保留了当地具有岭南文化特色的建筑物。

在居住建筑中，社区文化休闲空间是指：在住宅小区内部，供居民室外休闲娱乐，进行体育活动与文化社交的主要活动场所。

(a) 建筑外部　　　　　　　　　　　　　(b) 建筑内部装饰

图 3-20　广州 1850 创意园保留岭南建筑图

既有住宅小区主要分布在城市中心城区，因缺失前期科学规划，大部分既有住宅小区出现文化休闲设施不足，基础设施建设不完善等问题，且不少已有设备因年久失修已无法使用，直接降低了社区居民的生活质量。

在对既有住宅小区进行升级改造时，针对公共开放空间的重新设计应符合居民休闲娱乐的要求，着重考虑营造丰富多元的社区活动场所，从各个方面满足不同年龄、不同需求的社区居民社交活动。

社区文化休闲空间更新设计应遵循以下三条原则：

(1) 社交性原则

在对于既有住宅小区户外休闲空间进行更新改造时，宜遵循采用社交性原则。户外公共空间主要为小区居民提供锻炼和交流的场所，有利于小区居民促进邻里关系，提高居民幸福指数。可参考以下具体做法：在住宅区内部设置连续畅通的绿道、跑道、健康步道等，不同步道铺装不同色彩、采用弹性路面等，根据间隔设置休息座椅，方便居民休憩交流；结合步行流线布置宅间、组团、区域等不同层次的休闲空间等；在条件允许的情况下，宜设阅览室、舞蹈室、棋牌室及其他文化活动站。

(2) 安全舒适原则

在对公共空间进行改造时，应先排除安全隐患，需考虑到儿童玩耍时可能产生的危险情况以及针对老年人的安全使用问题，宜充分考虑居民使用时的便捷与舒适性，采用通用设计与无障碍设计手段，满足使用者需求。针对公共开放空间，冬至日日照宜不小于 3h，并配备适当的遮阳避雨、休息座椅等设施，在人流量大的区域宜配置公共卫生间。绿化空间应配置比例合理的符合当地气候的乔、灌、草等植物，减少机动车在近宅间穿行并做到人车分流，使公共空间具有景观生态功能的同时，也具备休闲交往功能。

(3) 可达性与易达性原则

可达性原则是既有住宅小区公共文化休闲空间改造升级中的重要原则。社区内文化休闲空间是居民日常主要活动和社交场所，需满足可达性和易达性原则，一般该类场所需要开放、安全、美观、无障碍的空间。平坦的地面、可控的视野、安全的设施、和谐的环境一般在社区中更容易聚集人群，同时考虑到场所发生的活动，一般是作为邻里之间的交流，与茶余饭后的散步等，所以该类场所应靠近住宅空间布置，可达性与易达性直接影响社区居民的出行频率与逗留时长。因此，在既有住宅区改造设计中，有必要提高空间的可达与易达性，优化周边环境，满足文化生活需求。

3.2.4　停车空间

停车位已经成为现代建筑不可缺少的配套设施。停车位按照空间位置进行分类主要分为地上、地面、地下和立体停车空间；停车位扩充主要围绕既有建筑的外部和内部两个方面对停车设施进行升级改造。对于既有住宅小区而言，因前期规划空间不足，存在扩充车位难的问题，对该类既有民用住宅，扩充策略一般为外部增设停车位，如在建筑附近建设停车楼。对于有空间改造的园区或广场，可充分利用其空地或对既有停车位进行扩建，增加停车位。

（1）外部增设停车设施

对于建筑密度高的既有街区，可在建筑外部增设停车设施，如图 3-21、图 3-22 所示，以解决停车难问题；通过设置停车楼或停车设施，以降低园区内部道路交通压力，同时也对舒缓城市交通压力起到一定作用。

图 3-21　东莞鲢鱼洲停车楼项目（规划中）

（2）调整空间布局

通过统一规划，调整布局与改造绿地等方式，在保持消防车道畅通的情况下，在地上建筑附近或道路的两边合理设置停车位；根据相邻的停车位置划分，可以分为平行放置停车场、垂直放置停车场、斜插入式放置停车场。通过评估后可适当将道路设置为单行车道；可将一般停车场重新规划为效率更高的交叉停车位停车场。

太古仓时尚创意园区在改造后采用人车分离的交通组织方式，如图 3-23 所示，为行人提供了良好的步行体验。新停车方案沿园区周边布置了 5 个露天集中停车场，并设置阻拦防止车辆进入滨水公共空间，避免车辆对园区步行环境的干扰。

图 3-22 东莞三元里社区立体停车库

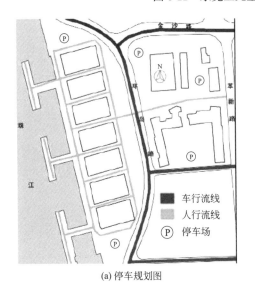

(a) 停车规划图　　　　　　　　　　(b) 集中提车场

图 3-23 太古仓改造后停车规划与现场图

（3）原有停车位改造

通过对原有停车位系统进行升级改造，逐步采用自动化和系统化的停车管理系统，通过设置车牌识别系统、收费管理系统、停车诱导标识系统等，利用信息化管理，不断优化现有停车设施，提高车主停车效率。

对停车空间进行扩容改造，可在原有停车位置设置竖向机械停车库，装配自行式立体停车场等，这两种改造方式具有占用空间小、适应场景广等优点，并可将单位建筑面积的停车空间扩大5～6倍。

第3章 既有建筑更新方案策略研究

（4）增设地上地下停车场

对于大型公共建筑，可在预设的广场或空地增设地下停车场，对于在城市核心区域，地面空间不足的区域设置地下停车场，可大大缓解核心区周边的停车难等问题，并缓解交通堵塞，释放城市的交通压力，提高出行效率（图 3-24）。增设停车场时宜遵循以下原则：

1）停车场分区规划原则：针对大型停车场，有必要对停车库进行分区，分区用不同的字母和颜色展示，提高车主取车的效率。

2）分级引导原则：建立停车诱导系统，实现从城市道路—出入口—停车区—停车位的交通引导。通过规划出入口，减少车辆、车主在停车场内绕行和迂回找车位的路程与时间，以此提高停车场使用效率。

3）流量匹配，分区引导原则：通过实际信息模型统计，结合每个出入口的车道路线与交通分流能力，匹配其相应的车流量，优化出入口的路线规划，提升出入口通行效率。

4）主通道原则：围绕主通道，提升其易达性，整合标识系统，打造多元多维标识体系，强化引导，优化路径，提升停车场的利用率和周转率。

5）渠化交通原则：通过考虑不同交通路线与目的地、优化不同车种的行走路线，最大限度减少混流、场内绕行、冲突与交叉等问题，充分保障停车场内外车辆行驶安全。

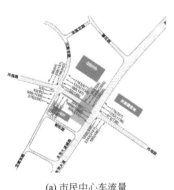
(a) 市民中心车流量

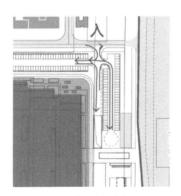
(b) 市民中心东部停车场

(c) 市民中心西部停车场

图 3-24 市民中心车流量与停车场图

分区管理将整个停车场划分为若干个停车场单元，每个单元实行经济高效管理且独立运行。通过对出入口，通道连接点等重要节点进行控制，实现每个管控单元可独立运行和多个管控单元的联合运行，在停车需求不大的情况下仅开放部分停车管控单元，减少管理成本；高峰期开放全部停车管控单元，根据疏散需要开放停车管控单元之间的连接节点，快速疏散车流。针对行政服务中心的特点，可以充分利用夜间的空置停车位。在一定的时间内，可以在车库中停放大量的某种类型汽车，而在一定的时间内可以停放另一种类型的汽车。车库在交通组织上具有鲜明的特色，一般在晚上和节假日停车需求较大，如公共服务中心在非工作时间提供停车位，实现高峰停车供给、停车周边缓冲效应，大大缓解周边停车压力，并提供给周边商圈和写字楼使用，吸引大部分车辆到市民服务中心，减少其他区域停车，解决周边地区停车困难问题。

3.2.5 交通联系空间

在针对既有工业园区交通进行更新改造时,应遵循园区所在地理位置与尊重周边环境,从中总结出其特点,并在更新改造中考虑。

在广州 1850 创意园升级改造项目中,如图 3-25 所示,设计师将部分存在结构安全隐患的建筑物拆除,并在园区内部开辟出一条步道,使园区内的步行空间将城市公共空间连接在一起,步道成为连接城市公共空间的廊道。通过中央步行带的设置,将沿街的城市步行空间与珠江滨水空间连接起来,展现了符合地域特色的文化特征。

图 3-25 广州 1850 园区中央步行带

1850 创意园内设施有利于促进游客间互动。园区设施布局符合游客观光规律,在不大于 100m 以内的都设有公共休憩区域,如图 3-26 所示。且园区内部互动设施相比其他旧工业改造园区要充足得多,在形式和满足不同人群的需求上体现出多样性,比如围绕植被的座位、散落的茶水桌等,这些设施大多选择在绿树遮荫以及景观文化丰富的环境,同时可以营造悠闲的氛围。

(a) 园区内广场休憩空间　　　　　　　　　(b) 园区内商业空间

图 3-26 广州 1850 园区内休憩空间

第3章 既有建筑更新方案策略研究

既有建筑园区中道路改造，应根据所在区域的所允许空间范围确定：一般住宅所在的区域建筑密度较高，可改造空间较小；一般对小区道路仅进行消防设施的添加以及预留消防车道；而工业建筑与公共建筑的可改造空间较大，道路改造过程可参考以下策略。

（1）优先满足消防使用要求

由于前期规划不足与缺乏管理等问题，大量既有建筑园区内部的道路不满足现代消防的要求，道路中存在构筑物违建、车辆违停、道路尺寸不够且存在断头路等现象，故在既有建筑配套道路改造过程中，应优先满足消防通道的使用需求。

1）打通断头路，形成环路

在打通断头路的同时，盘活现有存量停车设施，将道路改为封闭的环形道路，形成完整的路网，改善车辆出行交通条件。

2）清除违章建筑、拓宽道路

结合现有道路，清除小区消防通道的违建物、杂物等，确保消防车顺畅通行，不受阻碍。对于宽度不满足消防车行驶的道路，如有消防需求的，应适当进行拓宽道路并在沿路设置消防登高面。

（2）场地交通流线顺畅

1）场地车行、人行路线设置合理，交通流线顺畅，满足交通需求；

2）场地内无障碍设施完善，且与场地外人行通道无障碍连通，满足现行国家标准《无障碍设计规范》GB 50763 的要求。

（3）合理设置机动车和自行车停车设施

1）自行车停车设施宜合理设置、方便出入，且配置遮阳防雨措施；

2）机动车停车设施宜采用地下停车库、立体停车库等方式节约集约用地；

3）机动车停车设施宜根据使用性质及车辆种类进行合理分区，设置地面停车位时，应避免挤占步行空间及活动场所。

（4）完善基础设施建设

1）实现各路面的硬化平整，完善信号灯、路灯等设施，结合街道空间设计停车位；

2）通过道路绿化、格栅等进行各类交通行为的分隔，设置小广场、休闲长廊、茶座等供市民使用。

3.2.6 建筑整体形象

广州信义会馆改造中，对于既有建筑整体形象，适当保留和利用了原有工业空间中的建筑构件、设备与其基本特征。在保持建筑空间特征和肌理的基础上，更新改造设计强化了其工业美学特征，与旧工业空间形成了鲜明对比。改造部分在材料、色彩和造型上采用了全新的建筑形式，如图 3-27 所示，与历史建筑形成鲜明对比。改造后的建筑形成了一种新旧交织的风格，反映了环境的时代变化，从而赋予建筑历史的厚重感。

建筑建造和更新的部分，大多采用深色钢材、玻璃、钢筋混凝土等现代材料，如图 3-28 所示，简洁明了的造型特色，斑驳沧桑的砖墙与深色玻璃盒子形成强烈的对比，更加突出，倒映着浓浓的树荫和旁边斑驳的红砖墙，诉说着历史的沧桑。

广州信义会馆的改造保留了工业建筑的历史形态，通过强调建筑与周边环境工业的审美特征和延续性，强化工业建筑的历史文化特色和标志性，一方面保留了建筑技术和工业

图 3-27 广州信义会馆 8 号楼立面图

图 3-28 广州信义会馆 5 号楼立面图

发展的痕迹,另一方面,工业科技为城市文化遗产价值、审美表现提供动态连续的标本式载体,丰富城市文化内涵,体现城市生态的良性循环和可持续发展。

东莞市楷模家居用品制造有限公司既有工业园区升级改造中,为节约用地,提高土地整体利用率,除在楷模厂区内空地建设一栋新现代车间外,还加建了一栋覆土建筑办公楼,如图 3-29 所示,覆土建筑位于园区正入口,其园林式覆土设计有利于营造舒适园区环境,并减少新建建筑在园区中的违和感;覆土建筑与入口园林共同形成园区的入口广场。办公楼覆土绿化生态设计,为整个园区创造绿色生态的室外空间环境,遵循以人为本的设计理念,打造更具国际化前沿性和代表性的现代化工厂,为工人提供环境优美的生产环境。

图 3-29　楷模家居公司园区入口广场图

东莞市民服务中心，原幕墙自 2003 年开始使用，经过 17 年岁月的风霜，部分玻璃幕墙出现损坏迹象，因考虑到其建筑功能从原来的展览性建筑向行政服务性建筑转变，新功能对建筑空间、能耗，以及外立面形象要求均有所提升。为满足建筑改造后节能、舒适、美观的需要，此次改造对原有的玻璃幕墙进行了更换升级。幕墙改造部分主要分成两个部分：一是将原幕墙玻璃取下，并保留原有的结构体系，在结构和新增梁柱上包裹一层金属薄板（氟碳铝单板），作为其外遮阳网格系统，如图 3-30 所示；第二部分则为内部新建的钢结构建筑空间新建玻璃幕墙。两种幕墙系统组成复合幕墙体系，大大降低了阳光热辐射带来的热量，减少了空调的负荷以及使用时间，节能效果较改造前有明显提升。

图 3-30　东莞市民中心外立面图

3.3 建筑内部改造

合理的建筑内部空间布局首先要考虑建筑的主体使用功能，通常情况下，空间的形状和布局应遵循经济高效的原则，当改造涉及空间内的不规则平面空间时，应综合考虑，避免追求异形空间而降低建筑使用效率。

既有公共及工业建筑空间较为开阔，相对住宅建筑可改造性较强。空间改造既需要满足使用功能的需求，同时也应该满足精神层次的要求；改造应遵循"以人为本"原则，设计出让使用者舒服的建筑空间。在建筑改造中内部空间改造一般分为两部分：空间功能的重组和空间氛围的重新塑造。空间功能重组是通过对建筑水平方向或竖直方向上的改造，来实现空间的重新划分与建筑功能的重新规划；常见的工业园区建筑改造方向有创意产业园类、博物馆类、商业开发类、城市开放空间类等。

3.3.1 主体功能改造

既有工业园区向创意产业园区改造是如今更新改造的一大趋势。由于城市化进程加快，规划考虑有所欠缺等原因，如今大部分既有工业园区与建筑都位于城市核心地段，厂房区位优势明显，经济发展前景好且污染较现代工业园较轻，而且因为其年代不算久远，一般既有工业园区的历史遗产受损程度轻，或文物价值不高，通常具备改造为创意产业园区的潜力。

广州 TIT 创意园前身为广州纺织机械厂，如图 3-31 所示，其改造在规划建设层面属于"微改造"，规划保留了 20 世纪 60 年代老厂的格局，包括工业园区内的建筑、树木以及生态环境。历次改造主要对既有建筑进行修缮，对一些老旧建筑的结构进行加固；本着"修旧如旧，尊重历史"的原则，此次在保留了大部分厂房、仓库和辅助用房后，并根据园区的新功能需要，新建了六栋建筑，经过适度空间改造，将其空间改造为主要用作综合设计、办公和展览场所的功能场所。

(a) 创意园改造前规划

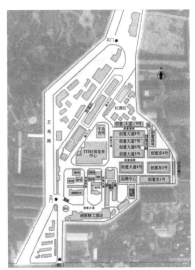
(b) 创意园改造后规划

图 3-31 广州 TIT 创意园改造前后规划对照图

广州 TIT 创意园中原纺机厂内的木模仓库、发电室、托儿所、保健所等小型建筑，改造成时尚设计区，如图 3-32 所示，为国内外一流设计师和服装品牌提供创作空间和展示空间。层高较高的装配、机械、涂装、维修、铆接等车间则被改造为与服装相关企业的创意办公区。位于园区正中间的铸造车间则被改造成公园的时尚发布中心，包含了 T 台秀场、艺术展示、服装发布等功能。

图 3-32　广州 TIT 创意园内服装设计展示销售空间

东莞市民服务中心原型为东莞国际会展中心，为 2 层大型钢结构公共建筑，于 2002 年 10 月竣工并投入使用至今。因其独特的地理位置以及体量原因，遂将其原展览功能向为政务服务功能转变，通过对不能满足现如今使用要求的建筑在平面功能、立面、景观等方面进行升级改造，改造后使其符合大型政务服务功能建筑规范相关要求。

建筑主体功能改造主要体现在建筑内部功能布局上，改造通过在原有钢结构内部新建了四层单体建筑，各层作模块化的标准单元，通过"回"字形连廊将分隔的 4 个独立功能区，如图 3-33 所示，满足政务性建筑功能要求，各功能区之间相互连接，形成围合的中庭空间，

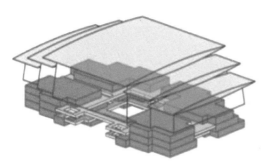
(a) 市民中心交付使用后空间布局

(b) 市民中心交付使用

图 3-33　市民服务中心相关图

建筑顶部设有高大网架顶盖，改造后建筑属于大空间单层场馆和多层空间组合建筑。

东莞市洪梅市民中心前身是东莞市洪梅镇汽车客运站，汽车站因不满足现状交通需求而停办，停办后车站附近包括商业设施均处于闲置状态。经研究规划，决定将旧车站改造成集党建服务、政务服务大厅、文化活动中心、行政办公及商务服务于一体的综合性市民活动中心，如图 3-34、图 3-35 所示。

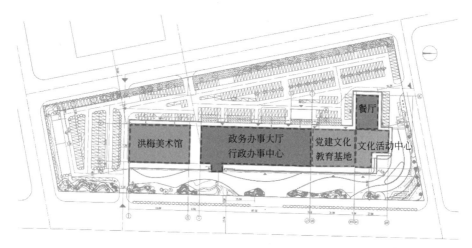

图 3-34　洪梅市民中心平面图

(a) 洪梅市民中心B区改造前立面图

(b) 洪梅市民中心B区改造后立面图

图 3-35　洪梅市民中心部分平面改造前后对比图

首钢工舍智选假日酒店位于首钢老工业区北部，原为高炉空压机站、返焦返矿仓、低压配电室、N3-18 转运站等 4 个工业建筑，改造后作特色精品酒店，如图 3-36 所示。设计最大限度地保留了原来废弃和准备拆除的工业建筑，针对其空间、结构和外部形态特征进行改造，将新结构见缝插针地植入其中并设置楼层，以满足建筑的功能需求；下部的大跨度厂房作为公共活动空间，上部的客房层设置在厂房之上。3 组巨大的返矿仓金属料斗与检修楼梯被完整保留，作为装饰设置在餐厅内部。料斗下部出料口改造为就餐空间的空调风口与照明光源，上方料斗的内部被别出心裁地改造为酒吧廊，客人穿行其间，感受独特的空间体验。

(a) 出料口改造为就餐空间

(b) 餐厅大厅

(c) 返矿仓改造成酒吧

(d) 金属料斗内部

图 3-36　首钢工舍智选假日酒店的全日餐厅示意图

3.3.2　建筑空间改造

既有建筑内部空间改造的方法和模式有很多，但其核心可分为大空间的碎片化处理以及小空间的重组，而实际的建筑改造升级中，更多体现在综合多种方法的灵活应用和空间的多功能利用。针对建筑空间进行改造，主要有以下几方面内容：

（1）空间拆分

对于层高较高的建筑，一般通过内部分层将高大的空间划分成几个尺度适宜的空间使用。这种改造方法在技术上注重原有建筑结构与新增结构构件之间的相互协调。新部件应尽量遵循原建筑物的基础和上部受力构件组成。此方法通过对原有空间进行垂直分层与水平划分，将大空间化整为零。

东莞鳙鱼洲改造案例中原有建筑功能为厂房用途，现改为展览、餐饮空间，如图3-37所示。原有的建筑为通高一层。为了适应新的使用需求，主要进行如下改造：1）室内增设隔墙，增加储藏室来完成水平划分；2）楼层中部增设咖啡平台来实现垂直分层；3）室内增加3部楼梯通往夹层。此种将大空间打碎重组的方式有利于营造层次感丰富的空间，使空间更为多样与灵活。

值得注意的是，新增部分应尽量采用轻质高强材料：应使用轻型外围护墙和装配式吊装内部隔墙、环保装饰材料等，尽量地减轻原有建筑物的荷载。此处新增外墙采用蒸压加气混凝土砌块，对原结构影响降至最低。

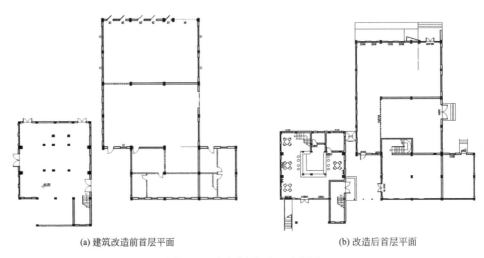

(a) 建筑改造前首层平面　　　　　　　　(b) 改造后首层平面

图3-37　空间拆分平面示意图

为解决大型厂房空间的利用率低的问题，对既有建筑进行加固后，一般在框架结构基础上，采取新增钢梁、钢楼板、钢楼梯来达到空间竖直分层的目的。钢梁即工字钢，楼板采用钢衬板组合楼板，通过安装、浇筑后一体成型，此方法具有施工速度快、整体性高的特点，如

图3-38　增设楼层现场施工图

图 3-38 所示。利用工业厂房层高较高的特点,并通过水平分层加隔断的做法,使建筑功能与空间层次更为丰富。

F518 创意产业学院的创意工作区,如图 3-39 所示,华侨城创意文化园和南海意库的设计工作室等创意空间均利用了层高的优势,设置了夹层。该方法分别在水平和竖直方向改变了原有建筑的内部空间形态,形成了丰富的空间组合。若夹层是由原建筑结构体系加载的,则需要进行荷载校核,不符合要求的原结构或基础应相应加强。

图 3-39 深圳华侨城建筑夹层图

(2) 空间合并

通过对原有空间进行重新规划,化零为整。将狭小的空间转化为大空间,通过拆除墙体的方式进行空间合并,将原有建筑中的非结构外墙拆除,换成透明玻璃或改为外廊来增加采光,将非承重内墙拆除后,室内开间更加宽阔开敞,该类改造一般在办公及展览类建筑中使用。

(3) 空间连接

不同既有建筑通过增加连廊以及建筑间封顶等方式,将独立的各栋建筑联结为更大的、相互之间可连通的空间。连廊通过钢梁和钢衬板组合板来连接建筑;一般采用外挂楼梯的形式,对建筑影响较小;夹层空间在室内新增钢柱、钢梁、钢衬板组合楼板、栏杆等来实现分层;这种方式在岭南建筑中较为常见,由于岭南气候温热多雨,连廊空间可以让游客在雨天更便捷地参展、游览各个建筑,提升在园区行走时的舒适性。

多栋建筑组群,除了置入连廊、楼梯外,还可通过对部分的建筑墙体进行内推、削减,形成一个内部庭院,增加空间的趣味性,也改善了建筑的通风和采光性能,如图 3-40 所示。

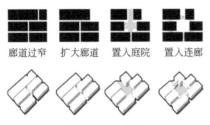
(a) 建筑组群分析图

廊道过窄　扩大廊道　置入庭院　置入连廊

(b) 建筑组群内部置入庭院

(c) 仓库及车间组团鸟瞰图

图 3-40　空间连接改造效果图

（4）局部重建

既有建筑在使用过程中，由于自然或人为等因素，局部建筑遭到损坏。针对此种现象，宜在原有结构基础上进行局部的重建。

在东莞鳒鱼洲项目改造案例中，对部分建筑进行了复原性重建和改建。园区内某建筑的钢屋架、檩条、钢屋面板等钢构件均存在锈蚀，山墙墙体缺失，建筑部分屋顶及外墙已受损倒塌，仅剩部分结构框架柱，如图 3-41(a) 所示。为延续其原有工业风貌，进行了复原性重建设计；根据项目招商使用要求，在结构可行的基础上进行局部夹层设计，使用功能为服务型建筑，面积由 1613.02m² 增至 3440m²，如图 3-41(b) 所示。

(a) 鳒鱼洲残损厂房改造前图

(b) 鳒鱼洲残损厂房改造过程图

图 3-41　"局部重建"改造示意图

3.3.3 公共服务空间

一般认为,公共服务空间指在建筑中,除建筑主体使用功能外的辅助空间。建筑主要使用功能,亦称作被服务空间,即博物馆对应的展览空间,商场对应的商业空间,以及办公楼所对应的办公空间等;除主要功能之外,其他服务于人的空间,包括生活、休闲、娱乐、交通、设备等需求的空间,统称为服务空间。

随着城市化进程的加快,建筑的功能越来越复杂和多样化。在公共建筑除主体功能外,大多包含餐饮、便利超市等其他功能,这些空间的设置源于对人的生活需求的考虑。因此,如何让公共服务空间更好地为人们服务,是服务空间的终极意义。公共空间一般承接以下三种功能:

(1) 休憩功能

建筑作为人在城市生活中重要的活动场所,承担居民生产生活活动空间,而对于公共建筑而言,休憩空间是市民在建筑中除被服务空间外使用最多的场所。因此,通过设计的手段,将休憩服务空间与被服务空间有机地结合显得尤为重要。

东莞市民服务中心结合中央庭院、展厅、室内花园、入口大厅、人行区域和景观设计草图,使公共服务与良好的景观空间结合,为前来政务大厅的市民创造一个美丽的、舒适、自然的休憩环境氛围,增加空间使用的公共服务满意度,如图 3-42 所示。

图 3-42 东莞市民中心中庭休憩阶梯

(2) 接待功能

接待空间一般承载着解决出入口人流集散与组织建筑内部流线,疏导建筑使用者的作用,一般通过入口-接待-办事空间三种连续形式呈现。因此,接待空间需要提高其空间可识别性与空间导向性。需要注意的是,因大量既有公共建筑在早期规划时未考虑周详,或因为建筑功能发生改变,建筑私密性要求发生改变,一些办公建筑不允许来访者直接进入建筑内部,需设置专用的接待场所等待受访者的接待,或在建筑入口门厅附近或在建筑物每层或者多层设置前台或接待室。接待宾客是公共建筑中的一项基本活动,是表达人、建筑、企业之间和谐关系的重要环节。它体现了人、建筑、企业的文化内涵和修养，人性化的接待服务空间已成为公共建筑的重要需求。

在大型建筑的接待空间，各个建筑功能对各种使用人群的行为活动需求不尽相同，但都遵循方便、快捷、准确、安全、顺利到达预定目的地等五个原则。

在东莞市楷模家居用品有限公司厂区改造案例中，通过对建筑内部空间进行整合处理，在覆土建筑入口处重新设计规划了接待空间，空间利用公司典型的产品家具作为装饰，利用植物墙以及小品构件分隔空间，虚实结合，引入自然光线，在不遮挡视线的情况下也有效引导了访客到特定位置等待，同时安排座椅丰富空间内部，如图3-43所示。

(a) 厂区覆土建筑入口空间　　　　　　(b) 厂区覆土建筑接待空间

图3-43　东莞市楷模家居用品有限公司厂区接待空间

东莞市洪梅市民中心政务服务中心办事大厅采用回字形平面结构布置，如图3-44所示，平面将接待咨询平台置于主入口处，保证空间大气的同时也有良好的通风采光条件，并展示政务服务公正、透明的形象；回字形平面方便使用者行走，并展示政务服务公正、透明的形象；回字形平面方便使用者减少行走距离，有利于市民更为方便地办理业务，也有利于办事人员更好地行使工作职能。

（3）娱乐功能

对于一般建筑而言，服务空间主要承担建筑物的餐饮、休憩、接待、娱乐等功能，各空间功能相辅相成，通常各空间因其功能需求单独存在，但近年来，大量公共建筑开始出现具有复合功能的公共服务空间，多重功能的结合是指不同功能类型的共存，相互作用、相互依存。各功能间相辅相成、协同增效，产生更大的使用价值。

局部与整体的复合将不同功能的公共服务空间看作是一个个可以独立承担使用功能的局部空间，建筑室内外空间看作一个整体，局部与整体的复合就是将局部空间与周围的空间通过设计手段结合为一体，局部空间不完全封闭，和整体的融合使得各功能协同作用，形成一个多种空间复合的便捷使用系统，如图3-45所示。

3.3.4　内部联系空间

在建筑中，交通空间是指连接建筑使用者间的通道，保证建筑内部正常运行的基础，同时也代表连接建筑本身空间与建筑周边环境的通道。交通流线组织应该顺畅清晰，同时兼备引导与连接各个空间的作用，对建筑本身负责，它不仅是实现建筑物之间不同功能空

(a) 接待咨询前台

(b) 休憩展示空间

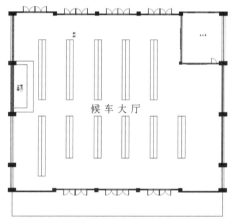

(c) 改造前平面图

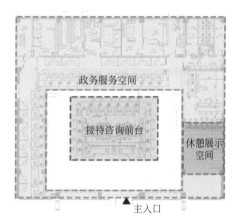

(d) 改造后平面图

图 3-44 东莞市洪梅市民中心政务服务中心接待空间

(a) 建筑改造后入口

(b) 入口复合功能空间

图 3-45 深圳华侨城某改造建筑入口空间

间相互综合协调的关键纽带,也是建筑与建筑,建筑与城市有机结合的重要元素。

一般在既有建筑中,交通空间主要包括枢纽交通空间、水平交通空间、垂直交通空间、疏散空间四个部分。

(1) 枢纽交通空间

枢纽交通空间主要连接建筑室内外,以及作为建筑内部各种交通方式汇聚的过渡空间,是建筑交通组织的关键空间,通常也具有接待、引导、疏散等功能。

入口门厅空间往往是最复杂的交通空间,是建筑室内空间与外部空间的连接,也决定了建筑使用者对建筑内部的第一印象,其功能复合程度较高,同时肩负建筑应急疏散与建筑空间过渡等功能,部分建筑入口空间还具有安保、接待、分流、展示、休闲等功能。

在针对既有建筑入口门厅空间进行改造时,应首先注意按建筑功能与等级划分,改造首先应满足消防安全与疏散要求,对因建筑主体功能转换,而入口空间不能满足新建筑功能使用需求的,适当地通过形体转换与空间转换作拓宽与改扩建处理,并给予人们连接和改变上下空间的引导和提示,做到空间之间的有机过渡。同时,建筑入口应体现建筑物整体品质和风格。

(2) 水平交通空间

水平交通空间主要指连接相同高度的通道,是实现建筑功能的关键空间。一般表现形式为各种走廊、走道等。走廊空间连接着各个房间,承载着大量的人流,其面积在交通空间中所占比例较大。水平交通空间既要满足消费者快速浏览和购买商品的要求,保证购物流线的舒适性,又要满足安全、消防疏散的要求,因此水平交通空间的设计尤为重要。

大部分既有建筑因为初期规划设计时过分追求被服务空间的采光量,往往设置内廊式,减少了走廊与走道的采光。阴暗的廊道在既有建筑中比较常见,在考虑对既有建筑水平交通空间进行重新设计改造时,首先宜先采用改变平面布局的方式改变廊道呆板压抑的氛围;在保证走廊通畅的前提下,可适当设置转折与局部变化,增加使用者在空间中行走时的趣味性。

在佛山南风古灶改造案例中,如图 3-46 所示,设计师对部分既有工业厂房的功能与

图 3-46 "局部重建"改造示意图

空间形态作了调整,对原陶瓷工业厂房的整体结构,只进行必要的修缮加固,改变其交通组织及内外装饰方式;通过将整体分割成部分,将高大开放的车间空间纵向和横向灵活划分,从而将其划分为几个层次丰富的空间、规模适宜的陶瓷工艺展厅,并通过有机整合建筑平面,在相邻的展厅之间,增加桁架、绿植等结构构件与连接件,形成整体宜人的流动空间。在细节处理上,在水平交通空间中设置传承历史信息的装饰件,保留陶厂原有元素,以此呼应南风古灶的历史建筑元素。

(3)垂直交通空间

垂直交通空间作为连接不同高度的通道空间,是实现建筑均衡发展的关键空间,一般而言,垂直交通空间在建筑中主要作为串联各大功能区块间的连接带,主要由电梯、扶梯、坡道、楼梯等组成,用以解决不同楼层之间联系的问题。

对既有建筑垂直交通空间进行改造时,应根据建筑主体新功能的实际情况,预估客流量,并合理布置垂直交通的数量,一般而言,两个垂直交通之间的距离应合理,满足适当的步行距离,并与枢纽交通空间、水平交通空间之间相互配合,尽可能提高垂直交通空间的可达性和易达性。垂直空间的布置要求应符合疏散人员与流动的要求,满足建筑使用者乘坐电梯、扶手电梯、行走楼梯时的安全与舒适需求。

在一些高层建筑中,一些楼层之间的阶梯还会结合建筑周边环境与自然采光设计,承担垂直交通功能外的其他功能,如休闲、娱乐等,这些复合功能的空间往往有很高的空间使用率,这种开敞式的楼梯间往往也是大部分建筑使用者在三层以内会选择的主要交通联系方式。在针对既有建筑垂直交通空间进行改造时,应秉承无障碍设计与适老化设计原则。

(4)疏散空间

疏散空间通常包括一般出口通道和出口安全地带,疏散空间往往与上述三种空间相互渗透、相互重合。下面重点介绍出口与消防电梯两类疏散空间。

出口一般作为疏散空间的一部分,是指用墙体、楼梯、门等方法使其与建筑内其他部分分隔开来,并为人员安全撤离建筑物提供必要防护的部分,出口包括垂直及水平空间如门洞、楼梯、坡道、走廊及过道等。

部分增设电梯井道贴近原建筑楼梯间设置,存在对外消防车道及对内出入口的消防问题,常常存在不满足消防规范要求的现象。

增设电梯、楼梯的建筑改造设计方案应满足相邻建筑的消防间距、保证消防通道和消防车可达性,以及在消防疏散等方面满足现行强制性标准要求。同时,加装电梯应具有足够的结构强度、耐火和抗震性能,而不能成为既有建筑的结构负担;增设电梯的楼梯间应符合通风、采光等相关规定。当增设电梯贴临楼梯间设置时,楼梯间外墙应开敞,且每层开敞面积不应小于$1m^2$,开敞面宽不应小于$0.6m$。

在既有建筑改造时,新增消防电梯可以帮助使用者在紧急情况下实现快速逃离,并协助专业人员实现快速救援。在发生医疗紧急情况时,医疗救援人员可以使用电梯顺利将患者转移到救护车上。同时,改造设计应考虑无障碍设计要求。

既有建筑消防改造立足于建筑的实际使用功能和建筑各部位可能的火灾危害特点,在保证建筑内消防安全的同时,兼顾建筑的实用性,针对消防设计上的难点,提出消防安全设计策略;使项目的消防水平能得到保证的同时又能兼顾建筑设计、项目运营的要求。

东莞市民服务中心由于建筑使用功能和内部结构发生改变,其消防不能满足建筑新功能的需要。项目的消防问题集中在建筑结构复杂、建筑面积大以及疏散出口布置不合理等方面，改造后建筑应具备良好的安全疏散能力，如图3-47所示。

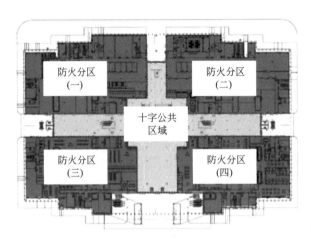

图3-47　东莞市民中心防火分区平面示意图

3.4　建筑立面改造

建筑立面带给人对建筑与城市最直观的感受：当我们走在街道上时，沿街的建筑立面会首先映入眼帘，并充当视觉主体部分。建筑立面作为城市空间的立面形象和舞台，充分展示建筑个性和城市风貌。他通过形式、色彩、肌理和质感带来精神与心理感受，从而引起人们的联想和共鸣。

近年来，人们越来越重视建筑立面在延续城市文脉、展现地方特色方面的作用。在对既有建筑进行改造时，针对外立面改造，应从多方面考虑，除了要满足传统意义上的建筑功能以及实用、美观等要点外，同时应注重使新建筑立面满足提升空间品质和人居环境等要求，为城市建设更新带来更多成果。

既有建筑外立面改造，应避免重复和死板的更新模式，适当提取当地建筑特色的造型语言和符号，运用现代建筑材料和施工方法进行重构，展现城市不断提升的融合与和谐共生的过程。具体改造时，可遵循以下原则：

（1）遵守真实性原则：在尽量保留建筑的历史性特征，展示既有建筑历史感的前提下，对特征明显的元素如墙、门窗、梁柱、烟囱等建筑构件进行保留处理，尽量展示既有建筑的原始风貌，同时降低改造成本。

（2）遵守慎重保护、有效利用原则：在旧建筑内部进行改造时，注重对建筑元素的保留和利用，妥善处理新旧建筑功能、结构、形式的统一性与整体性。改扩建除了要考虑增加建筑的空间功能外，还要考虑对旧建筑功能的提升、新旧建筑的内部空间与建筑间联系与过渡问题等。

在进行既有建筑外立面改造设计时，不仅要关注建筑外在形象，包括建筑环境、围护构件、材料成分、形状和色彩元素；还需综合考虑隐藏在建筑立面与实体背后的建筑风格、地域历史、区块特色和场所精神。

3.4.1 保护历史风貌

在既有建筑更新保护中,"修旧如旧"是建筑修复与保护的最基本手段之一。其发展给后人对既有建筑原风貌的真实性及可读性均起到了一定作用:在实践中,修复既有建筑因时间的洗礼而产生的受损而不改变其风格肌理,称为"修旧如旧"。许多具有历史价值的既有建筑并不具有很高的史料价值,因此对其具有重要历史价值的修复和保护都在实践中进行。

一些具有特殊历史意义但史料薄弱的历史建筑类型,如 20 世纪末的既有工业建筑,目前改造过程中较流行的外立面改造方法之一就是遵循"修旧如旧"原则。

再者是基于原结构改造,它是指以不改变建筑原有结构为前提,通过增删非承重结构,对窗洞等措施后进行微改造,这种改造模式对建筑的结构影响较小,还能起到丰富立面的效果,在既有建筑改造中较为常见,如图 3-48 所示。

(a) 公寓8号门改造前　　　　　　　　(b) 公寓8号门改造后

图 3-48　TIT 创意园纺园公寓 8 号门改造前后对比图

以不改变建筑风貌为前提,通过增添装饰性构件或植物,达到改善建筑整体风格形象的立面改造效果:主要适用于砖混结构体系和框架结构体系,此类改造工期较短,简单易行。旧工业园区常在紧临建筑墙面处设置盆栽或树池,一般分为攀爬植绿化、贴植绿化和构件式绿化,运用攀爬植物攀附在立面上,以达到环保、美观的效果,如东莞工农 8 号里面采用绿色植被进行修饰,增加既有建筑的历史韵味,如图 3-49 所示。

(a) 工农8号仓库建筑　　　　　　　　(b) 工农8号仓库

图 3-49　工农 8 号建筑立面改造示意图

文创园区内既有厂房外立面经过时间的洗礼，会留下泥土、油漆等痕迹，甚至是一些时代特色的宣传标语，对表面进行适当的清洗，尽可能保持其原貌，会使它的建筑形象更加丰富，更有年代质感变化与文化特征。在深圳华侨城文化创意园改造案例中，如图3-50所示，对其中一些能代表老厂房、仓库文化特色的既有建筑进行更新改造时，以"保护历史风貌"与"修旧如旧"作为修缮原则，能在很好地保留其文化特色的同时，让参观者见证建筑原有风貌。

图3-50 深圳华侨城创意文化园立面改造图

3.4.2 新旧元素和谐

融合既有建筑原有元素与新元素，是新旧元素有机发展的过程；对区域划分和过渡的方法可以防止新建筑在城市景观中显得突兀，同时也可以保持与原有建筑风格一致，或其他形式的联系，保留城市传统的底蕴。既有建筑的改造，需要新元素与旧元素相互融合，共同达到整体和谐的目的。

东莞市民服务中心改造前的幕墙采用框支玻璃幕墙，经过17年的长期使用，部分玻璃破损，且能耗过高，如图3-51所示。为满足节能、舒适和美观的需要，对建筑原玻璃

(a) 东莞市民服务中心改造前铝单板幕墙

(b) 东莞市民服务中心改造后铝单板幕墙

图3-51 东莞市民服务中心铝单板幕墙改造前后对比图

幕墙进行了改造；为保持新建构件与原有建筑构件相协调，在改造过程中引进遮阳挡板及替换玻璃，且保持与原有建筑外立面的布局及颜色相协调。

深圳华侨城创意文化园部分建筑立面以新旧对比的方式进行改造，如图 3-52 所示。一方面，这样的对比和冲突可以营造出强烈的视觉刺激，突出建筑独特的形象，营造园区的文化创意氛围；另一方面，新元素的使用也是对旧建筑的损坏或陈旧部分进行整理和修复，提升建筑整体环境氛围。

图 3-52　深圳华侨城新建外立面铝网与旧墙面结合

3.4.3　加入创新元素

既有建筑的外立面改造中，除了采取对建筑原有风貌进行保留的方式外，适当加入创新性元素，能使建筑更有活力，这种改造旨在创造新的环境形象——建筑被视为新功能的容器，改造后出现了新的建筑形象；尽管建筑形式发生了变化，但其功能特征得到了保持和加强。在外围护结构改造或扩建过程中引入创新元素丰富建筑内涵，在体现既有建筑历史痕迹的同时，通过创新元素的视觉反差可以达到良好的感官享受。

东莞鲤鱼洲改造项目的立筒仓类工业构筑物，其内部空间柱子间距最小的仅有 1.25m，最大的柱间距为 4.65m，不利于空间的规划布置，同时原有仓体结构为金属薄壁，给改造带来了限制和困难。因此方案过程中创新性地将扩建建筑部分集中在既有筒仓的顶部，将旧筒仓与新的钢结构建筑有机结合，利用其高度优势，展现建筑特色，同时，建筑本身作为展品，作为建筑的表现形式，如图 3-53 所示。

深圳市南海意库的既有建筑存在立面装饰结构老化、脱落、形式破碎不完整和化学污染等问题，需要对立面进行更新改造，设计师采用设计风格与原立面方案大相径庭的设计改造手法，用以代替旧立面，如图 3-54 所示。改建前，外楼立面造型呆板、色彩单调、与新建住宅周边景观格格不入。同时，由于过去机械生产（如隔音）的需要，窗户又少又小，使临街立面毫无生气。改造后建筑外立面内层，保留其外立面框架，扩大开窗；外层采用立体金属边框，并种植绿植，防止大面积开窗直射光线过强，丰富了既有建筑立面形象和色彩。

图 3-53　东莞鱇鱼洲既有筒仓改造后现场图

图 3-54　南海意库改造后立面图

另一方面，在建筑立面中引入现代工业材料与传统材料进行对比，也是进行立面创新的常见方式。一般认为，既有建筑传统的外立面材料包括涂料、石材、水泥、墙砖等。工业革命以后，设计师倾向于使用玻璃、铝合金等材料，也有尝试使用一些混合材料用于制作新奇的造型，如图 3-55 所示，使用该设计方法时，一般满足以下三点：

1）采用新材料，改造后满足绿色建筑要求；
2）采用质量高、耐久性强的材料；
3）因地制宜，采用本土可取材料，便于施工。

东莞楷模家居公司某建筑幕墙利用周边民居拆除时废弃的瓦片、围墙砖块等材料，以装饰原有旧厂房外墙的外墙，使废旧建材变废为宝，有效地节约资源；这种做法既满足了现代工业厂房新的建筑功能要求，又形成了独具特色的建筑形象。此外，旧厂房外墙增加了一道瓦片幕墙，能起到良好的隔热效果，并有效地降低了建筑物能耗与运营和维护成本，产生了良好的经济效益和社会效益，如图 3-56 所示。

(a) 拉丝铝网幕墙

(b) 玻璃幕墙

(c) 木材外墙

(d) 涂料外墙

(e) 金属幕墙

(f) 瓷砖外墙

图 3-55 建筑外墙材料

图 3-56　传承历史文脉的建筑外立面设计

3.4.4　融入周边环境

基于既有建筑改造过程中，周边环境因素对改造方案的影响较大，而建筑所处的环境又各有不同，因此既有建筑改造需要从实际情况出发，达到改造后建筑与周边环境相协调、和谐统一的效果。

深圳市莲花山公交总站改造中，增加绿色幕墙作为外立面，如图 3-57 所示，既有建筑与后面的山相互映托，建筑与周边的环境融为一体。

(a) 建筑轻巧的姿态呼应周边环境

(b) 绿色内墙若隐若现

图 3-57　深圳市莲花山公交总站幕墙颜色对周边影响图

3.4.5　垂直绿化立面

既有建筑及园区进行升级改造时，不仅要对园区与建筑内水平绿化进行重新规划与设计，还应考虑垂直方向的绿化，即建筑立面、阳台与屋面的绿化等。随着城市化的发展，公共绿化空间资源日益紧张，空间需求日益扩大。垂直绿化的出现可以很好地解决既有建筑与园区因为空间不足而导致的绿化缺失等问题，提高土地利用率，并提高单位面积绿化率，从而实现建筑的绿化和生态环境的可持续发展。可以说，垂直绿化是既有建筑改造必须考虑的要素，也是城市建筑发展的大趋势。

对于老厂房的场地，垂直空间的层次构建也可以丰富景观空间层次，针对不同的植物有不同的空间特征，空间层次营造应充分地结合旧厂房场地的空间特征加以设计。在对老旧工业园区进行绿色改造设计时，也应注意，规划空间功能时除了对传统的水平绿化进行优化外，还应关注厂区的整体风貌。

在东莞市楷模家居用品有限公司老旧厂区改造案例中，园区内既有建筑充分利用墙面、阳台和屋顶等地方进行种植，采用乔木、灌木和草地相结合的方式增加厂区绿化率，如图3-58所示。植物可以通过反射、吸收、穿透等作用减少太阳辐射，降低环境温度。此外，植物还可以改变和调节风速、风向，改善局部微气候，从而给厂区提供舒适、节能的环境。

图 3-58　楷模家居用品公司建筑垂直绿化立面图

建筑立面的垂直绿化有助于实现建筑的绿色生态化改造，垂直绿化外立面可以对建筑物的遮阳、保温、隔热起到很好的调节作用，如图3-59所示。同时可以丰富园区内的景观。如在深圳市的旧工业园区与建筑改造中，F518时尚创意园、华侨城创意文化园等都使用了生态绿墙，南海意库的大型生态绿墙则贯穿整个建筑。

(a) 深圳华侨城创意文化园某建筑立面图　　　　(b) 南海意库3号楼垂直绿化立面图

图 3-59　建筑垂直绿化立面图

3.4.6 回应当地文化

文化载体往往由现实生活中的各种物品组成，这些物品具有固定用途或精神象征用途。形式和功能通常表现出对应关系，然而，随着时代的发展、技术的变革和生活方式的改变，一些物件的功能逐渐衰退，但其独特的视觉特征却成为了文化和历史的象征。因此，在文化符号从建筑形式向建筑语言转移的过程中，将"物"的形式与功能区分开来，并将文化符号形式进行翻译和抽象化处理，从而形成建筑语汇，是文化符号转译的方法之一。

东莞市民中心的立面改造以当地非物质文化遗产莞织入手，通过在立面设计上围绕围护构件进行，利用规律的方格与线条装饰主幕墙，以回应当地本土文化——莞织的质感与风采，如图3-60所示，建筑整体形象给市民带来亲近的感觉，符合其外部形象与内部功能。

(a) 莞草编织

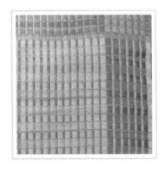
(b) 莞草编织成品

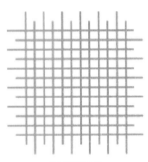
(c) 提取元素

(d) 市民中心立面图

图 3-60 东莞市民中心莞编概念与立面生成图

东莞洪梅市民中心改造中结合了东莞市岭南水乡文化元素，建筑将本身为拱形弧线的屋面轮廓线与增设的屋顶喻作舟，如图3-61、图3-62所示，外立面运用大面积的蓝色玻璃幕墙，喻作川流不息的水，寓意着以舟之形、借水之势、扬帆再起航、砥砺前进。

(a) 改造前立面图　　　　　　　　　　　　(b) 改造后立面图

图 3-61　洪梅市民中心立面改造前后对比图

(a) 外立面幕墙波纹元素　　　　　　　　　(b) 外立面形象图

图 3-62　东莞洪梅市民中心北立面图

3.5　开发利用地下空间

由地下建筑延伸的地下空间，尤其是位于城市建筑的城市地下空间，不仅仅作为地上建筑空间功能的协调与补充，同时作为连接城市功能的重要纽带；它与城市地上与地下生活密切相关，地下空间受城市环境的制约和影响，同时又能够对城市的各项机能发挥重要作用。

关于既有建筑地下空间开发利用，其本质可以看作是城市地下空间开发利用的各个子项，关于各地下空间的影响因素在几个方面都有所体现，绝大多数与城市的地质、地下水和地下空间投资、地上建筑功能等方面有关系。

3.5.1　地下空间的必要性和优势

开发利用既有建筑地下空间还具有以下优势：
（1）拓展区域内部功能空间
由于用地密度不断增加，且地面空间发展有限，现如今地下空间利用在不断发展。并且，随着地下采光通风系统的应用，越来越多的建筑功能设施可以在地下空间实施。地下空间开发强度不断提高，利用形式也不断增加。开发利用地下空间，对既有建筑与园区的保护和更新，具有较高的使用和人文价值。在现代城市中，交通、市政公共设施和防灾减灾几乎都离不开地下空间的支撑，而城市化的发展使得越来越多的公共服务功能逐渐迁移到地下空间。

（2）区位与城市协调发展

既有建筑与园区结合城市交通要素，如交通枢纽与地下轨道交通等要素，有利于促进建筑及周边区域与城市的融合，更好地适应城市发展。地下增设空间改造提供了存量的更新机会，有利于城市功能的完善。

（3）提高区域活力

随着城镇化建设步伐的加快，部分既有建筑与园区由于各种原因日渐闲置等问题严重影响了城市的协调发展，在解决产业落后、土地效益低下等问题时，产业更新换代是比较可行的办法，包括战略、产业转型。这些重新激活工业区和提高区域活力的方法与地下空间的利用密切相关。因此，对既有建筑地下空间的开发利用是提升该区活力的重要因素。

3.5.2　地下空间开发原则

通过对既有建筑地下空间开发需求、构成要素、布局和形式的分析可以发现，在既有建筑地下空间的开发利用中，应着重针对地下空间的功能、结构、空间和环境等方面。在重新规划设计中，一般应用以下原则：

（1）既有建筑地上地下空间协调原则

城市地上建筑空间与地下空间共同构成了立体城市发展体系。在新城的开发建设中，规划人员应充分考虑地下空间规划的完整性和连续性。由于缺乏前期规划并随着城市的发展，一些既有建筑与工业园，受地形和交通网络的限制，使地下空间的整体建设相对较难控制；因此，考虑地下空间与功能相适应的原则显得尤为重要。地下空间是地面空间的延伸和补充，为了兼顾地面和地下，必须综合考虑建筑功能、结构构造、空间组合和交通流线。地下与地面的装饰风格应保持一致，功能与空间形态做到有机结合。

（2）空间合理布局的原则

地下空间的结构应符合一定的秩序和功能之间的联系，并应有很强的逻辑关系和流线组织，上面的布局和联系—地面和地下建筑空间应适当。考虑建筑内部空间的合理布局，还要考虑建筑内部空间与外部城市空间的衔接与协调。在建筑物地下空间平面功能布局运行中，应有效组织平面功能，合理划分防火分区，不破坏地上建筑空间的正常使用或受影响。地下空间具有相对恒温恒湿的优点，同时伴随着缺乏自然阳光、通风不良、缺乏景观等弊病；因此，在既有建筑开发利用地下空间时，应做到扬长避短，对仓储、车库、人防、声光设备等对环境进行调节控制。

（3）交通便捷分类原则

与一般地上建筑空间相比，地下空间设置一般比较被动，即人在空间停留时间相对较短，因此，地下空间所表现的公共服务属性相对较强，对空间使用的便利性提出了更高的要求。为达到高效便捷空间的目的，地下空间设计中，应遵循便捷分类梳理原则：根据用户需求和空间利用率，合理聚合空间，有机整合地下空间功能，打造适宜畅通的行走交通路径，做好适老化设计。

(4) 规划相呼应原理

由于地下空间的特性，往往需要在开发利用的过程中描绘出一幅蓝图到底，然而，城市地下空间的全面开发是一个循序渐进的过程，不会一蹴而就，而且地下空间开发有一定的调度，节点需要对地下空间开发进行合理判断，做好近期建设和地下空间前行规则的行程相适应。

(5) 以人为本的人性化原则

在既有建筑地下空间建设过程中应充分考虑人的生理感受，保证人的身体舒适和精神愉悦非常重要。要注意使用者生理上对建筑空间内部自然条件的需求，如良好的自然采光、自然通风、清新的空气质量和避免其他感官上的不利因素等。另一方面，要注意使用者的精神需求，如便利的空间导视、人性化的无障碍设施。

(6) 功能有机组织原则

既有建筑地下与地上空间内部的功能组织之间存在合理的逻辑关系，并与城市一些交通节点或轨道节点相连接。地下空间整体功能应合理分布，在保证功能完整性的基础上，整合立体空间，使其功能有机聚合；建筑楼层地下空间功能应有序扩展，确保充分发挥空间集聚规模优势和整体优势功能。应秉持可持续发展和以人为本原则对既有建筑地下空间的建设，循序渐进、按照实际的空间扩容需求，有序有计划地对既有空间进行改造。

地下空间的一大特点是其开发建设具有不可逆性。一旦对建筑地下空间进行建设，土地将很难会恢复到原来的状态。这一特点要求设计时遵循可持续发展的原则，注重其真实的长期社会经济价值，审慎对待建筑开发地下空间。

3.5.3 地下空间布局与设计策略

地下空间形式组织主要根据既有建筑地下所需功能进行布置，具有多样性和兼容性等特点，在布置时，需要根据不同的环境和功能要求，选择合适的空间组织方式，使各种建筑功能空间要求得到满足。具体的既有建筑增设地下空间功能较为简单，但需要注意，地下空间构成绝不是空间列表的简单叠加，必须重视建筑设计手段在地下空间规划排列的应用，构建丰富的地下室内空间层次，以满足既有建筑本身与其地下空间发展需要。

(1) 地下空间平面规划

城市地下空间布局的核心任务是组织和安排地下空间的各种功能，即根据城市的性质和规模以及各种初步研究成果，有机地组织城市地下空间。根据城市地下空间的形状特点以及地面交通的布局，地下空间的平面布局可以分为：点状布局、线状布局、网格状布局、中心辐射状布局等。

1) 点状布局

点状布局是既有建筑地下空间最常见的布局，即各个建筑根据自身功能需求开发地下空间，最常见为地下车库、机房、仓库等。这类地下空间主要是对上层建筑功能的补充，通常直接与主楼连接，在结构上通常属于独立的地下空间。点状地下空间也是线状和网状布局的基本组成部分。

2) 线状布局

线状布局，多在城市中心区较宽阔的主干道下，平面特点为狭长形空间布置。线状通道式地下空间有明确的交通空间，商业空间分列通道一侧或两侧，导向性较强。内部人流易组织，通行不受干扰，有利于作为各类防灾空间，这类地下街兼做地下步行通道的较多。

3) 网络状布局

网络状布局以多个地下空间为基础，为地面或地下空间搭建立体交通网络骨架，这种布局方式一般出现在城市中心区等开发强度较大的地区。通过区域性的合理规划，将地铁站、地下商业广场、地下市政道路、地下停车场与地下空间其他功能有机结合，从而得到一个功能复杂的地下综合体。

4) 中心辐射状布局

中心辐射状布局一般以地铁站或大型标志性建筑地下空间为核心，并配套其他地下空间围绕所形成。通过对既有建筑地下空间的开发，带动和辐射到项目的周边地下空间，地下人行道或地下商业街由中心向四周散布，由此组成的地下空间功能相对完整。这种布局一般位于城市广场下方，人流量与停车量较大。一般通过地下通道将地下中央大厅与其他城市公共空间相连，此布局方式有效满足了城市区域空间的发展需求。

(2) 地下空间的竖向规划

竖向规划不仅涉及既有建筑地下空间开发利用的性质和功能，还应根据城市所处位置（道路、广场、绿地或地下建筑物）、地形和地质条件进行不同规划。在进行改造时，应特别注意高层建筑桩基对城市地下空间利用的影响。因此，在充分利用水平方向地下空间的同时，要做好地下空间的纵向规划，选择合适的深度，为空间预留发展所需实际空间。

(3) 既有大型公共建筑地下室交通空间综合开发利用策略

当既有建筑改造过程中对新建筑有其他功能需求时，而既有地上建筑改扩建或场地空间不能增建时，开发地下增层空间就显得尤为重要。从建筑空间出发，在满足改造后建筑功能的情况下，尽量满足建筑空间形态与功能组织两方面，在建筑增设地下空间时应尽量满足增层区域适用性、空间延展合理性、功能协调统一。

针对既有建筑地下空间综合开发策略的功能协调性特征，一般采取设计策略，以解决既有建筑功能缺失、原有功能不能满足需求等问题。

1) 地上与地下空间功能与空间的统一整合

在地下空间综合开发利用时，通过对空间按照一定的思路逻辑进行统一整合，对建筑空间的秩序进行重新规划并聚合，重新分配地下与地上空间，使不同类型的空间与功能在一定程度上做到相互呼应、有机统一。

2) 地上与地下空间功能与空间的协调互补

在综合开发地下空间时，应先归纳总结地上空间的建筑功能是否缺失，在空间利用率上是否存在优化空间，通过新开发的地下空间与地上空间共同协调发展，做到新建地下空间与既有建筑空间的良好衔接，产生 1+1>2 的空间效益。

(4) 既有建筑新增地下空间对城市空间功能的改善

在重新规划既有大型公共建筑地下空间时，应考虑建筑功能本身在城市中的定位与方向，不仅仅要在微观层面考虑建筑地上与地下的关系，更要在宏观层面综合考虑地下空间与城市空间延伸的契合程度与所作贡献，在遵循比例适宜、关系合理、空间协调的原则下，重点考虑地下与地上市政道路、公交节点、综合商业等连接方式，在空间与功能上形成整体系统的一部分，提升公共空间的易达性。

在对既有大型公共展厅空间向政务性服务空间进行改造时，考虑到建筑内部功能转变较大，因此，对建筑平面布局，与室外地下停车场交通连接及周边道路和地铁连接通道等进行重新规划与改造设计，以满足建筑新功能的要求。

东莞市民中心改造项目在主体建筑外新建地下停车场 2 层（局部 1 层，并配套部分商业区），并新建连接通道将停车场与地铁车站连通，如图 3-63 所示。

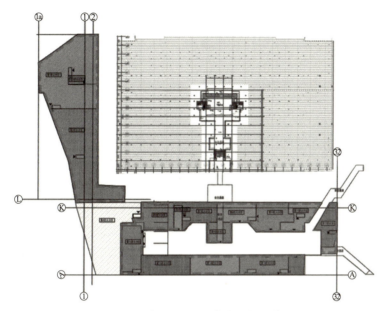

图 3-63 增设地下一层停车空间示意图

主体建筑内中心区域通过开挖土方设置地下下沉广场，下沉广场通过新建连接通道与地下停车场水平连通，如图 3-64 所示。利用交通空间、灰空间与休憩空间结合的方式，

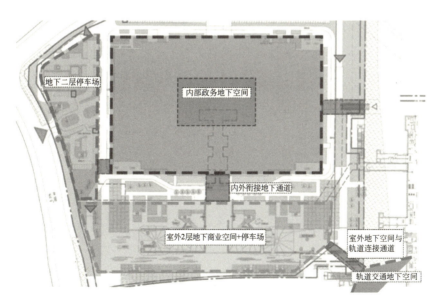

图 3-64 地下空间与连接处分布图

巧妙地规划交通流线，实现了建筑不同功能之间的有机整合，同时增添建筑入口的趣味性与便捷性，此时地下空间对既有建筑的补充与贡献不仅是空间体量的简单相加，更是功能交叠与空间丰富层次的体现。通过此下沉广场，实现与地铁车站、主体建筑外地下停车场三处地下空间的连通。

在东莞市民中心的地下空间开发中，综合利用了竖向局部-水平混合增层营造有机整合的地下空间联通系统：升级改造实现了室内外灰空间，配套商业与停车场空间的有机整合。设计方案遵循空间布局合理、交通便利、功能有机组织、可持续发展、以人为本的原则，充分考虑地下空间的未来发展，同时了保持与城市空间设计、功能的协调。新建空间满足城市功能要求，改善了地下空间业态构成，增加城市公共活动和文化娱乐场所，激活地下空间和城市空间的活力，如图3-65所示。

图3-65 市民中心下沉地下广场

3.6 适老化设计与加装楼电梯

3.6.1 既有建筑适老化设计改造原则

我国人口老龄化问题日渐突出，相关适老化改造逐渐受到重视。既有建筑在更新改造过程中，通常需要考虑无障碍及适老化设施，从而提高老龄人生活出行的便利性。

（1）安全性原则

既有建筑改造过程中，所增加的设施必须满足安全性第一原则，适老化设计设施在设计过程中需要考虑各类型行动障碍人士和老年人群体的安全性，加强设施的防护安全性，如增加楼电梯、增加栏杆、坡道坡度不能过大、地面需要防滑等相关措施，以满足适老化设计的安全需求。

（2）便利及舒适性原则

在满足安全的基础上，适老化设计需要考虑便利及舒适性的要求，如栏杆扶手、楼电梯扶手等直接接触的物品宜采用木制品或其他舒适的材质，并通过设置方便老人使用的电梯按钮等措施，提高目标群体的便利及舒适性。

(3) 营造良好环境原则

在既有建筑改造过程中，需要营造良好的环境，满足使用人群的心理需求，在适老化设计的设施中增设绿色植物能更好地营造户外活动空间氛围；增设时采用暖色系的色调及图案，可提高目标人群的关注度与舒适性。

(4) 耐久性原则

既有建筑改造中的适老化设计设施需要考虑设施的耐久性原则，考虑到长期使用的需求，相关采购产品需要质量可靠度高的产品，以免后续的二次维修影响使用体验，并注重提高产品使用效率。

3.6.2 适老化设计改造策略

既有建筑改造过程中，场地改造需要充分考虑原有地形、植被等环境设施，在避免大拆大建的同时进行适老化设计，实现微改造大利用的目的。

(1) 建筑内部空间改造

由于目标人群的要求，营造一个温暖舒适的内部空间变得尤为重要，内部空间色调采用暖色系处理，可通过设置小摆件等方式营造良好的气氛，同时通过适当的设计调节活动空间内部的温湿度、光照等物理条件，营造温馨的氛围。

(2) 公共空间改造

公共空间应注意其开放性，公共空间改造要在满足目标群众使用要求的前提下，突出便利及舒适性要求，提高公共空间的必达性和易达性。在道路设置明显的标识引导各类型行动障碍人士或老年人群体更方便前往目的地，同时室内公共空间也应遵守建筑内部空间改造原则。

(3) 无障碍设施设置

1) 电梯、楼梯配套设置

既有建筑的改造过程中，可根据需要增设电梯或楼梯配套设施，电梯可直接作为无障碍设施使用，而楼梯则需要进行相应的改装，如设置电动扶梯升降台等设施。

2) 无障碍坡道

既有建筑改造中，特别是工商业建筑，室内外地坪存在较大的高差，需要进行增设相关无障碍坡道，如有条件允许的话，利用已有的货运坡道进行改造也可以满足相关要求，如图 3-66 所示。

3) 细部构造处理

除了上述适老化设计设施之外，在既有建筑的细部构造改造中亦可体现适老化设计特点，如建筑的公共通道、入口等处均应做地面防滑处理，有小高差处可设缓坡过渡段；室外停车位、人行道、公共绿地、活动场所等均设相应无障碍设施，增设无障碍卫生间等。

3.6.3 既有建筑电梯、楼梯改造方法

既有建筑在空间功能增设、转变之后，由于建筑布局的空间转换、大小需求变化，对于原有建筑的疏散安全和舒适性也有不同的要求，为满足相关要求，需要加装电梯、楼梯等，在既有建筑上增设电梯楼梯日渐成为改扩建一大需求。

特别是电梯的增设方面，2008 年广东省颁布的《广东省既有住宅增设电梯指导意

图 3-66 东莞鳒鱼洲无障碍设施

见》,为指导广东省旧楼加装电梯工作发挥了积极作用,在 2010 年颁布《关于推进全省既有住宅增设电梯的补充指导意见》中,明确指出了加快推进广东省旧楼加装电梯工作。其他各地市也纷纷颁布推进增设电梯的政策及管理办法,如 2020—2021 年,东莞市印发《东莞市既有住宅增设电梯管理办法(修订)》及《东莞市既有住宅增设电梯技术指引》;2021 年,珠海市印发珠海市既有住宅增设电梯指导意见的通知等文件,都在加快推动增设电梯工作,完善既有住宅使用功能,提高居住水平。

既有建筑加装电梯、楼梯时,需要通过合理的改造设计来满足日照、消防、安全疏散、安装方便、美观等各方面的要求,在保证安全运作的同时,降低对原有建筑结构的影响,并且保持与原有建筑外观风格的协调一致。既有建筑加建电梯一般遵循以下几种方式:

(1) 内部加建电梯、楼梯

内部加建电梯、楼梯,即在原有建筑空间内完成加建,如图 3-67 所示,这种做法的优势在于对建筑立面、体量造成的改动较小,而且不用考虑新增加的电梯会改变室内的日

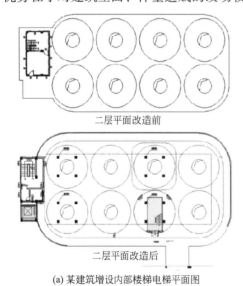

(a) 某建筑增设内部楼梯电梯平面图

(b) 某建筑增设内部楼梯现场图

图 3-67 东莞市鳒鱼洲某建筑增设内部楼梯图

照。但这种改动需要拆除部分楼板或在新建夹层中设置,对原有建筑部分空间影响较大,施工较为复杂,一般在既有工业建筑改造中部加层时应用较多。

(2) 紧临建筑加建电梯、楼梯

紧临建筑加建电梯、楼梯,优点是对建筑内部的改动最小,电梯作为一个独立的结构,一般通过钢梁和螺栓与既有建筑连接。此种加建方式在既有建筑电梯楼梯增设中应用较多。

东莞市鳙鱼洲某建筑外部电梯及楼梯增设采用以下策略:

1) 在建筑外围新增了电梯轿厢,如图 3-68 所示:轿厢在井道中运行,上下都需要一定的空间供吊缆装置和检修需要,因此电梯在顶层停靠层设计了 4.8m 高的空间,电梯地下挖 1.65m 深度的地坑,供电梯缓冲之用,地坑中轿厢和平衡锤下设减振器。

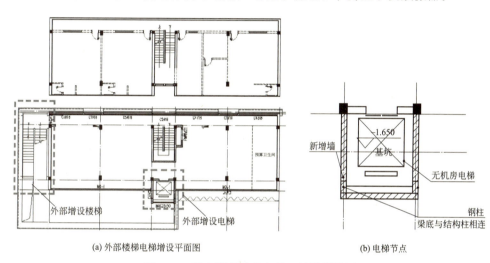

图 3-68 鳙鱼洲某建筑电梯、楼梯增设图

2) 电梯采用钢结构,在原有建筑两根混凝土柱的基础上,在建筑外侧设置两根钢柱,用钢梁将原有钢筋混凝土结构与现有钢结构连接,置入厢式电梯。

3) 为了使新增的电梯与原有建筑风格一致,用米白色的铝拉丝钢网对外立面进行围合,在色彩上使新增电梯与幕墙更加协调,如图 3-69 所示。

(3) 建筑之间共用电梯、楼梯

建筑与建筑间新增交通核,包括楼电梯与连廊,用以连接多栋建筑,优点是对原有建筑的损坏较小,加建电梯可予几栋建筑共同使用,达到经济便利的效果。

东莞鳙鱼洲工业园内某建筑群通过增设外部电梯、楼梯、平台相互连接,如图 3-70 所示,采取了以下策略:

图 3-69 鳙鱼洲某建筑电梯、楼梯增设图

图 3-70 东莞鲶鱼洲建筑组群改造前后图

1）保持原有建筑结构不动，新的电梯及楼板以相对独立的结构形式设计；

2）电梯为钢柱加钢梁的形式组合而成，并用轻质砖进行填充，电梯与原有建筑通过钢楼板连接，创造新的空间，对建筑内部空间加以利用的同时，完善建筑功能，同时在旧建筑消防间距不满足新法规的情况下，利用此方式可以将几个建筑合并为一个建筑，达到建筑防火间距的要求。

3.6.4 既有住宅电梯增设原则

增设电梯已成为既有住宅改造中的常选项目，由于住宅建筑与工业建筑相比，平面布局较为复杂，这给电梯增设增加了难度，如何就住宅建筑选择最为合适的电梯增设方案成为工程设计的难点。本书以《东莞市既有住宅增设电梯技术指引》为依据，对部分案例进行如下分析。

（1）避免严重遮挡

增设电梯应与建筑单元及相邻附近的建筑保持相应距离，避免新增电梯对其造成严重遮挡，电梯与住宅主要窗口的距离应不小于 6m，如图 3-71 所示。

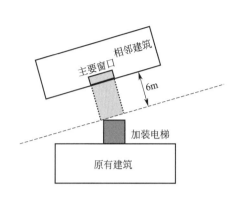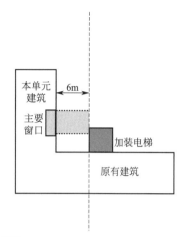

图 3-71 架设电梯距离示意图

（2）满足消防要求

增设电梯的建筑设计方案应在满足与相邻建筑的消防间距情况下，保证消防通道和消防车可达性以及消防疏散等方面满足现行强制性标准的要求；同时，增设电梯的楼梯间应符合通风、采光等相关规定。当增设电梯贴临楼梯间设置时，楼梯间外墙应开敞且每层开敞面积不应小于 $1m^2$，开敞面宽不应小于 0.6m。

（3）应急处置

住宅电梯应具备每层停靠的条件。应在值班室等显著位置设置与轿厢紧急报警装置相连通的声光报警装置和对讲装置。通往机房（机器设备间）的通道不得经过私人房间，并能方便抵达实施紧急操作的位置和层站等，在任何情况下应当能安全、方便地使用。机房设置应符合电梯安装及维护保养的要求。

（4）结构安全要求

为保证增设电梯与建筑的结构安全，原则上不允许改动原有建筑的主体结构，确有必要时，应对原有建筑作相应的安全性鉴定；增设电梯前应按有关规范进行沉降观测。

（5）电气设计要求

增设电梯应做好电气设计，并符合相关规范的要求。

（6）防水设计要求

增设电梯工程的门洞口、连廊、围护结构等设计，应符合相关防水规范。增设电梯的底坑及首层电梯入口，应采取严密的挡水防水措施，防止雨水从周边建筑墙体与地坪流入底坑。

（7）部分电梯平面布置案例分析

1）半层平台入户

优点：如图 3-72 所示，增设电梯通过连廊从楼梯的半层平台进入，可直接接入建筑中，减少接入楼层平台所需的连廊，对原建筑的影响变小，经济效益高。

缺点：由于采取半层平台入户，需要通过上下楼梯才能入户，不符合适老化设计原则，容易造成老年住户生活不便，同时由于存在半层的高差，容易造成相邻楼层隐私泄露及防盗问题。

建议：电梯厅（连廊）侧面安装落地磨砂玻璃、上部设防雨百叶，形成封闭连廊，既解决了视线干扰及防盗问题，又满足了楼梯间排烟的要求。

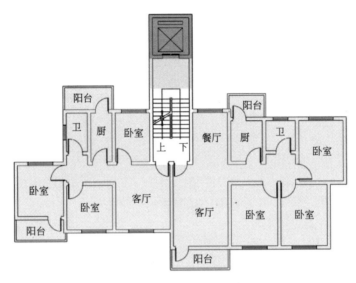

图 3-72 半层入户平面示意图

2）增设电梯平层入户

优点：如图 3-73 所示，增设电梯通过连廊由平层平台直接入户，解决半层平台需要上下楼梯的问题。

缺点：受既有住宅的户型影响，需要有平层平台与外部连接的条件，新增电梯可能会对既有楼梯造成遮挡等问题。

建议：新增电梯的外围护尽量采用透光的材料，降低对既有楼梯的采光影响。

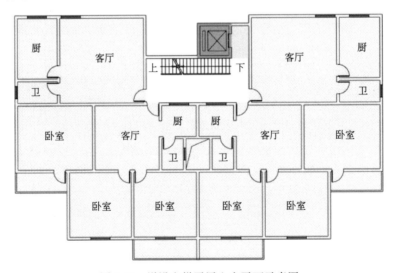

图 3-73 增设电梯平层入户平面示意图

3）内天井式增设电梯

优点：如图 3-74 所示，增设电梯通过公共平台进入各户，实现平层无障碍进入房间，大大提高了增设电梯的效率。

缺点：容易存在严重遮挡，同时占用一楼公共用地，易造成较大的噪声且协调难度较大。

建议：适当采取如降低噪声措施，如电梯围护结构采用相对透明材料等，避免严重遮挡等。

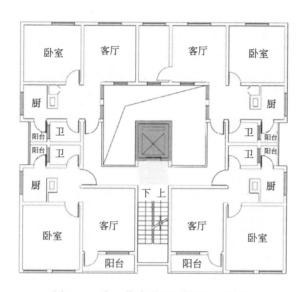

图 3-74 内天井式增设电梯平面示意图

3.6.5 新增电梯、楼梯常见问题及相关建议

增设电梯、楼梯工程的做法各有不同，但亦存在一些常见问题。下面对实际工程中存在的共性问题进行剖析，并提出相应解决方案。

(1) 对原建筑采光的影响

日照遮挡及采光影响。电梯及楼梯临近原建筑修建，容易造成对原建筑的遮挡，使建筑的日照受到影响，在原有楼梯处入口及邻近阳台的位置设置时影响较大。

相关建议：在初步设计过程中平面布置需要考虑新增电梯、楼梯对建筑平面的影响，应尽可能避开建筑的采光面。新增电梯、楼梯尽量设置在建筑非采光面部分；如位置布局受限，电梯、楼梯可采取透光围护构件（如玻璃幕墙、拉丝滤网等）、降低对原有建筑的影响。

(2) 渗水、排水、防坠问题

新增的电梯走廊、楼梯渗水、电梯井及楼梯底部存在积水，以及电梯、楼梯存在防坠问题。

相关建议：电梯、楼梯应设置遮雨或其他围护结构解决渗水问题；电梯、楼梯迎水面应有一定的放坡，避免新增电梯、楼梯积水，电梯井应设置反坎、排水井及排水沟以避免雨水导管入电梯井中；对于防坠问题，应设置相关防护栏杆或其他围护结构防止人员坠落。

(3) 防雷问题

由于一般新增电梯或楼梯为新建钢结构，存在防雷问题。

相关建议：增设电梯、楼梯时应增加防雷接地措施，并符合相关规范要求。

（4）入口障碍问题

增设电梯、楼梯后，新增构件与既有建筑的出入口存在净距不足问题，导致出入口存在拥堵情况。

相关建议：初步设计过程中应考虑两边出入口的净距问题，避免拥挤，对于既有建筑的门口交叉问题，可采取多种策略，如调整电梯、楼梯与既有建筑出入口的距离，或将二者的门口进行合并，避免交叉，同时设置无障碍的相关设施。

（5）景观美化问题

新增电梯、楼梯的外观与原建筑的建筑风格不协调，存在较大的色差，影响美观。

相关建议：应统一考虑建筑外立面的景观美化。电梯井道立面的材质和色彩宜与原有建筑和周边建筑相协调，或选择轻盈通透的立面材料；增设部分可考虑立面种植绿化的可能性，以便通过立面绿化美化新建部分的外观效果。

（6）新增电梯、楼梯防撞问题

增设电梯、楼梯井道紧邻汽车通道，存在车辆碰撞问题。

解决方法：设置警示反光标志提醒来往车辆注意行车，同时对易被碰撞区域进行加固措施，防止结构构件损伤。

3.7 消防安全提升

既有建筑的消防系统改造过程中，经常会出现建筑变动导致消防等级判断出现困难、防火分区划分不满足要求、安全疏散不合理等常见问题。在既有建筑改造过程中，应按照现有规范对建筑的消防相关方面进行合理设计，对建筑的消防系统进行与时俱进的更新。

3.7.1 消防改造常见问题

（1）建筑变动导致消防等级判断出现困难

既有建筑更新改造后，部分使用功能分区存在不同情况。在判定消防是否符合要求时，应按照现行的规范要求对每一个功能分区进行评定，综合判断、从严把控，对于相关重点构件按现行标准执行。

（2）防火分区及疏散设计不合理

既有建筑的改造，由于建筑功能布局改变，改造后功能可能出现差异，设计过程中容易忽视对不同功能区域防火分区划分标准的区别，导致不满足消防规范，出现超出相关规范要求等现象，如图3-75所示。

既有建筑的疏散设计不满足要求：既有建筑在改造后，原有的疏散系统不满足要求，忽视改造后安全疏散标准的变化；在既有建筑改造设计过程中，未对疏散设计进行复核。

（3）消防设施的设置难以满足现有建筑的要求

由于既有建筑早期规范与现行消防规范有较大差异，原有的消防设施不满足改造后的建筑使用功能的需求，既有建筑改造后未增设相应的消防设施，现有设施难以满足现有建筑的要求。

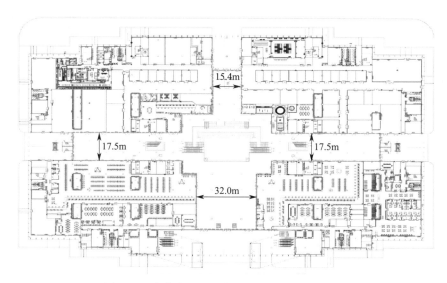

图 3-75　东莞市民服务中心防火分区间距示意图

3.7.2　消防改造策略

确保既有建筑改造消防设计的质量，对保证既有建筑改造工程的施工质量十分重要，为了解决上述改造中遇到的问题，结合相关的消防技术规范进行分析，提出以下切实可行的建议。

（1）正确判定建筑变动导致消防等级判断出现困难

在既有建筑改造时，在防火间距不足的情况下，可通过修改平面布局来满足消防间距要求，如平面布局不能满足相关要求，可根据防火特性选择合适的间隔墙，设置防火门窗或防火卷帘等方式达到现行规范要求。

（2）正确处理防火分区及疏散设计

1）设置满足规范的防火间距

对于防火间距不足的情况下，在既有建筑改造过程中，可通过修改平面布局来满足消防间距要求，如平面布局不能满足相关要求，可通过修改间隔墙的防火特性，设置防火门窗或防火卷帘等方式达到现行规范要求。

2）合理划分防火分区和防火单元

既有建筑改造过程中应根据不同使用功能的区域划分不同的防火分区，对于模糊定位的区域，应从严考虑，不同的分区及防火单位可参考不同的标准，在分析过程中应谨慎选择。

3）合理设置疏散设计

既有建筑改造后，需要注意新建筑的疏散设计能否满足相关要求，改造后的建筑需要根据现行消防标准进行复核，需要根据建筑物的性质、预设火灾危险性等级、疏散距离，疏散出入口应进行重新评估，对于不满足疏散设计的要求，需要对其采取增设出入口、消防楼梯、走道等措施以满足相关消防要求。

（3）消防设施的设置

消防设施的设置主要从消防给水、消防预警、消防疏散、消防排烟、消防器械配备等方面着手。由于历史问题，一般既有建筑存在消防设施缺失的情况，更新改造的重新布局设计过程，一般从以下角度出发：

1) 落实消防设施相关配套水源，根据既有建筑的现有水源供应情况评估，复核并确定能否利用附近供水水源或市政给水管，对于供水水源条件不足时应增设消防水池、设置消防水泵房等相关配套措施。

2) 规范设置消防灭火设施及预警设施，根据现行规范要求并结合改建后空间使用功能合理地设置灭火系统和预警系统，如图3-76所示。

3) 合理设置疏散设施，根据不同的使用功能场所设置应急疏散灯、安全指示灯、安全出口、疏散图等设施。

图3-76 东莞鳙鱼洲既有建筑安装消防喷淋图

4) 对于人群聚集区域，应严格要求加设排烟系统，相关排烟设施应按最不利情况进行计算，并加设相关富余度，使其满足排烟通风要求。

3.8 特定既有建筑更新改造的策略

3.8.1 新旧建筑融合的设计改造策略

既有工业园区更新改造过程中，为了使改造后新建筑与既有建筑和谐统一，形成新的有机整体，应当考虑新旧建筑在场地中如何连接与进行对话的问题。旧建筑部分的处理一般遵循建筑功能提升、建筑结构更新、旧建筑保护三个层面。妥善处理新旧建筑功能、结构、形式的统一性与整体性，具体包含：既有建筑立面的改造、新建建筑立面的选取、新旧建筑之间的连接三个方面。

上述三个问题相互对应，共同形成了新旧建筑融合的要求。在对既有建筑立面进行改造时，应保留其历史文化和形式特征，以实现对当地传统文化脉络的延续；在设计新建筑时要充分考虑建筑周围环境，并对此做出恰当的回应，如图3-77所示。新建筑可采取与既有建筑相对应的建筑风格与建筑语言，在改造时，应充分考虑新旧建筑的高度、体量、材料、色彩等细部设计，使新旧建筑间产生共鸣；在增加新旧建筑之间连接的体量时，应注意过渡自然与和谐统一。

(1) 既有建筑立面的改造

既有建筑外立面的改造，是指通过重新构图、调整比例、改变材质、增加形式等设计手法来改造建筑立面的手段。对于既有建筑立面改造，不仅要求改造后立面尊重原有建筑历史，同时也需要对建筑在于环境变换中，注入新的生命力，达到新旧建筑协调统一的目的。

在建筑外立面改造中，常用具体表现为以下两种形式：第一，采用对比法则，强调新旧分离，并达到呼应历史的效果；第二，采用相似法则，模糊新旧界限以达到再现历史的效果。在这两种表现形式中，材料的选取、色彩的选择以及现代技术的应用等都发挥着很

(a) 既有建筑改造示意图　　　　　　　　　(b) 新与旧融合示意图

图 3-77　既有建筑新旧融合改造示意图

大的作用。通过以上方式对建筑进行改造设计，实现功能与经济价值的升级，并达到延续建筑历史与文脉的目的，如图 3-78 所示。

(a) 激活既有厂房容貌　　　　　　　　　(b) 焕新既有厂房新立面

(c) 点亮原有厂房及环境　　　　　　　　(d) 蜕变生活环境

图 3-78　既有建筑改造前后对比照

(2) 新建建筑立面的选取

新建建筑立面部分设计手法包括符号提炼、以简衬繁、围合空间、体块冲突、以城市文脉视角回应街区内等方式。加建建筑除了要关注新建筑本身的功能、形式、空间上的联系外,更要关注建筑周边肌理和城市空间的延续。具体的设计手法包括:城市界面的延续、建筑形体围合出公共空间、底层架空以延续城市空间、下沉庭院呼应建筑周边景观等,如图 3-79 所示。

图 3-79 东莞市楷模"工改工"项目的新建建筑

(3) 建筑之间的连接设计

对于新旧建筑的连接,在改造过程中除满足新建筑本身的功能和使用要求外,还应考虑旧建筑功能的提升、新旧建筑的内部空间和外部形象上的联系与过渡问题。

在改造时,可通过用灰空间、玻璃体、天桥等虚体,实现新旧之间的过渡,形成不同层次的建筑院落空间并进行组团,如在鲢鱼洲文化创意园改造案例中(图 3-80),此改造方法大大增加了建筑之间的实用性及便利性,更好地满足新旧建筑连接的要求。

(a) 建筑连接改造后的鸟瞰图   (b) 廊架与水景

(c) 新旧连接的廊架   (d) 改造后仍保留工业特征的形象

图 3-80 鲢鱼洲文创园连接效果图

3.8.2 生态建筑设计改造策略研究

生态建筑是 21 世纪最具有前途与魅力的建筑形式之一。它结合了天然条件与人工手段，创造了良好的、富有生机的环境，同时又控制和减少人类对于自然资源的掠夺性使用，力求实现向自然索取与回报之间的平衡。生态建筑是将生态学原理运用到建筑设计中而产生的建筑。它根据当地的自然生态环境，运用建筑学、生态学、心理学以及现代科学技术，合理安排和组织建筑与其他领域相关因素之间的关系，使建筑与自然环境形成一个有机的整体。它寻求人、建筑、自然三者之间的和谐共处。既有建筑向生态建筑改造一般存在以下问题：

（1）如何将绿色理念融入建筑中；

（2）如何充分利用既有建筑实现绿色节能效果；

（3）如何节材与利用材料资源。

在对既有建筑进行改造时，应因地制宜，根据既有建筑实际情况以及周围的环境进行统筹；由于现存工业园区内大部分建筑存在能耗大、围护结构保温性能差、通风及采光效果不佳，针对上述的现象，对既有工业建筑采取合适的技术措施，有助于节约资源、减少污染，为建筑使用人员提供舒适和高效率的空间。在既有建筑的生态改造过程中，一般遵循以下策略：

（1）将建筑隐入绿色植被中

既有建筑更新过程中可利用绿色植物与围护结构相结合，在既有建筑外墙、露台和屋顶等构件进行绿化种植；采用乔木、灌木和草地相结合的方式增加园区绿化覆盖率，如图 3-81 所示。植物通过反射、吸收、减少太阳辐射，降低环境温度，提高室内外热舒适性；此外，植物还可以控制和改善建筑周边风环境，给厂区提供更舒适的环境。

（2）通过各种主动技术，实现建筑绿色生态环保

1）利用太阳能发电

建筑屋顶是建筑物接收太阳辐射量最大的部位，而且在通常情况下也是受到遮挡最小的部位。因此从能效的角度来看，屋顶是建筑利用太阳能最佳的位置。既有建筑从节能和隔热的角度进行改造设计时，应充分利用建筑屋顶，把建筑屋顶

图 3-81 深圳南海意库某围护结构绿化图

改造成为"光伏屋顶"，如图 3-82 所示。增设太阳能板不仅能够起到良好的隔离功能，还能有效降低建筑物的能耗指标。

2）合理利用室内外风环境

既有建筑改造过程中可利用百叶窗提升室内外空气的环境质量，围护结构使用百叶窗，可在阻挡阳光进入的同时调节室内空气流通性及换气次数，有效保证室内空气质量。

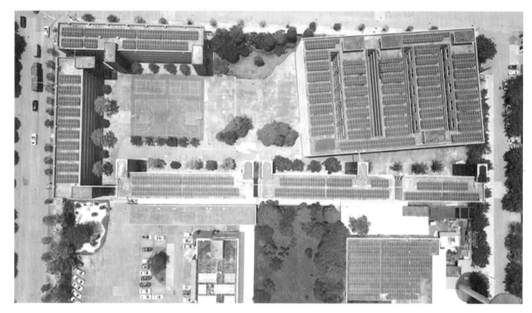

图 3-82 光伏屋顶现场图

3) 绿色屋顶改造

通过对现有建筑屋顶进行种植屋面改造,利用植物蒸腾作用以及对太阳辐射热的遮挡作用来降低屋面的温度,从而改善室内热环境,如图 3-83 所示;利用植物培植基质材料的热阻与热惰性,降低屋面内表面温度与温度振幅。经测试,相同环境条件下该地区种植屋面的内表面温度比其他屋面低 2.8～7.7℃。

图 3-83 上人屋面种植大量绿色植物

4) 垂直绿化设计

利用既有建筑墙面、阳台和屋顶等地方进行种植,采用乔木、灌木和草地相结合的方式增加厂区绿化率,以改善室内外热环境,如图 3-84 所示。

3.8.3 高耸既有工业建筑改造策略研究

高耸型工业建筑物即通常所说的塔式建筑物,指的是高宽比相对较大的建筑,例如烟囱、烟筒、电厂冷却塔等。下面以筒仓、烟囱、水塔为例，探讨高耸既有工业建筑改造策略。

（1）筒仓

筒仓一般作为仓库用于存储物质。根据使用功能可分为农业筒仓和工业筒仓两大类。农业筒仓用以贮存粮食、饲料等粒状和粉状物料；工业筒仓一般用以贮存水泥、食盐、食糖等散装物料。

筒仓一般由筒上空间、筒内空间以及筒下层空间组成，标志性外观为圆柱造型，筒仓内部及上部具有很强的可塑性，可进行空间功能的增设与重新布局等。以下介绍有关筒仓改造的相关案例。

1）首钢园区西十筒仓产业园

西十筒仓位于北京石景山区新高端产业

图 3-84　墙面种植现场图片

综合服务区北部，项目紧邻阜石路，是工业主题园区首批开发的项目之一，如图 3-85 所示。首期开发改造项目主要包括 6 个筒仓和一个料仓，其工业遗迹特色非常鲜明。设计确定了"改善人居环境"的主题，园区改造在保留工业建筑中壮观的空间品质和工业建筑记忆的前提下，满足了日常工商业运行功能的需求。

(a) 西十筒仓外部整体形象

(b) 西十筒仓外部细部形象

图 3-85　西十筒仓外部整体形象

设计汲取了中国传统牙雕艺术的核心——建筑内部将多余构件移出，使建筑变得更加轻盈。建筑立面的改造策略采用了开设采光洞与设置中庭的方式引入自然光线；光线通过大小不一的采光洞通过直射与漫射进房间，营造出梦幻般的室内氛围，如图 3-86 所示。建筑室外地面的处理采用曲面混凝土的形式，将室外地坪与建筑融合为一体，使建筑本身和参观者有更亲密的互动。

图 3-86　西十筒仓内部形象图

2）上海八万吨筒仓艺术中心

八万吨筒仓艺术中心位于上海市民生码头,码头曾是亚洲最大的粮仓之一,素有"远东第一流"的称呼,曾是民生码头中最具震撼力的工业遗产。筒仓由 30 个大筒组成,长 140m,高 48m,是民生码头的主体建筑,建筑风格独具工业特色。随着黄浦江岸线产业转型、工业外迁,码头原建筑功能逐渐退出历史舞台,作为仓储功能的八万吨筒仓也逐渐被废弃。

八万吨筒仓如今作为上海城市空间艺术季的主展馆,如图 3-87 所示,在"改造性再利用"的原则下,进行了一次空间再利用的积极尝试,即以艺术展览为主要功能作为城市公共文化空间,此举能最大限度地利用现有筒仓建筑相对封闭的空间状态。

展览流线组织的最大亮点是通过外挂一组自动扶梯,将三层的人流直接引至顶层展厅,使人们在参展的同时也能欣赏到北侧黄浦江以及整个民生码头的壮丽景观。它以轻盈简洁的形式融入筒仓建筑,作为灰空间,既满足了交通等建筑功能需求,又作为市民观景的一个景点,同时建筑本身作为城市景观伫立在市区也成为了城市的新打卡网红点。

民生码头作为滨水空间的一部分,是黄浦江两岸 45 公里岸线公共空间贯通重要的节点,这里作为浦东文化艺术的新地标,以工业改造案例连接和重整了原先断裂的城市空间,在构筑开放的滨水平台的同时,提升了黄浦江两岸开放空间的潜在价值,并以此激发未来更多有相似"连接"性的公共空间。

民生码头地区不断推进工业遗存的保护性开发:在充分挖掘和展示城市历史文脉的同时,结合地区更新,构建了一个以艺术展览、艺术品展示交易、文化演艺、创意设计、精品酒店等为主导功能的公共活动区域,形成了具有地带性特征和引领区域文化的综合体项目。

3）鲦鱼洲文创园原料立筒库

东莞鲦鱼洲文创园区场地内工业遗存数量大,其中原料立筒仓表皮保存完整,表皮在自然作用下产生了锈蚀现象,使筒壁表面形成富有工业年代感的肌理,工业特征显著,如图 3-88 所示。立筒是 20 世纪 80 年代至 21 世纪初的工业生产活动的重要体现。2017 年,饲料厂原料立筒仓被评为东莞市第二批历史建筑。

(a) 筒仓外挂楼梯

(b) 俯瞰黄浦江图

(c) 筒仓内部环形坡道

(d) 筒仓内部大厅

图 3-87　上海八万吨筒仓更新改造

(a) 建筑改造前立面图

(b) 建筑改造前航拍图

图 3-88　原料立筒仓改造前的外部形象

鲢鱼洲饲料厂原料立筒仓改造前外部形象特点：1）沿东江大道标识性强，高点观景，优势突出，具标志性。2）铁皮保护层，具有锈铁韵味，彰显历史印记。筒仓的优化策略分为内部结构加固，增设观景平台，由此最大程度发挥其高点观景优势。项目综合考虑了新旧建筑的融合，包括空间形式、建筑肌理、建筑功能的改善等，新建筑设计也充分结合与传承了当地传统文化，如图 3-89、图 3-90 所示。

改造前筒仓

置入低层平台,顶层体块

改造后筒仓

图 3-89　饲料厂原料立筒仓改造示意图

图 3-90　原料立筒库改造后的外观效果

筒仓改造前内部空间特点：1）首层柱网密集，光线昏暗；2）内部保留较多原有工业构件；3）外表皮有独立结构支撑。结合筒仓底层基本概况，改造做了如下优化：1）结构柱结合特色展览，如图 3-91 所示；2）工业主题突出，顶层加建钢结构，使观景价值最大化。

(a) 原料立筒库改造前的内部空间形象

(b) 原料立筒库首层被改造为展览空间

图 3-91　鲦鱼洲筒仓底层改造前后图

(2) 水塔

工业革命早期由于市政供水管道压力不足，一般在工业区及生活区会设置水塔作为储水及增压作用的构筑物；随着供水基础设施的日渐成熟，水塔逐渐淡出人们的视野。由于水塔建筑具有很强的标志特性，在既有建筑的更新改造中可重新利用其标志特性进行新的改造：水塔一般由顶部的水箱、塔身及基础组成。水塔作为园区内较高的构筑物，其主要活动空间均分布在顶部的水箱之中，塔身一般作为上下行人通道。塔顶的内部空间具有一定的可塑性，可根据要求对其进行利用或者对外观进行重新装饰。下面对圣扬斯克洛斯特水塔（荷兰）改造案例作简单介绍，如图 3-92 所示。

(a) 远观瞭望塔

(b) 瞭望塔顶部形象

图 3-92　圣扬斯克洛斯特水塔外观实景图

圣扬斯克洛斯特水塔位于荷兰上艾瑟尔省，德威登自然保护区中心区域，从水塔改建为面向公众的观光瞭望塔。改造在最大程度上保留了水塔原有外观，并对其内部结构进行改造（图 3-92）。引入了木质感的新楼梯，使其与水塔内部空间形成互动；同时保留水塔内原有功能构件，作为空间的装饰。设计改造的多样空间，是水塔改造中的一大亮点。

底层楼梯直接通向 4m 高的二层，这里作为水塔的第一个中间层，随后水塔是一个 24m 高、内置新阶梯的房间；贯穿水塔塔身的新台阶为木质结构，与水塔的混凝土壁形成鲜明对比。

新云梯总高 45m，直接通到塔顶，顶端的四扇窗户 360° 呈现了德威登地区的全貌。新建阶梯与原有阶梯在空间上形成了一种交互感。旧梯靠墙设置，新梯横跨塔身蜿蜒向上，强化了空间感，如图 3-93 所示。

为了向观景者提供更好的视线，水槽盖被部分移除用以架设阶梯，并将眺望台设在塔顶透明光栅地板，带给人身处水槽中央的真实感，如图 3-94 所示。除了原有的四扇小窗外，又增加了四扇大窗，德威登的景色透过八扇窗户尽收眼底，一览无遗，给予怀着激动喜悦心情前来登顶的人们以最好的馈赠。

图 3-93 楼梯视角图

(a) 水塔瞭望窗口

(b) 水塔顶层空间

图 3-94 水塔顶部空间图

（3）烟囱

烟囱作为工业建筑内的特殊产物，其特点与水塔相似；作为工业厂区标志性建筑，烟囱内部空间有限，在改造方面，一般对其外观进行修饰，作翻新处理。下面对鲢鱼洲文创园烟囱作简单介绍。

鱼洲建筑群中的烟囱为历史建筑，建于20世纪80年代，原设计用途是饲料厂烟囱，为高耸砖砌体结构的构筑物，现已空置多年，如图3-95所示。

(a) 树木紧贴烟囱生长

(b) 顶部部分砖砌块存在松动或脱落

图3-95　东莞鱼洲烟囱现场图片

结合鱼洲的实际情况，设计方对烟囱进行如下优化：对构筑物进行修缮加固，对旁边小烟囱外观进行微改造，置入气象塔功能，使其成为厂区面向城市的标志物，如图3-96所示。

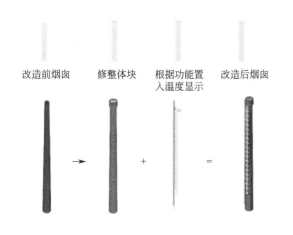
(a) 饲料厂烟囱改造示意图

(b) 饲料厂烟囱改造效果图

图3-96　饲料厂烟囱改造示意图

本章参考文献

[1] 党晓晖．绿色理念下的既有办公建筑改造——以建研大厦改造为例［J］．建筑节能（中英文）；2021；49（06）：131-136.
[2] 茹俊媚．基于绿色建筑技术的公共建筑改造策略［J］．房地产世界；2021（11）：32-34.

[3] 中华人民共和国住房和城乡建设部.GB 51141—2015.既有建筑绿色改造评价标准[S].北京：中国建筑工业出版社，2015.

[4] 张由；潘廷明；曹淑上；冉春波；杨世迁.既有住区停车设施升级改造策略[J].重庆建筑；2021；20（S1）；81-84.

[5] 杨夔.城市街区绿色改造规划设计策略研究[J].住宅科技；2021；41（05）：33-41.

[6] 杨柳；裴凌暄.南京城市空间建设背景下老旧工业建筑适应性改造设计策略研究[J].美术大观；2021（05）：118-121.

[7] 王志强；张鹏举."不确定"的遗产再生策略——内蒙古工业大学建筑馆改造设计再思考[J].建筑遗产；2021（02）；112-121.

[8] 王琨.建设"双一流"高校背景下既有校园更新改造策略——以山东工商学院校园更新改造为例[J].城市建筑；2021；18（12）；62-64.

[9] 卓晓岚；肖大威.历史建筑空间可复原改造策略[J].新建筑；2021（02）：74-78.

[10] 程文娟.新地域主义视野下的城市街区环境设计改造策略初探[J].安徽建筑；2021；28（03）；40-42.

[11] 中华人民共和国住房和城乡建设部 GB 50763—2012.无障碍设计规范[S].北京：中国建筑工业出版社，2012.

[12] 中华人民共和国住房和城乡建设部 GB 50352—2005.民用建筑设计通则[S].北京：中国建筑工业出版社，2005.

[13] 闫睿，刘福莉，王光锐，周鼎，齐贺.建筑改造中消防系统常见问题与可用技术分析[J].施工技术，2018，47（S3）；136-139.

[14] 赵莉.旧工业厂房改造的消防安全及疏散设计策略研究[D].上海：上海应用技术大学，2019.

[15] Li H，Li X，Soh C K. An integrated strategy for sustainable development of the urban underground: From strategic, economic and societal aspects[J]. Elsevier Ltd，2016，55.

[16] Kimmo Ronka, Jouko Ritola, Karl Rauhala. Underground Space in Land-Use Planning[J]. Tunneling and Underground Space Technology，1998，13（1）：39-49.

[17] 马建明.城市土地集约化利用问题研究——以新疆乌鲁木齐市为例，新疆大学硕士学位论文．2006：4-10

[18] 张文涛.城市历史建筑及其周边区域地下空间开发利用研究[D].西安：西安建筑科技大学，2014.

[19] 刘伯英，胡戎睿，李荣，等．既有工业建筑非工业化改造技术研究[J].工业建筑，2018.

[20] 季翔，孙琪琦，田国华．关于城市地下空间开发利用的若干思考[J].现代城市研究，2010，25（12）：62-70.

[21] 万汉斌．城市高密度地区地下空间开发策略研究[D].天津：天津大学，2013.

[22] 高亦兰，王海．人性化建筑外部空间的创造[J].华中建筑，1999（01）：101-104.

[23] Kimmo Ronka, Jouko Ritola, Karl Rauhala. Underground Space in Land-Use Planning[J]. Tunneling and Underground Space Technology，1998，13（1）：39-49.

[24] 黎峰六．基于视知觉原理的临街建筑立面改造研究——以遵义市区立面改造为例[D].重庆：重庆大学．2014.

[25] 宋昕锐，李慧，刘志峰，周衍涛，蒋鑫浩．绿色建筑理念下工业遗产改造期颐公园的模式探析[J].安徽建筑；2021；28（02）；82-83＋103.

[26] 季荣华．既有工业建筑的改造策略论析[J].工程抗震与加固改造；2021；43（01）：169.

第4章 既有建筑结构鉴定及加固技术研究

4.1 既有建筑结构鉴定、加固及改造原则

随着时间的推移，许多既有建筑的使用无法满足现有建筑的使用要求，为满足其使用要求，通常对既有建筑采取鉴定、加固后改造的方式让既有建筑"重获新生"，如今市场上对既有建筑的结构鉴定、加固及改造需求量日益增加，正确的鉴定、加固及改造方案对项目至关重要，不仅影响既有建筑的安全性也影响项目的成本。既有建筑结构的鉴定、加固及改造应遵循以下原则：

1. 安全适用。应保证鉴定、加固及改造所选的技术对既有建筑安全并适用，避免对既有建筑造成毁坏性的损坏。

2. 技术先进。鉴定、加固及改造技术应与时代主流技术相结合，将新技术、新工艺、新设备、新材料引入至鉴定、加固及改造技术中。

3. 数据准确。通过建立合理的数理统计模型，利用概率论方法提高数据准性，提高鉴定、加固及改造的可靠性。

4. 评价正确。鉴定、加固及改造的描述应根据实际情况进行且具有一定的客观真实性，通过合理的参数选取，建立合理、统一的评价标准，保证评价正确。

5. 保护环境。所选取的鉴定、加固及改造技术应符合环境要求，绿色环保，加固技术应最大限度地节约资源并且减少对环境的负面影响。

4.2 既有建筑结构鉴定

4.2.1 鉴定标准分级

我国现行的既有建筑的鉴定标准主要有《民用建筑可靠性鉴定标准》GB 50292—2015以及《工业建筑可靠性鉴定标准》GB 50144—2019，以上二者在细节上有区别，但思路大概一致。工业建筑可靠性鉴定标准其针对性更为明确，对工业构筑物鉴定评级均有对应的条文要求。

既有建筑的鉴定评定主要表现形式为可靠性的评定和安全性的评定，可靠性的评定包括承载能力和整体稳定性在内的安全性、适用性和耐久性的鉴定评定。安全性鉴定是对建

筑结构承载力和结构整体稳定性进行鉴定,可靠性鉴定相对安全性鉴定的范围更广,不仅包括安全性鉴定,还包括适用性及耐久性的鉴定。

民用建筑与工业建筑的鉴定标准对象分为三个层次,即构件、子单元(或结构系统)、鉴定单元,二者等级层次大致相同,相应表格如表4-1~表4-4所示。

民用建筑可靠性评级　　　　　　　　　　表4-1

	层次	一	二		三
	层名	构件	子单元		鉴定单元
安全性鉴定	等级	a_u、b_u、c_u、d_u	A_u、B_u、C_u、D_u		A_{su}、B_{su}、C_{su}、D_{su}
	地基基础	—	地基变形评价	地基基础评价	鉴定单元安全性评价
		按同类材料构件各检查项目评定单个基础等级	边坡场地稳定性评价		
			地基承载力评价		
	上部承重结构	按承载能力构造不适于承载的位移或损伤等检查项目评定单个构件等级	每种构件集评价	上部承重结构评价	
			结构侧向位移评价		
		—	按结构布置、支撑、圈梁、结构间等检查项目评定结构整体性等级		
	围护系统承重部分	按上部承重检查项目及步骤评定围护系统承重部分各层次安全性等级			
使用性鉴定	等级	a_s、b_s、c_s	A_u、B_s、C_s、D_s		A_{ss}、B_{ss}、C_{ss}
	地基基础	—	按上部承重结构和围护系统工作状态评估地基基础等级		鉴定单元安全性评价
	上部承重结构	按位移、裂缝、风化、锈蚀等检查项目评定单个构件等级	每种构件集评级	上部承重结构评价	
			结构侧向位移评级		
		—	按结构布置、支撑、圈梁、结构间等检查项目评定结构整体性等级		
	围护系统承重部分	按上部承重检查项目及步骤评定围护系统承重部分各层次安全性等级			
可靠性鉴定	等级	a、b、c	A、B、C、D		Ⅰ、Ⅱ、Ⅲ、Ⅳ
	地基基础	以同层次安全性和正常适用性评定结果并列表达,或按相关规定的原则确定可靠性等级			鉴定单元可靠性评价
	上部承重结构				
	围护系统承重部分				

民用建筑可靠性等级介绍表　　　　　　　表 4-2

名称	构件级别	子单元级别	鉴定单元级别	分级标准	相关措施
安全性评价等级	a_u	A_u	A_{su}	满足(a_u、A_u、A_{su})级要求	不采取措施
	b_u	B_u	B_{su}	略低于(a_u、A_u、A_{su})级要求	可不采取措施
	c_u	C_u	C_{su}	不符合(a_u、A_u、A_{su})级要求	应采取措施
	d_u	D_u	D_{su}	严重不符合(a_u、A_u、A_{su})级要求	必须或立刻采取措施
使用性评价等级	a_s	A_s	A_{ss}	满足(a_s、A_s、A_{ss})级要求	不采取措施
	b_s	B_s	B_{ss}	略低于(a_s、A_s、A_{ss})级要求	可不采取措施
	c_s	C_s	C_{ss}	不符合(a_s、A_s、A_{ss})级要求	应采取措施
可靠性评价等级	a	A	Ⅰ	满足(a、A、Ⅰ)级要求	不采取措施
	b	B	Ⅱ	略低于(a、A、Ⅰ)级要求	可不采取措施
	c	C	Ⅲ	不符合(a、A、Ⅰ)级要求	应采取措施
	d	D	Ⅳ	严重不符合(a、A、Ⅰ)级要求	必须或立刻采取措施

工业建筑可靠性评级　　　　　　　表 4-3

层次	Ⅰ	Ⅱ			Ⅲ
层名	鉴定单元	结构系统			构件
可靠性鉴定	一、二、三、四	安全性评价		A、B、C、D	a、b、c、d
	建筑物整体或某一区段		地基基础	地基变形	承载能力构造和连接
				承载功能	
			上部承重结构	整体性	
				承载功能	
			围护结构	承载功能	
				构造连接	
		使用性评价		A、B、C	a、b、c
			地基基础	影响上部结构正常使用的地基变形	变形或偏差、裂缝缺陷和损伤腐蚀老化
			上部承重结构	使用状况	
				使用功能	
				位移或变形	
			围护结构	使用状况	
				使用功能	

工业建筑可靠性等级介绍表　　　　　　　表 4-4

名称	构件级别	子单元级别	鉴定单元级别	分级标准	相关措施
安全性评价等级	a	A	一级	满足(a、A、一级)级要求	不采取措施
	b	B	二级	略低于(a、A、一级)级要求	可不采取措施
	c	C	三级	不符合(a、A、一级)级要求	应采取措施
	d	D	四级	严重不符合(a、A、一级)级要求	必须或立刻采取措施

续表

名称	构件级别	子单元级别	鉴定单元级别	分级标准	相关措施
使用性评价等级	a	A	一级	满足(a、A、一级)级要求	不采取措施
	b_s	B	二级	略低于(a、A、一级)级要求	可不采取措施
	c	C	三级	不符合(a、A、一级)级要求	应采取措施
可靠性评价等级	a	A	一级	满足(a、A、一级)级要求	不采取措施
	b	B	二级	略低于(a、A、一级)级要求	可不采取措施
	c	C	三级	不符合(a、A、一级)级要求	应采取措施
	d	D	四级	严重不符合(a、A、一级)级要求	必须或立刻采取措施

4.2.2 鉴定工作流程及相关工作

（1）民用建筑鉴定工作流程及相关工作

民用建筑可靠性鉴定，应对建筑物使用条件、使用环境和结构现状进行调查与检测；调查的内容、范围和技术要求应满足结构鉴定的需要，并应对结构整体性现状进行调查。

1）鉴定工作流程

鉴定工作流程如图 4-1 所示。

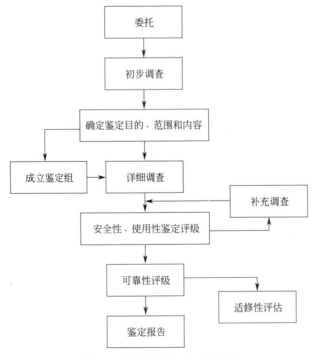

图 4-1 民用建筑鉴定工作流程

2）使用条件和环境的调查

《民用建筑可靠性鉴定标准》GB 50292—2015 指出使用条件和环境的调查包括结构荷载作用、所处环境、使用历史情况。

①结构荷载作用包括永久荷载、可变荷载及灾害荷载。
②建筑物的使用环境包括气象环境、地质环境、结构工作环境和灾害环境。
③建筑物使用历史的调查，应包括建筑物设计与施工、用途和使用年限、历次检测、维修与加固、用途变更与改扩建、使用荷载与动荷载作用以及遭受灾害和事故情况。

3）建筑物现状的调查与检测

建筑物现状的调查与检测，应包括地基基础、上部结构和围护结构三个部分。

①地基基础的调查与检测包括岩土勘察报告及相关图纸资料的查阅、地基的岩土性能、基础的种类和材料性能。

②上部结构现状调查与检测主要包括结构体系及整体牢固性的调查、结构构件及连接性能、结构缺陷和损伤腐蚀的调查、结构位移和变形的调查。对材料性能的检测主要重点可在位移较大、裂缝或腐蚀较大位置作为检测取样点。

③围护结构，应针对不同围护结构的特点进行重要部件及其与主体结构连接的检测。

4）鉴定评级的确定

构件、子单元、鉴定单元的鉴定评级的确定详见《民用建筑可靠性鉴定标准》GB 50292—2015，对于鉴定单元的一般情况下，应根据地基基础和上部承重结构的评定结果按其中较低等级确定。当鉴定单元的安全性等级按上款评为 A_u 或 B_u 级，但围护系统承重部分的等级为 C_u 级或 D_u 级时，可根据实际情况将鉴定单元所评等级降低一级或二级，但最后所定的等级不得低于 C_u 级。

对下列任一情况，鉴定单元可直接评为 D_{su} 级：

①建筑物处于有危房的建筑群中，且直接受到其威胁。
②建筑物朝一方向倾斜，且速度开始变快。

（2）工业建筑鉴定工作流程及相关工作

工业建筑可靠性鉴定，应对建筑物使用条件、使用环境和结构现状进行调查与检测；调查的内容、范围和技术要求应满足结构鉴定的需要，并应对结构整体牢固性现状进行调查。

1）鉴定工作流程

鉴定工作流程如图 4-2 所示。

2）使用条件和环境的调查

《工业建筑可靠性鉴定标准》GB 50144—2019 指出使用条件和环境的调查包括结构荷载作用、所处环境、使用历史情况。

①结构荷载作用包括永久荷载、可变荷载及偶然荷载。
②工业建筑建筑物的使用环境包括气象环境、地理环境、工作环境。
③工业建筑物使用历史的调查，应包括建筑物设计与施工、用途和使用年限、历次检测、维修与加固、用途变更与改扩建、使用荷载与动荷载作用以及遭受灾害和事故情况。

3）建筑物现状的调查与检测

建筑物现状的调查与检测，应包括地基基础、上部结构和围护结构三个部分。

①地基基础的调查与检测有岩土勘察报告及相关图纸资料的查阅、地基的岩土性能、基础的种类和材料性能。

②上部结构现状调查与检测主要有结构体系与布置、几何参数、材料性能、缺陷损

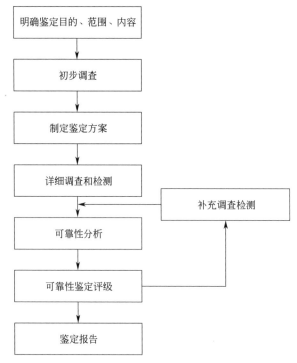

图 4-2 工业建筑鉴定工作流程

伤、结构变形和振动、结构与构件构造、连接等。

③围护结构，应查阅有关图纸资料，现场核实围护结构系统的布置，调查各种围护构件及其构造连接的实际状况，以及围护系统的使用功能、老化损伤、破坏失效等情况。

4）鉴定评级的确定

构件、结构系统、鉴定单元评级的确定详见《工业建筑可靠性鉴定标准》GB 50144—2019。其中对于鉴定单元鉴定评价如下：

①对于工业建筑物的鉴定单元评定（可靠性、安全性）如下：

a. 当围护结构系统与地基基础和上部承重结构的等级相差不大于一级时，可按地基基础和上部承重结构中的较低等级作为该鉴定单元的评定等级；

b. 当围护结构系统比地基基础和上部承重结构中的较低等级低两级时，可按地基基础和上部承重结构中的较低等级降一级作为该鉴定单元的评定等级；

c. 当围护结构系统比地基基础和上部承重结构中的较低可靠性等级低三级时，可根据实际情况按地基基础和上部承重结构中的较低等级降一级或降两级作为该鉴定单元评定等级。

②工业建筑物的鉴定单元评定（使用性）可按三个结构系统中最低等级确定。

③对于工业构筑物的鉴定单元评定（可靠性、安全性）如下：

a. 当按主要结构系统评级时，以主要结构系统的最低评定等级确定；

b. 当有次要结构系统参与评级时，主要结构系统与次要结构系统的等级相差不大于一级时，应以主要结构系统的最低评定等级确定；当次要结构系统的最低评定等级低于主要结构系统的最低评定等级两级及以上时，应以主要结构系统的最低评定等级降低一级确定。

4.2.3 既有结构的常用鉴定方法

(1) 混凝土结构常用鉴定方法

1) 混凝土构件的现场测量法调查

混凝土的实际尺寸与偏差鉴定主要通过现场测量的方式确定,一般利用激光测距仪、水准仪、钢丝拉绳与钢尺等确定,测量的范围包括截面尺寸、标高、构件垂直度、表面平整度、倾斜、挠度等。现场测量法可同时结合目测法对裂缝、蜂窝、孔洞、露筋等情况进行调查。

2) 混凝土强度检测

混凝土的力学性能常用的检测有回弹法、超声法、超声回弹综合法、取芯法等,其中回弹法、超声法、超声回弹综合法为非破损法,通过混凝土的其他特性推算混凝土的强度。

①回弹法

回弹法是利用撞击回弹原理,通过建立反弹值与混凝土强度的关系模型确定混凝土强度,回弹值越高,其混凝土强度越高。由于检测方法方便且对结构无损,回弹法在混凝土强度检测中应用最广,但回弹法仅用于混凝土表面情况的强度检测,无法对内部的缺陷进行判断,存在一定缺陷。

②超声法

超声法通过超声仪器产生脉冲声波,通过声波在混凝土传播的速度、能量衰减及频率的变化测定混凝土内部的均匀性,同时建立声速与混凝土强度的关系模型确定混凝土强度,声速越高,其混凝土强度越大。

③超声回弹综合法

超声回弹综合法通过回弹法及超声法的综合应用,同时根据回弹值及声波传递情况确定混凝土强度及内部情况。

④钻芯法

钻芯法通过现场抽取典型位置的混凝土样品,对其进行实际的力学试验确定混凝土强度。钻芯法取芯位置应避免在受力较大位置及结构受力钢筋位置取芯,同时钻芯后及时对孔洞部分进行补强处理。

3) 混凝土碳化鉴定

混凝土的碳化主要是混凝土中的氢氧化钙与空气中的二氧化碳反应生成碳酸钙,使得混凝土构件的碱性降低,当碳化深度超过混凝土保护层厚度时,使保护层的保护作用降低,最终导致钢筋的锈蚀。

混凝土碳化的鉴定主要采用化学指示剂对碳化深度进行分析,在混凝土构件上成孔并清洗碎屑后,采用1%的酚酞酒精注入孔洞内壁边缘,测量表面至孔洞内部未变红色的深度,该深度为碳化深度。

4) 钢筋锈蚀鉴定

钢筋锈蚀状况主要有原位检测法、电阻率法、电位法,当采用电阻率法、电位法等间接法推定钢筋腐蚀性时,应采用直接检测法进行验证。

①原位检测法

原位检测法主要通过直接对钢筋进行测量，量取钢筋的剩余直径、腐蚀深度等确定钢筋的腐蚀情况，该方法能直观地测量钢筋的实际面积，鉴定时需要破开保护层进行测量。

②自然电位法

自然电位法主要通过钢筋电极与对比样电极的相对电位差判断钢筋的锈蚀情况，自然电位法设备较为简单，操作方便，可用于定性测量但不能用于定量测量。

③电阻率法

电阻率法是通过测混凝土电阻率的大小来判断钢筋的锈蚀程度，混凝土的电阻率越高，所测的钢筋的腐蚀速率越低，但电阻率实测值也与所测量的环境有较大关系，同一样品在不同干湿环境下的测量值变化较大。

④锈胀裂缝法

锈胀裂缝法主要通过钢筋锈蚀时膨胀时对混凝土产生的裂缝进行测量，从而分析钢筋的锈蚀程度，根据裂缝宽度推算钢筋锈蚀深度。

5）钢筋强度检测

钢筋强度的检测主要采样法进行检测，选取构件的部分钢筋进行力学性能试验，主要分析钢筋的型号、受拉强度等关键指标。截取钢筋试验时应注意采取必要措施，保证构件的安全，截取的位置宜选在受力较小位置，长度要满足钢筋试验方法的最低长度要求。

（2）砌体结构的常用鉴定方法

1）砌体结构鉴定内容的分类

砌体结构的常用鉴定方法主要针对砌体及砂浆的工作性能，可根据测试内容分为几类：

①检测砌体抗压强度可采用原位轴压法、扁顶法、切制抗压试件法。

②检测砌体工作应力、弹性模量可采用扁顶法。

③检测砌体抗剪强度可采用原位单剪法、原位双剪法。

④检测砌筑砂浆强度可采用推出法、筒压法、砂浆片剪切法、砂浆回弹法、点荷法、砂浆片局压法。

⑤检测砌筑块体抗压强度可采用烧结砖回弹法、取样法。

2）砌体的常用检测方法

①原位轴压法

原位轴压法主要是用原位压力机在砌体上进行抗压测试，检测砌体抗压强度的方法，可检测普通砖和多孔砖砌体的抗压强度。原位轴压法能直接的表现砌体强度，但也存在一定的缺陷性，如既有结构需要局部破损、容易产生偏心压力等。

②扁顶法

扁顶法是通过扁式液压测力器装入开挖的砌体灰缝中进行砌体强度的原位检测方法，与原位轴压法相同，扁顶法具有直观、可比性强的特点，但不适用于墙体破坏荷载大于 400kN 的墙体等缺陷。

③切制抗压试件法

切制抗压试件法通过现场切割的方式取样，在室内对样品进行抗压强度试验，该方法直观性较强，检测的结果不需要进行换算，但切割试件过程中存在较大破损，切割后需及时进行补强。

④原位剪切法

原位剪切法有单剪法和双剪法，原位单剪法主要是通过在墙体上沿单个水平灰缝进行抗剪测试，检测砌体抗剪强度的方法，简称原位单剪法。原位双剪法采用原位剪切仪在墙体上对单块或双块顺砖进行双面抗剪测试，检测砌体抗剪强度的方法。原位剪切法也存在局部破损情况。

⑤烧结砖回弹法

采用专用回弹仪检测烧结普通砖或烧结多孔砖表面的硬度，根据回弹值推定其抗压强度的方法。

3) 砂浆常用检测方法

①推出法

推出法主要测定砂浆的强度，属于原位检测方法，推出仪从墙体上水平推出单块丁砖，测得水平推力及推出砖下的砂浆饱满度，以此推定砌筑砂浆抗压强度的方法。试验方式通过锯开砌体周边上部及左右的灰缝，留下底部与砌体的灰缝，利用千斤顶将砌体推出，反算砂浆的强度。

②筒压法

筒压法主要测定砂浆强度，属于取样检测方法，会造成局部损伤，本方法将取样砂浆破碎、烘干并筛分成符合一定级配要求的颗粒，装入承压筒并施加筒压荷载，检测其破损程度（筒压比），根据筒压比推定砌筑砂浆抗压强度的方法。

③砂浆片剪切法

采用砂浆测强仪检测砂浆片的抗剪强度，以此推定砌筑砂浆抗压强度的方法。

④砂浆回弹法

采用砂浆回弹仪检测墙体、柱中砂浆表面的硬度，根据回弹值和碳化深度推定其强度的方法。

⑤点荷法

在砂浆片的大面上施加点荷载，推定砌筑砂浆抗压强度的方法。

⑥砂浆片局压法

采用局压仪对砂浆片试件进行局部抗压测试，根据局部抗压荷载值推定砌筑砂浆抗压强度的方法。

(3) 钢结构的常用鉴定方法

既有钢结构建筑在鉴定过程中常见的问题主要有如下：连接质量、弯曲失稳、钢材品种、整体动力特性、锈蚀后的厚度、防腐涂层厚度、防火涂层厚度等。除常规的钢材力学检测外，无损检测也逐渐成为钢结构现场检测中的相当重要的钢结构检测手段，用于探测构件内部的缺陷。以下对常规的钢结构现场鉴定方法进行介绍。

1) 钢结构自身材料检测方法

对于既有钢结构建筑的材料检测方法采用局部采样或采用预留对比组的方式检测，选取受力较小的位置进行多种力学性能的试验，但由于钢结构自身材料检测所需要的样品较多，避免对原有构件造成严重的破坏，如有废弃构件或替换后的旧构件，会优先对这些构件检测，其次才进行原位的构件检测。

材料检测范围主要包括材料拉伸性能、冷弯性能、疲劳试验能力、硬度试验、冲击韧性、焊接性能等，相关测试方法以《钢及钢产品 力学性能试验取样位置及试样制备》GB/T 2975—2018 的方式为准。螺栓及焊缝材料的材料性能也以相关螺栓及焊缝规范为主。

2）钢结构连接的检测

钢结构连接主要有螺栓连接及焊缝连接两种。对于螺栓和焊缝连接的检测方式不同，螺栓主要采用调查及室内试验方式检测钢结构的连接性能，焊缝连接主要用无损检测的方式对钢结构的连接性能进行检测。

对于螺栓连接的检测方式，主要采用实地调查＋室内试验的方式进行调查，螺栓的实地调查主要从连接形式、是否松动、腐蚀情况、疲劳裂缝情况等方面进行，可采取替换样品的方式对螺栓进行室内试验用以检测螺栓的材质、使用性能等。对于高强度螺栓，主要是判断高强度螺栓终拧扭矩的施工质量检测，可采用小锤敲击法以及扭矩扳手检测其质量。

对于焊缝连接的检测方式，主要采用无损检测的方式进行调查，其主要有磁粉检测、渗透检测、超声波检测、射线检测，《钢结构现场检测技术标准》GB/T 50621—2010 对无损检测的选用作出建议，如表 4-5 所示，但采用无损检测的方式检测焊缝时需要对其进行目测调查，避免实际情况与真实不相符。

无损检测方法的选用 表 4-5

序号	检测方法	适用范围
1	磁粉检测	铁磁性材料表面和近表面缺陷的检测
2	渗透检测	表面开口性缺陷的检测
3	超声波检测	内部缺陷的检测，主要用于平面型缺陷的检测
4	射线检测	内部缺陷的检测，主要用于体积型缺陷的检测

①磁粉检测

磁粉检测是利用缺陷处漏磁场与磁粉的相互作用，显示铁磁性材料表面和近表面缺陷的无损检测方法。主要是将钢构件进行磁化，利用材料不均匀而导致磁性不均匀的特性，显示焊缝内部的均匀性。

②渗透检测

渗透检测是利用毛细管作用原理检测材料表面开口性缺陷的无损检测方法。渗透液渗入表面缺陷后，采用特殊的方式对钢构件进行显像，当钢构件存在明显损伤时，显像模式下渗透液将会明显地表现出来，如钢构件损伤较少时，则渗透液就在显像模式下越不明显。

③超声波检测

超声波检测利用超声波在介质中遇到界面产生反射的性质及其在传播时产生衰减的规律，来检测缺陷的无损检测方法。

④射线检测

射线检测是利用被检工件对透入射线的不同吸收来检测缺陷的无损检测方法。

3）钢结构外观检测

既有钢结构的外观检测包括目测法、现场测量法两种。

①目测法

目测法是提供过对现场目测巡视的方式对钢结构进行鉴别的检测方式,主要检测的范围有钢结构的缺陷(结合探伤检测仪器)、结构构件变形、构造的设置、表面腐蚀情况、涂层的设置等,对其进行记录。

②现场测量法

主要通过现场测量法的方式进行测量,现场测量法是通过水准仪、经纬仪、激光垂准仪、钢尺或全站仪对既有钢结构的变形进行测量,其中包括建筑垂直度、建筑平面弯曲程度、弯曲变形、跨中挠度等项目。

4.2.4 现场检测的个别注意事项

对于既有建筑物的现场检测,广东省技术标准《既有建筑物结构安全性检测鉴定技术标准》DBJ/T 15-191—2020 对既有建筑的资料情况对其分为 A 类建筑和 B 类建筑。A类:基建程序齐备、结构图纸齐全且真实有效,施工质保资料基本齐全且真实有效;B类:基建程序齐备、结构图纸不齐全但真实有效,施工质保资料缺失或部分缺失。B 类建筑的检测要求相对于 A 类建筑要高。

既有建筑现场检测的主要工作包括以下内容:现场的检查与实物测绘、地基基础检测、混凝土结构检测、钢结构检测、结构构件的挠度和裂缝检测。本书对主要工作内容列出个别注意事项,其他主要事项以相关规范为准。

(1) 现场检查与实物测绘

1) 现场检查包括下列内容:

①施工图设计文件与建筑物的符合程度;

②地基基础、主体结构与围护结构的工况;

③结构外观质量,以及影响结构安全性、耐久性的其他项目。

2) 施工图设计文件与建筑物符合程度宜检查下列内容:

①建筑物的面积、层数、平面和立面布置;

②结构构件的平面和立面位置;

③构件间的连接方式、节点大样或节点外观;

④围护结构与主体结构的连接方式等。

3) 建筑测绘图应能够反映建筑物的使用功能、平面及空间组织情况。包括各层建筑平面图、必要的立面图、剖面图和节点大样等。

4) 结构测绘图应能够反映该结构体系在平面、竖向的布置情况,包括各层结构平面、构件几何尺寸、节点大样以及围护结构的固定方式等,如图 4-3 所示。

(2) 地基基础检测

1) 地基基础检测包括补充岩土工程地质勘察、地基检测、基础检测、地基竖向和水平向变形观测等。

2) 按预定功能使用且未见明显不均匀沉降的下列既有建筑物可不补充岩土工程勘察:

①以花岗岩残积土硬塑带、全风化花岗岩和强风化花岗岩作持力层的天然地基;

②以砂土和低压缩性土作持力层且有充分依据证明不存在软弱下卧层的天然地基;

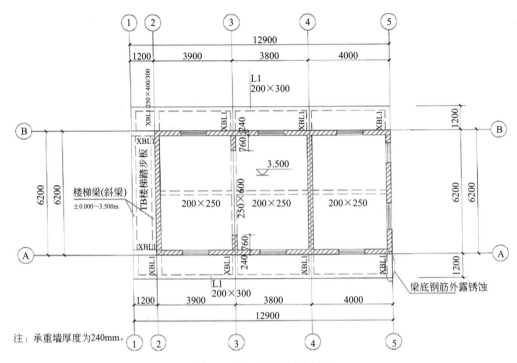

图 4-3 某项目结构测绘图

③振冲挤密桩和砂石挤密桩复合地基;

④未见明显地面沉降的桩基础;

⑤鉴定单位认为不需勘察的。

3)同一施工单位施工的地基基础与上部结构,当施工资料证明施工质量符合要求且可信、上部结构现场检查与检测结果符合要求的既有建筑物已按预定功能使用且未见明显的不均匀沉降时,其地基基础可不作检测。

4)当建筑物已出现不均匀沉降迹象时应做沉降观测,沉降包括沉降量、沉降差及沉降速度,同一轴线上的测点不应少于 2 点,建筑物外转角处均宜布点,观测时间不宜少于 3 个月。

5)靠近河岸、边坡等临空面的鉴定项目,当对场地或地基稳定性有怀疑时宜作水平变形观测,测点布置、观测频率和周期应根据地质条件和环境因素由鉴定单位确定。

(3)混凝土结构检测

1)混凝土结构检测可分为原材料性能、混凝土强度、几何尺寸、配筋、构造、缺陷和损伤检测等项工作,必要时,可进行结构构件性能的实荷检验或结构的动力测试。

2)混凝土材料力学性能的检测主要包括材料的强度检测和材料的变弹性模量、峰值应变和极限应变检测。其中,材料的变形性能可按测得的混凝土强度标准值,根据《混凝土结构设计规范》GB 50010 的有关规定进行换算。

3)混凝土强度检测方法有回弹法、超声回弹综合法、钻芯法、回弹-钻芯修正法等,检测方法的选择应综合考虑结构特点、现场条件和检测方法的适用范围。

①采用回弹法时,被检测混凝土的表层质量应具有代表性,且混凝土的抗压强度和龄

期不应超过相应技术规程限定的范围。

②采用超声回弹综合法时,被检测混凝土的内外质量应无明显差异,且混凝土的抗压强度不应超过相应技术规程限定的范围。

③当被检测混凝土的表层质量不具有代表性时,应采用钻芯法;当被检测混凝土的龄期或抗压强度超过回弹法、超声回弹综合法等相应技术规程限定的范围时,可采用钻芯法或钻芯修正法。修正系数的范围宜在 0.8～1.2 之间。

④采用回弹法或超声回弹综合法检测混凝土强度时,若检测条件与相应测强曲线的适用条件有较大差异,应进行钻芯修正,钻取芯样数量不应少于 6 个。

4) 钢筋力学性能检测

①对结构中的钢筋力学性能有怀疑时,可对其进行抽样检测。

②进行钢筋力学性能检测时,可按同一规格的钢材划分检测单元。对于 A 类建筑,宜对主要受力钢筋进行抽检,每种规格抽检量不少于一组;对于 B 类建筑,宜对各类钢筋进行抽检,每种规格抽检量不少于一组。

③既有结构钢筋力学性能检测,可采用表面硬度法等非破损检测与现场取样相结合的方法。

④在既有建筑物结构构件上切取试样时,应保证所取试样具有结构代表性。取样的部位应在构件受力较小的部位,应保证试件不受取样扰动,防止塑性变形、硬化等作用改变其性能,取样后应立即对构件进行修补。取样不得危及结构的安全和正常使用。

⑤采用切取试样法检测时,应测定钢材的屈服点、抗拉强度、伸长率、冷弯性能等项目。

5) 混凝土结构构件的缺陷检测包括外观缺陷和内部缺陷检测

①混凝土结构构件的缺陷应全数检测。

②混凝土构件的外观缺陷检测包括蜂窝、孔洞、夹渣、疏松、露筋、连接部位缺陷、外形缺陷、外表缺陷等项目。混凝土构件外观缺陷的评定方法,可按《混凝土结构工程施工质量验收规范》GB 50204 确定。

③混凝土构件的内部缺陷检测包括内部不密实区、空洞、混凝土两次浇筑形成的施工缝与加固修补结合面的质量、混凝土各部位的相对均匀性等内容。检测方法可采用超声法、冲击反射法、探地雷达法等非破损方法,必要时可采用局部破损方法对非破损的检测结果进行验证。采用超声法、探地雷达法时可相关规范要求进行。

6) 混凝土结构构件的损伤检测包括裂缝、碳化深度、表面损伤、受腐蚀情况、钢筋锈蚀等情况的检测。

(4) 钢结构检测

1) 钢结构的检测可分为钢结构材料性能、连接与构造、构件的尺寸与偏差、变形与损伤等检测工作。必要时,可进行结构或构件性能的实际荷载加载试验或结构的动力测试。

2) 钢结构的材料性能检测

①对结构构件钢材的力学性能检验可分为屈服点、抗拉强度、伸长率、冷弯和冲击功等参数。

②当工程尚有与结构同批的钢材时,可将其加工成试件,进行钢材力学性能检验;当

工程没有与结构同批的钢材时，应优先采用在结构中切取试样直接试验的方法，若无法切取试样也可采用表面硬度法等进行检测。

③在既有建筑物结构构件上切取试样时，应保证所取试样具有结构代表性。取样的部位应在构件受力较小的部位，应保证试件不受取样扰动，以及防止塑性变形、硬化等作用改变其性能，取样后应立即对构件进行修补。取样不得危及结构的安全和正常使用。

3）钢结构构件连接与构造

①钢结构构件的连接质量与性能的检测可分为焊接连接、焊钉（栓钉）连接、螺栓连接、高强度螺栓连接等项目。

②对设计上要求全焊透的一、二级焊缝的超声波探伤和焊缝内部缺陷分级，宜按《焊缝无损检测 超声检测技术、检测等级和评定》GB 11345 的规定执行。

③高强度大六角头螺栓连接副的连接质量检查按《钢结构工程施工质量验收标准》GB 50205 和《钢结构高强度螺栓连接技术规程》JGJ 82 的规定执行。连接质量的外观检查包括螺栓螺纹有无生锈及损伤、高强度螺栓连接副有无拧紧、高强度螺栓连接副与钢板之间有无滑移等项目。

④对接焊缝外观质量可采取抽样检测的方法。焊缝的外形尺寸和外观缺陷检测方法和评定标准，应按《钢结构工程施工质量验收标准》GB 50205 的规定执行。

⑤钢结构构件的支座形式有刚接、铰接（滑动铰接与转动铰接），应检验实际的支座是否与设计条件相符，支座变形量（位移及转角）应全数检测。

⑥钢结构的构造分为构件长细比、宽厚比、支撑体系等项目，应根据实测尺寸进行计算，应按设计图纸和相关规范进行评定。

(5) 砌体结构检测

1）砌体结构的检测可分为砌筑砌块的材料力学性能、几何尺寸、构造、缺陷和损伤等项目。

2）砌体结构构造的检测应包括构件的高厚比、预制构件的搁置长度、大型构件端部的锚固措施、支座垫块尺寸及圈梁、构造柱、墙梁构造处理、砌体中的拉结筋等。

①砌体结构构造的检测单元划分及检测结果评定可参照《砌体结构工程施工质量验收规范》GB 50203 的相关规定执行，抽样数量如下：

A 类建筑，抽样数量不应少于《砌体结构工程施工质量验收规范》GB 50203 规定数量的 50%；

B 类建筑，抽样数量不应少于《砌体结构工程施工质量验收规范》GB 50203 的规定数量。

②砌体构件的高厚比，其厚度值应取构件厚度的实测值。

③预制构件的搁置长度，可剔凿表面抹灰后采用尺量的方法检测。

④跨度较大的屋架及梁支承面下的垫块尺寸和锚固措施，可剔凿表面抹灰后采用尺量的方法检测。

⑤墙梁、圈梁、构造柱应检查其布置的合理性，并应在剔凿表面抹灰后测定其结构尺寸，必要时还应检查其配筋。墙梁、圈梁、构造柱的混凝土施工质量，可按本标准的相关规定进行检测。

⑥跨度较大门窗洞口的混凝土过梁的设置状况，应剔凿表面抹灰后检测结构尺寸。

(6) 结构构件的挠度和裂缝检测

1) 构件的挠度检测可采用水准仪、激光测距仪或直接拉线法进行检测，选取构件支座及跨中若干点作为测点，量测构件支座和跨中的相对高差，利用该相对高差计算构件的挠度；当观测条件允许时，亦可用挠度计、位移传感器等设备直接测定构件的挠度值。数据分析时应充分估计施工误差对检测结果的影响。

2) 既有建筑物结构的裂缝检测一般应包括裂缝的部位、长度、宽度、深度、走向、数量等基本内容，并且绘制裂缝分布图；若裂缝在发展，应设置裂缝观测点，观测裂缝的发展过程。

4.3 既有建筑的加固

4.3.1 既有混凝土结构的加固

从现有统计资料分析，大多数既有混凝土结构的损坏是由于结构初期产生裂缝，同时后期建筑使用方没有对建筑进行常规维修保养，围护结构处理不到位，导致结构从裂缝转向渗水、钢筋锈蚀、保护层脱落等阶段，最后出现构件严重损坏情况。

既有混凝土结构常见问题如下：构件裂缝开裂、构件渗水、钢筋锈蚀、混凝土强度性能不足、构件承载力不足（压、弯、剪）等，以下将对混凝土结构常规的加固及处理方法进行介绍。

(1) 裂缝、渗水的处理

裂缝、渗水的处理（不涉及承载力不足的裂缝）一般通过防水性较高的材料填补裂缝，可根据裂缝的大小进行选择封闭处理及化学灌浆法处理。当裂缝小于 0.3mm 时，采用裂缝封闭处理工艺，如图 4-4(a) 所示；当裂缝大于 0.3mm 时，则采用压力化学灌浆处理工艺，如图 4-4(b) 所示。浆料应选择改性环氧树脂类、改性丙烯酸酯类、改性聚氨酯类等性能较好的修补胶液。

封闭处理工艺主要对宽度较小的裂缝（<0.3mm）采取表面封闭的措施，避免水分及空气流入从而保证混凝土构件的耐久性。去除裂缝表皮及清洗干净裂缝两侧杂物，清洗裂缝并在风干后用丙酮等清洗剂清洗，最后用修复浆液涂刷裂缝两遍及以上，待固化后完成封闭工作。

压力灌浆处理工艺主要对宽度明显的裂缝（≥0.3mm）采取压力灌浆的措施，避免水分及空气流入从而保证混凝土构件的耐久性。沿着裂缝凿 V 形槽，先沿着裂缝打开后向两侧加宽，去除裂缝表皮及清洗干净裂缝两侧杂物，清洗裂缝并在风干后用丙酮等清洗剂清洗，在 V 形槽一侧设置灌浆嘴并用环氧浆液封闭，待封缝胶泥达到一定强度后，可对裂缝进行压力灌浆灌，当相邻的灌浆嘴溢浆即可停止灌浆，待环氧浆液固化后可拆除灌浆嘴。

(2) 钢筋锈蚀的处理

钢筋的锈蚀主要通过除锈及增加阻锈剂处理，当锈蚀范围超过直径的 10% 时，需要对钢筋进行附加处理，通过焊接或搭接的方式增加钢筋面积。

除锈及增加阻锈剂法主要应用于钢筋腐蚀范围不大的情况（<直径的 10%），首先凿

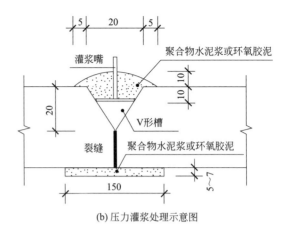

(a) 裂缝封闭处理示意图　　　　(b) 压力灌浆处理示意图

图 4-4　裂缝处理示意图（单位：mm）

除混凝土保护层露出钢筋，清洗混凝土截面并用除锈机去除钢筋腐蚀部分，采用渗透型阻锈剂涂刷钢筋，再用掺杂阻锈剂及高性能复合砂浆对构件进行涂抹，修复截面。

钢筋附加法前面的步骤与除锈及增加阻锈剂法相同，后期在砂浆涂抹前进行钢筋搭接并焊接，在腐蚀严重的钢筋部位绑扎细钢筋网并固定，最后再用掺杂阻锈剂及高性能复合砂浆对构件进行涂抹，修复截面。

（3）置换混凝土加固方法

置换混凝土加固方法可用于混凝土强度性能不足的情况，适用于有局部缺陷，或者混凝土强度偏低的混凝土构件。利用高一级的混凝土置换局部承载力不足的混凝土。

当加固梁式构件时，应对原构件加以有效的支顶。对于梁的置换部分，应该沿整个宽度剔除，不得仅剔除截面的一边。当加固柱、墙等构件时，应对原结构、构件在施工全过程中的承载状态进行验算之观测和控制，置换界面处的混凝土不应出现拉应力，当控制有困难，应采取支顶等措施进行卸荷。新旧混凝土应涂刷界面胶保证新旧混凝土的协同工作。

（4）截面加大加固方法

截面加大加固法主要是通过增加构件截面用以增加构件的承载能力，截面加大法可用于加固梁、柱构件，梁截面一般用于增加梁底部分，柱截面用于增加柱四周，但由于施工难度问题，截面加固方法一般用于柱截面的加固。

一般来说，为保证截面加大部分与既有截面部分能协同工作，一般对旧构件进行凿毛处理并植入抗剪钢筋，同时在计算过程中对新增截面的纵向钢筋提高安全系数处理。对于柱构件，新增的纵向钢筋应该通长处理，向下延伸至基础或与下一层的构件相连接，向上延伸至加固层楼板面顶，如上下均为加固范围的话，纵向钢筋应穿过楼板且贯通处理。

截面加大加固法（图 4-5）相关流程如下，截面加大施工之前，先凿除原有混凝土保护层至露出钢筋→用清水及钢丝刷将混凝土表面清理干净，用界面处理剂甩涂于混凝土基面上→弹线定位纵筋及箍筋位置→向旧截面植入抗剪钢筋及箍筋绑扎成形→装模、浇筑混凝土、拆模。浇筑混凝土前，淋水养护凿毛面不少于 12 小时→拆模时注意不要损伤构件角部混凝土，并浇水养护至少一个星期。

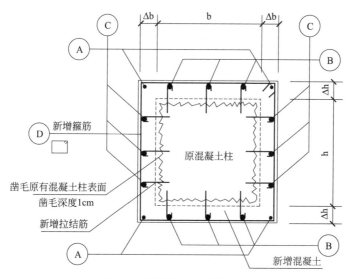

图 4-5 柱增大截面法剖面图

A—角部纵向钢筋；B—中部纵向钢筋（短边）；C—中部纵向钢筋（长边）；D—新增箍筋

（5）外粘钢板法

外粘钢板法主要是通过增加钢构件用以增加构件的承载能力，外粘钢板法可用于加固梁、柱构件及板构件，通过粘贴材料与既有构件结合，相对于截面加固法，外粘钢板法施工速度快，能大幅度提高承载力且对截面尺寸影响较小。

对于梁承载力不足的情况主要分为两种，一种是受弯承载力不足，另一种是受剪承载力不足。可采用外粘钢加固处理，如图 4-6 所示，其受弯截面承载力不足的梁构件，可在受拉面沿构件轴向连续粘贴的加固钢板或角钢延长至支座边缘，设置钢箍板（对梁）或横向钢压条（对板）进行锚固。对于受剪承载力不足的梁构件，其受剪承载力加强可采用粘贴箍板进行加固。

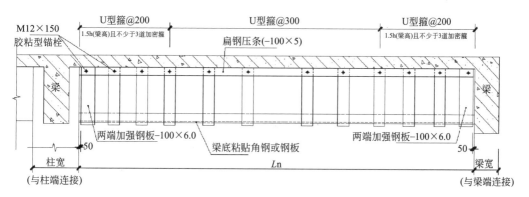

图 4-6 梁外粘钢板法图（单位：mm）

柱承载力不足的情况主要分为两种，一种是轴向或受弯承载力不足，另一种是抗剪承载力不足。可采用外粘钢加固的钢筋混凝土柱，其原理类似在钢筋混凝土柱子外增设一个格构柱，混凝土柱与外加的格构柱共同受力，见图 4-7、图 4-8，其轴向或受弯截面承载力加强方式，可在柱子角处沿构件轴向连续粘贴的加固或角钢延长至柱上下端。对于受剪承载力不足的柱构件,其受剪承载力的加强可采用缀板进行加固。

外粘钢板法同样也适用于板构件中,主要用于增加板的受弯承载力问题,对于楼板支座处弯矩承载力不足情况,对楼板增加钢板处理,对于楼板跨中弯矩承载力不足情况,则对楼板跨中底部楼板进行加固处理。

外粘钢板法的一般施工流程如下:清除构件表面的装饰面层及批荡,用钢丝刷刷干净,再用压缩空气吹干净→将钢构件用钢丝刷除锈,并打磨出金属光泽,预留注浆口→拌好的胶液应同时涂刷在钢板和混凝土黏合面上,经检查无漏刷后将钢板与原构件混凝土粘贴,对于竖向构件可采用先拼装焊接后注入粘剂的方式→钢板粘贴后应均匀布点加压固定,固化24h后即可卸除加压夹具及支撑。

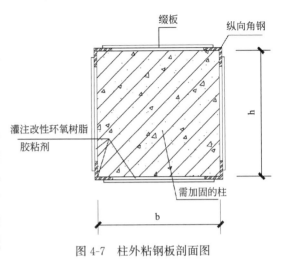

图 4-7 柱外粘钢板剖面图

(6)外粘纤维复合材料法

外粘纤维复合材料主要是通过增加纤维复合材料用以增加构件的承载能力,外粘钢板法可用于加固梁、板构件,通过粘贴材料与既有构件结合,纤维复合材料与外粘钢板法的受力原理类似,但由于纤维复合材料的成品工艺问题,纤维复合材料受拉不受剪,故加固的位置宜尽量使纤维复合材料处于受拉工况。

外粘纤维复合材料施工步骤:混凝土表面处理→底层树脂配制并涂刷→找平材料配制并对不平整处修复处理→浸渍树脂或粘贴树脂的配制并涂刷→粘贴碳纤维片材→表面防护。

4.3.2 既有砌体结构的加固

砌体结构主要为受压构件,其抵抗拉力、弯矩、剪力的能力较低,为保持砌体结构始终保持受压状态,在砌体结构设计过程中通常采用构造措施(设置构造柱、圈梁、扶壁柱等方式)保持砌体结构稳定性,往往砌体结构损坏是由构造选取不当及维护不当造成,以下对常规的加固方法进行介绍。

(1)裂缝修复法

砌体结构的裂缝可分为受力裂缝及非受力裂缝。受力裂缝主要由于直接荷载作用下导致的,如沉降裂缝、地震裂缝、超载裂缝等。非受力裂缝主要由于非直接荷载原因导致,如温度、干缩裂缝等。对于受力裂缝,可采用截面增大加固法处理。对于非受力裂缝,常采用填缝、灌浆、喷射面层的方法来进行修复。

1)填缝修复法,主要采用水泥砂浆、聚合物水泥砂浆等浆料,将浆料填补裂缝中,填补砂浆的等级比既有砌体结构的砂浆等级高一个级别。

2)配筋填缝密封修复法,主要针对较大裂缝,在裂缝相交的灰缝中嵌入钢筋,然后用砂浆填实。

3)灌浆修复法,利用浆料的自重或外加压力,将含有胶合材料的浆料灌入裂缝之中。

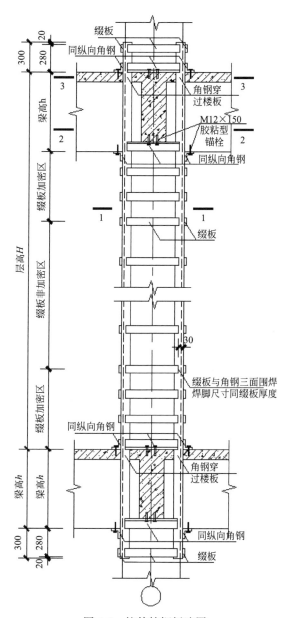

图 4-8 柱外粘钢板法图

4) 喷射修复法，通过喷射的方式将浆料喷射裂缝中，同时加厚砌体结构的截面，但喷射过程中需要对较难喷射的位置进行修复，避免喷射时造成孔洞现象。

（2）截面增大加固法

砌体承重构件的增大截面法主要针对砌体的墙体材料强度不足的情况，加固原理是在砌体承重构件上增设钢筋水泥浆面层或钢筋混凝土面层加大砌体截面，面层中设置竖向分布筋、水平分布筋及穿砌体墙的拉筋，以保证钢筋水泥浆面层/钢筋混凝土面层与砌体形成一个稳定的整体。

其施工流程如下：对建筑物进行卸荷以及设置临时支撑→凿除加固范围的墙面抹灰，清理墙面→钻孔拉筋穿过砌体，穿墙孔的直径比拉筋大（约 2mm），可用水泥基灌浆料、水泥砂浆或胶粘剂作为锚固材料填充→安装钢筋并保持钢筋距砌体表面距离不应小于5mm→浇水湿润墙体→采用高压喷射施工成型,并进行养护→完成施工,如图4-9所示。

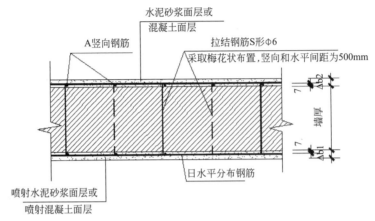

图4-9 砌体截面加大法剖面图

(3)增加构造柱法

增加构造柱加固法,通过增加构造柱的方式增强砌体结构整体性及局部位置的竖向承载力,通过局部加大原有砌体的截面来提高砌体的强度及稳定性,提高墙体在较大局部荷载处或连接薄弱处的承载力(图4-10),在提高砌体承载力的同时,加强砌体与混凝土楼板的有效连接,保证砌体结构的安全。

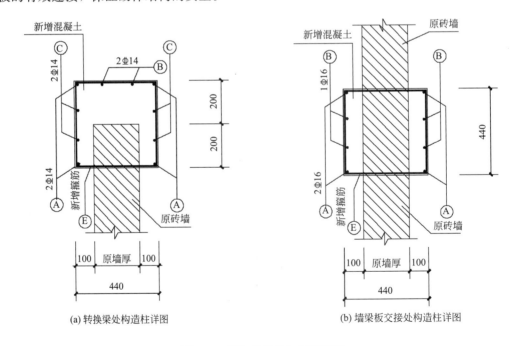

图4-10 增加构造柱加固示意图

其施工流程如下:对建筑物进行卸荷以及设置临时支撑→凿除加固范围的墙面,清理墙面→钻孔箍筋穿过砌体,穿墙孔的直径比拉筋稍大(约2mm),箍筋位置处可用水泥基灌浆料、水泥砂浆或胶粘剂填充，同时绑扎竖向钢筋→拉筋在墙内固化后，安装钢筋→浇水湿润墙体→架设支模、浇筑混凝土，对构造柱进行养护处理→构造柱达到拆模龄期、拆除模板→施工完成。

（4）增设扶壁柱加固法

增设扶壁柱加固法主要是在墙外增设柱的做法，属于截面增大法的一种，常在窗间墙、山墙水平承载力不足的情况下使用，常用的扶壁柱有砖砌和钢筋混凝土、钢结构等，由于新增的扶壁柱通常超出既有基础的范围，增设扶壁柱之前需要新增基础。

施工流程（砖砌）如下：对墙体进行卸荷以及设置临时支撑→开挖土方至原有基础底部，增加基础部分→将原砌体表面的粉刷层凿去→植入钢筋于既有砌体构件中，膨胀水泥砂浆填塞插孔→砌筑扶壁柱砌体，砌至楼板或梁底时，应用硬木顶撑进行养护→完成施工，拆卸临时支撑。

（5）增设圈梁加固法

增设圈梁法，当圈梁设置不符合现行设计规范要求，以及纵横墙交接处有明显缺陷时，可采用增设圈梁的方法，主要通过插筋及开洞实现与圈梁与砌体的结合，洞口距离一般为 1.5～2.5m 浇筑圈梁，混凝土填入洞口中实现对墙体的结合。

增设圈梁法的施工流程如下：搭设脚手架支顶→放线→墙体开洞，其余部位植入钢筋入墙体中→支模→配制绑扎钢筋→浇筑混凝土→湿润模板与墙体→浇灌振捣→养护→拆模→施工完成。

4.3.3 既有钢结构的加固

既有建筑中，钢结构的应用范围较为单一，主要作为屋盖应用于工业建筑的大跨度厂房（竖向构件为混凝土结构＋钢结构屋盖），由于早年设计的原因，既有钢结构的主要问题体现在构造措施不满足现行规范要求以及生锈腐蚀，但承载力仍能满足要求，故对于该类钢结构的处理措施往往通过增设构造措施以及除锈维护处理，以下对工业厂房的常规加固方法进行介绍。

（1）锈蚀处理

既有钢结构的锈蚀处理方式通过去除锈蚀部分处理，主要适用于腐蚀程度不高的钢结构，锈蚀部分不影响构件承载力，可采用锈蚀处理方法。

施工流程如下：除锈，制作前应对钢构件表面进行彻底的除锈、去尘、去污处理，然后手工除锈→涂漆，钢材经除锈处理后应立即用刷子或无油无水压缩空气清除灰尘和锈垢喷涂车间保养底漆→定期进行油漆维护。

（2）改变结构体系加固法

改变结构体系加固法，是通过增加或改变钢结构构件，增加钢结构的承载力、刚度或满足构造要求，增加构件法或构造法主要有以下应用范围：

1）提高钢结构的整体稳定性，通过增设柱间支撑、拉杆、屋盖水平支撑等措施将钢结构的其他构件连接成为一个整体，增强钢结构的整体稳定性，如图 4-11 所示。

2）增加构件刚度，通过增设构件增加结构的水平刚度，使其承载大部分水平力，降低其他部位的负荷，如图 4-12 所示。

3）增加构件的稳定性，通过增设辅助构件（拉杆，腹杆等），减少结构的计算长度以

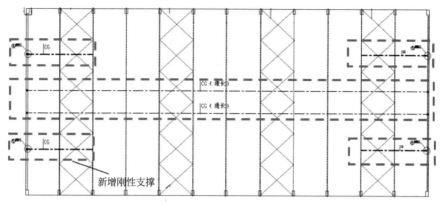

图 4-11 钢结构增加刚性支撑

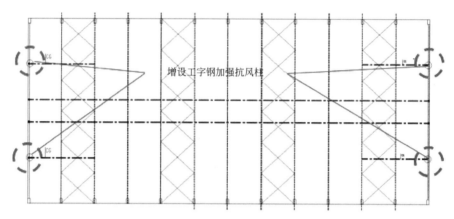

图 4-12 两侧山墙增设抗风柱加强水平刚度图

达到减少长细比的目的,从而提高构件的稳定性要求。

(3) 加大截面加固法

加大截面加固法,主要是通过焊接、螺栓、铆钉、粘贴等方式对钢结构构件进行截面增加处理,原理与混凝土和砌体的截面加大加固法相同,但钢结构应考虑原构件受力情况及存在的缺陷和损伤;在施工可行、传力可靠的前提下,选取有效的截面增大形式,截面的增大形式避免偏心(图 4-13)。

1) 采用加大截面加固钢结构构件时,其构造设计应符合下列规定:

①加固件应有明确、合理的传力途径;

②加固件与被加固件应能可靠地共同工作、并采取措施保证截面的不变形和板件的稳定性;

③对轴心受力、偏心受力构件和非简支受弯构件,其加固件应与原构件支座或节点有可靠的连接和锚固;

④加固件的布置不宜采用导致截面形心偏移的构造方式;

⑤加固件的切断位置,应以最大限度减小应力集中为原则,并应保证未被加固处的截面在设计荷载作用下仍处于弹性工作阶段。

2) 不同工况下的设计应符合下列规定:

①完全卸荷情况下,采用加大截面加固法,其强度及稳定性按加固后的截面计算,与新结构相同的方法进行计算。

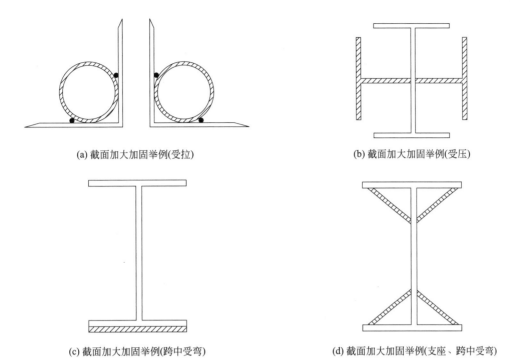

图 4-13 两侧山墙增设抗风柱加强水平刚度图
注：阴影部分为截面加大部分

②负荷情况下，采用加大截面加固法时（焊接），应根据原构件的使用条件，校核其最大名义应力是否符合规定（表 4-6）。若不符合规定时，不得在负荷状态下进行焊接加固，应改用其他增大截面的方法进行加固。

焊接加固构件的使用条件及应力比限值　　　　表 4-6

类别	使用条件	应力比限值
Ⅰ	特繁重动力荷载作用下的结构	≤0.20
Ⅱ	除Ⅰ外直接承受动力荷载或振动作用的结构	≤0.40
Ⅲ	间接承受动力荷载作用,或仅承受静力荷载作用的结构	≤0.65
Ⅳ	承受静力荷载作用,并允许按塑性设计的结构	≤0.80

③负荷情况下，采用加大截面加固法时（螺栓或铆钉连接）加固钢结构时，原构件最大名义应力比不应大于 0.85。

④采用粘贴钢板对钢结构进行加固时，宜在加固前采用卸荷方式，完全或大部分卸除结构上的活荷载。

（4）外包钢筋混凝土加固法

外包钢筋混凝土加固法，主要对钢构件进行灌注混凝土的方式，利用钢筋混凝土的抗压强度以及对钢构件的约束，提高钢构件的承载力以及稳定性，同时提高了对钢构件的维护能力。采用外包钢筋混凝土加固型钢构件时，宜采取措施卸除或大部分卸除作用在结构上的活荷载。

相关施工流程如下：设置支架，对钢构件进行卸荷处理→清理基层，清除钢柱锈蚀物→

绑扎钢筋，基础部分的钢筋采用植筋的方式处理→支设模板→浇筑混凝土→养护→拆模→施工完成。

(5) 连接与节点的加固法

连接与节点的加固法，主要依据原结构的连接方法和实际情况选用焊接、铆接、普通螺栓或高强度螺栓连接的方法。在同一受力部位连接的加固中，不宜采用焊缝与铆钉或普通螺栓共同受力的刚度相差较大的混合连接方法，可采用焊缝和摩擦型高强度螺栓在一定条件下共同受力的并用连接。

连接与节点的加固最好在卸荷的情况下进行，但如在负荷情况下，当采用端焊缝或螺栓加固而需要拆除原有连接，或需要扩大原钉孔，或增加钉孔时，应采取合理的施工工艺和安全措施，并核算结构、构件及其连接在负荷下加固过程中是否具有施工所要求的承载力。

4.3.4 与加建结合的加固理念

既有建筑改造中，可将加建与加固相结合起来，传统的改造方式是将构件进行加固改造后再进行加建构件处理，而与加建相结合的加固根据建筑的改造方案采取针对性措施，减少加固工程量，实现加固加建双目的。

(1) 加建与加固相结合起来需满足以下条件：

1) 加固构件所在部位同时需要进行加建；
2) 加固加建相结合的方案须经济可行。

(2) 水平构件加建加固结合

水平构件的加固通常能提高水平构件的抗弯及抗剪承载能力，加建构件增设位置结合加固的位置采取针对性措施，可采取增设支点法的方式降低被加固构件的弯矩及剪力。以某建筑为例，根据建筑改造方案，该建筑将在红色框区域增设观景平台及楼梯，原建筑外面的悬挑梁区域存在承载力不足情况，需要进行相应的加固或拆除。加建过程中根据悬挑梁的布局采取针对性的措施，如图 4-14、图 4-15 所示，将平台支座伸入原结构柱中，避免平台支座作用于悬挑梁中，从而减少悬挑梁的加固梁。平台钢梁采用弯折并紧贴悬挑梁与原结构柱连接的方式，从而提供悬挑梁的支座反力，加大悬挑梁区域的承载力，避免悬挑梁拆除造成的浪费，从而实现加固加建双目的。

(3) 竖向构件加建加固结合

竖向构件的加建加固结合法主要针对长细比不足但其他指标完好的构件，利用新建构件所设置的新支点，减少构件的长细比，从而提高被加固构件的稳定性而达到加固要求。

以电梯加建为例（图 4-16），电梯的承重结构可采用全钢结构或利用原有结构柱的钢结构方案，当采取全钢结构方案时，钢柱与原结构柱采用化学螺栓与钢板连接，使得原结构与钢柱形成整体，提高结构的整体性；当采用与原有结构柱结合的钢结构方案时，新增钢柱直接与原钢结构连接，实现钢结构与原结构的结合，节省相应的材料及提高新建结构的整体性。

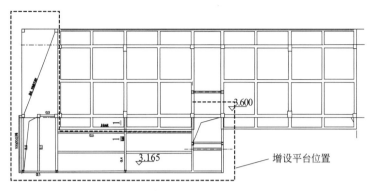

图 4-14 建筑 5-7 加建平台示意图

图 4-15 加建平台与悬挑梁衔接示意图

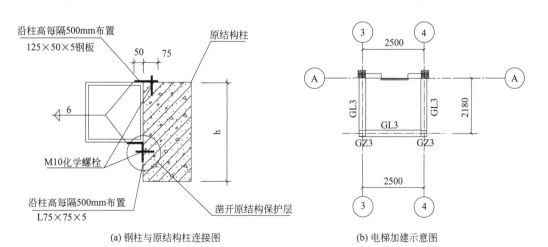

(a) 钢柱与原结构柱连接图　　(b) 电梯加建示意图

图 4-16 竖向柱加建加固改造示意图

本章参考文献

[1] 中华人民共和国住房和城乡建设部.GB 50292—2015 民用建筑可靠性鉴定标准[S].北京：中国建筑工业出版社，2015.

[2] 中华人民共和国住房和城乡建设部.GB 50144—2019 工业建筑可靠性鉴定标准[S].北京：中国建筑工业出版社，2019.

[3] 广东省住房和城乡建设厅.DBJ/T 15-191—2020 既有建筑物结构安全性检测鉴定技术标准[S].北京：中国建筑工业出版社，2020.

[4] 中华人民共和国住房和城乡建设部.GBT 50784—2013 混凝土结构现场检测技术标准[S].北京：中国建筑工业出版社，2013.

[5] 中华人民共和国住房和城乡建设部.GBT 50621—2010 钢结构现场检测技术标准[S].北京：中国建筑工业出版社，2010.

[6] 中华人民共和国冶金工业部.GB 50117—2014 构筑物抗震鉴定标准[S].北京：中国建筑工业出版社，2014.

[7] 中华人民共和国住房和城乡建设部.GB 50023—2009 建筑抗震鉴定标准[S].北京：中国建筑工业出版社，2009.

[8] 中华人民共和国住房和城乡建设部.GBT 50315—2011 砌体工程现场检测技术标准[S].北京：中国建筑工业出版社，2011.

[9] 国家市场监督管理总局、中国国家标准化管理委员会.GB/T 2975—2018 钢及钢产品 力学性能试验取样位置及试样制备[S].北京：中国质检出版社，2018.

[10] 中华人民共和国住房和城乡建设部.GB 51367—2019 钢结构加固设计标准[S].北京：中国建筑工业出版社，2019.

[11] 中华人民共和国住房和城乡建设部.GB 50702—2011 砌体结构加固设计规范[S].北京：中国建筑工业出版社，2011.

[12] 中华人民共和国住房和城乡建设部.GB 50702—2011 混凝土结构加固设计规范[S].北京：中国建筑工业出版社，2011.

[13] 王清勤，唐曹明等.既有建筑改造技术指南[M].北京：中国建筑工业出版社，2012.

[14] 杨学林，祝文畏等.既有建筑改造技术创新与实践[M].北京：中国建筑工业出版社，2017.

第 5 章 BIM 及装配式建造技术在既有建筑改造中的应用

5.1 BIM 及装配式在既有建筑改造的技术背景

BIM 及装配式建造技术是我国现大力鼓励发展的方向，随着施工机械的普及以及信息化程度的提高，BIM 和装配式技术作为支撑工程建设行业的新技术逐渐被接受，作为贯彻"绿色建筑理念"的新技术，BIM 和装配式建造技术大大地提升建筑行业整体水平，为建筑行业的可持续发展添加新的动力。

BIM 技术全称为建筑信息模型技术，以三维图形为主，将建筑的设计、施工、运营整合在一个三维模型中，各方的团队在基于该模型上进行协同作业，可有效地提高工作效率，同时结合其他辅助设备如传感器等，可实现对建筑的监测、运维等管理，大大地提高建筑信息化程度。

装配式建造技术是指通过预制构件进行现场拼装建筑的建造技术，采用现浇或机械连接实现预制节点的连接，装配式建造技术是我国建筑工业化重要发展方向，它有利于提高施工工程质量，降低人力施工强度，同时实现绿色施工目的，减少施工周期及降低施工现场对环境的负面影响。

将 BIM 技术及装配式技术引入既有建筑改造，能够大大地提高既有建筑改造的效率及施工质量。对于大型复杂的既有建筑，其项目具有工程量大、技术要求高、施工难度大、工期紧张等特点，以及构件编号多、数目多、定位难度大等特点。普通的工程管理不满足要求，可利用 BIM 技术精细化管理理念，将本工程的各个阶段进行细化分解，使本工程的管理流程满足科学化、精细化、标准化和信息化的要求，进而提高本工程对成本、进度、质量和安全的把控能力。装配式建造技术在既有建筑中实现快速施工的目的，由于既有建筑中施工空间较少，装配式建造技术的引入能够降低施工现场湿作业的工作量，实现绿色施工的目的。

5.2 BIM 技术在既有建筑改造中的应用

在既有建筑改造中，BIM 技术特别适用于复杂既有建筑改造项目，如大跨度建筑改造、工业建筑群改造等，利用 BIM 技术实现精细化管理，从资料收集、建模、设计、施工准备、验收及运维方面实现精细化管理，大大地提高复杂既有建筑项目的管理水平，提高项目的信息化，降低管理人员的计算成本。

5.2.1 资料收集建模阶段

在既有建筑进行扩建改造之前，需要先建立既有建筑的原始信息模型，包含所有与既有建筑相关的信息，为后期的设计、施工和运维阶段运用信息化管理奠定基础。对于既有建筑的原始资料收集，需要根据已有资料与现场鉴定相结合，由于许多既有建筑的原始资料缺失，需要对建筑物进行重新测量及鉴别，原始信息的采集可在房屋的鉴定环节中进行，通过三维激光扫描技术与 BIM 技术结合使用，确保工程项目原有建筑信息模型能够真实并且能准确地反映建筑物。

使用 3D 激光扫描仪获取建筑物内部与外部的点云数据，输出相应的格式文件，如 DXF、DWG、ASC、XYZ 等。点云数据处理，将扫描的点云文件导入扫描软件中的特定数据处理中心，结合各站点的点云数据，形成完整的点云模型。

采用逆向建模技术将点云数据形成实体模型，然后通过 Scan TO BIM 插件实现数据交换，形成 BIM 模型，作为改造设计的原始建筑模型。二者相结合的流程图如图 5-1 所示。

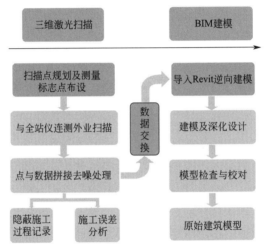

图 5-1 三维激光扫描技术与 BIM 技术结合应用流程

5.2.2 改造设计阶段

（1）方案比选

既有建筑的方案比选是决策阶段一项重要的工作内容，针对不满足要求的既有建筑是选择新建还是选择改造，如何进行改造可达到成本与效益的最优状态，这一系列问题都是投资者比较关心的问题。基于建筑 BIM 信息模型及结合检测技术，利用 BIM 强大的信息存储以及统计分析功能，对不同方案的 BIM 模型进行工程量统计，以及材料用量、材料价格等综合分析，获取不同方案的成本数据，为业主方提供准确有效的决策依据。

（2）多专业协同设计

利用 BIM 技术进行多专业的协同设计，通过中心文件和链接的方式进行连接，实现数据关联与智能互动。通过每个人的职务和所负责的工作内容设置相应的权限，如图 5-2

所示。

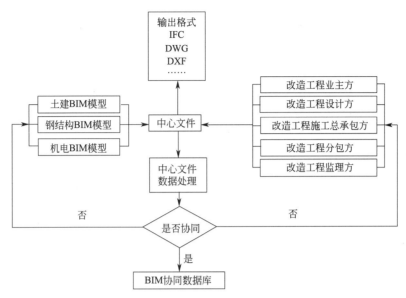

图 5-2 基于 BIM 理念的多专业协调设计分析

（3）碰撞检查

在既有建筑基础模型上再进行重新设计的改造方案，由于存在大量的限定因素，易导致各个专业之间出现"错、漏、碰、缺"的问题，这些问题往往直至施工阶段才会被发现，不但延误工期，而且也增加建设成本。依据改造设计方案建立的 BIM 模型，提早发现碰撞点并进行设计优化，利用 BIM 技术的联动性和参数化功能，可确保某一处出现修改，其他具有类似问题的地方也会被修改完毕，同时，通知其他专业进行复核，这样能减少后期施工的碰撞问题，如图 5-3 所示。

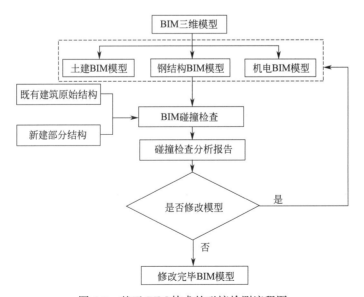

图 5-3 基于 BIM 技术的碰撞检测流程图

（4）模拟分析

既有建筑进行改造的目标是满足建筑使用功能需求，所以，既有建筑的初步设计完成后，需进行结构分析和室内净高分析，确保本工程完成后达到安全、舒适、节能和环保要求。

1）结构分析

既有建筑在改造设计时，必须对其结构情况进行分析：①分析既有建筑的结构，落实好哪些构件可以拆除，哪些构件需要加固，哪些部位需要新增基础、柱子和梁等构件，构件如何进行相互之间的连接，最后将这些信息加以归类表达出来；②确定施工的顺序，对于特殊的既有建筑存在拆除或加固时，利用BIM进行分析构件的施工顺序；③结构改造设计方案是否满足现场施工要求，有没有实现的可能，以及是否方便加工和安装等。

2）净高分析

净高对于改造后的方案十分重要，净高分析作为一项重要的检查内容，可利用BIM技术对其进行检查复核，对容易出现部分地方净高不足的情况进行统计，并讨论后续调整方案（图5-4）。

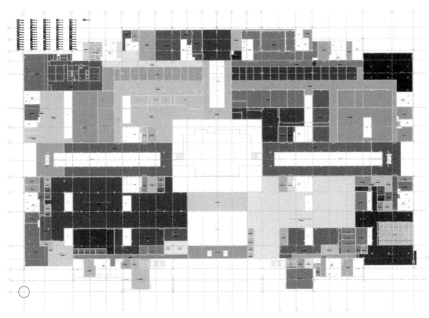

注：■表示净高超限，需要调整；▨表示局部净空紧张，需要注意。

图5-4 净高分析图

5.2.3 施工及验收

（1）施工准备

施工准备阶段中，可利用BIM技术，对既有建筑改造的施工场地进行科学合理规划，在有限区域内布置办公区、生产区、材料堆放场所、垂直运输机械、临时道路等，从而减少施工场地的占用，保证现场道路通畅，避免二次搬运以及施工便利，从而提高工程项目的精细化管理水平。

同时利用BIM技术，确定施工场地的施工道路路线，对施工方案里面的土方和建筑垃圾的清运路线进行合理规划,确保本项目的土方能够顺利运出,并满足相关规范要求。

在工程量复核上,通过 BIM 技术建立的数据库,如图 5-5、图 5-6 所示,从模型中快速准确地提取工程量,从而提高招标管理工作的精细化水平,有效地避免错项和漏项状况的发生,减少施工阶段因为工程量偏差产生的价格调整,从而达到成本的合理管控。

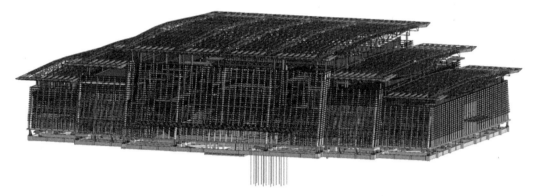

图 5-5　BIM 模型

<结构柱明细表>			
A	B	C	D
族与类型	体积	注释	合计
Z-A-4、6: Z-A-4、6	1.79 m³		2
Z-B-2、8: Z-B-2、8	1.29 m³		2
Z-C-1、9: Z-C-1、9	2.00 m³		2
Z-K-1、9 对称: Z-K-1、9 对称	0.94 m³		2
热轧H型钢柱: HK400b			16
热轧H型钢柱: H型钢柱-200x200mm		HK200a	56
热轧H型钢柱: H型钢柱-240x240mm	0.09 m³	HK240a	8
热轧H型钢柱: H型钢柱-500x500mm			40
热轧H型钢柱: Z-5b	0.10 m³		12
钢管柱: 钢管柱-φ400x12mm		Z-4a	4
钢管混凝土柱: 钢管柱-φ400x16mm			8
钢管混凝土柱: 钢管柱-φ400x16mm-混		Z-4	10
钢管混凝土柱: 钢管柱-φ600x16mm-混	4.09 m³	Z-3	4
钢管混凝土柱: 钢管柱-φ1000x25mm-混	20.81 m³	Z-1c	4
总计: 170			

图 5-6　结构柱的明细表

(2) 施工模拟

在施工模拟阶段可采用 BIM 技术进行专项施工方案模拟分析,提前发现施工过程中可能遇到的问题,并不断修改完善。最后,通过应用 BIM 模型或视频进行施工技术交底,确保现场管理人员和作业人员掌握施工工序、施工要求以及施工重点难点等内容,做到安全生产、文明施工,提高施工效率和质量,降低返工和整改等问题发生的概率。

(3) 工期安排

既有建筑相对新建建筑,其施工阶段复杂得多,由于既有建筑涉及拆除、加固和新建等一系列改造活动,若每项工序的实际精度未按计划完成,将直接影响其他进度其他工序的施工作业，从而耽误工期，造成损失。施工方在编制施工进度计划时，往往是依靠以往的管理经验，由于每个项目的实际情况不同，其施工进度的编排是有很大区别的。

基于 BIM 技术的施工进度管理，利用模型中的数据信息加上时间维度，即可建立起可视化的 4D 模型，通过可视化 4D 模型进行施工模拟，合理规划资金、材料、劳动力等资源，提前预测施工过程中可能发生的问题，预先制定相应对策，对施工方案与施工进度不断优化，减少施工中变更的产生，从而达到缩短工期、节约成本的目的。

（4）优化竣工移交

既有结构改造项目中，传统的竣工移交阶段都是施工单位以纸质或者电子稿的形式将其上交，资料数量较多，在整理以及查阅时需要耗费大量的时间以及人力。在进行竣工移交时，可将 BIM 模型作为主要的移交方式，节省大量的人力、物力去准备纸质版和电子版验收材料，同时，BIM 模型可以为后期的运维提供数据支持。

5.2.4 运维管理阶段

既有建筑改造项目完成后，可继续利用传感器作为辅助检测手段，结合 BIM 技术获取相应设备的运行信息。通过查看设备上的传递信息并汇总，判断建筑物营运期间的状况。例如设置振动传感器，当振动频率波动较大时，通过查看现场设备实际运行情况，来判断是否需要进行维修或者更换。若确定需要进行维修或更换设备时，可以查看 BIM 竣工模型里面的设备信息（例如设备供应商、保修期限和维修记录等），来联系相关人员进行设备的维修或更换工作。这种方式与传统的运营管理方式相比，极大地提高管理效率，降低运维成本。

5.3 装配式建造技术在既有建筑改造中的应用

既有建筑改造项目中，通常根据建筑改造设计方案进行改造，其范围包括结构改造、围护结构改造、装修及管道设备改造等。一些具有规则平面布置、改造风格相同、构件数目大等既有建筑改造项目，具备使用装配式建造技术的条件，该类改造项目本身具有标准化程度高、施工较为规则的特点，这些因素都有利于实现设计标准化和施工装配化。

一般装配式建造技术的应用场景，如图 5-7 所示。

图 5-7 装配式建造技术在既有建筑改造的应用范围

5.3.1 设计要点

既有建筑改造中采用装配式建造技术的设计要点包括以下主要内容：

（1）设计前置

在装配式建造过程中，需要对项目进行前置设计，即在方案设计过程中尽量融入装配式，设计过程中提前考虑后期施工因素，方便施工安装，同时协调建筑、结构、设备和内装等专业，制定相互协同的施工组织方案，并应采用装配式施工，保证工程质量，提高劳动效率，去掉后期施工二次深化的工作量，提高装配式安装效率。

（2）模块化、标准化设计原则

装配式在设计过程中遵循模块化、标准化设计，模块化设计是将建筑户型或者房间设为一个模块单元，通过不同模块单元的选择及组合构成不同的建筑，以满足建筑需要。通过模块化设计，可以实现缩短装配式建筑设计周期，提高产品质量，以少规格、多组合方式，实现建筑及部品部件的系列化和多样化。标准化设计是对装配式混凝土结构的构件成型方式、连接方法、材料等工艺进行统一化、系列化处理，通过对装配式混凝土结构的标准化设计，可保证构件及施工的质量，提高装配式建筑的安全性。尽量减少梁板墙柱等预制结构构件的种类，保证模板能够多次重复使用，以降低造价。

（3）安全可靠原则

传统既有建筑结构改造采用现浇方式成型，构件及其节点连接区域能够保持完好及保证稳固连接。装配式建筑是通过特定连接方式将各个预制构件组装形成整体，无论在理论或实际应用中，连接区域是装配式混凝土结构的薄弱环节，需要采用安全可靠的技术保证装配式结构的安全，设计过程中应遵循安全可靠原则，采用成熟且安全的设计或施工技术保证既有建筑改造的安全。

（4）绿色节能原则

装配式建筑改造及施工过程中应遵循绿色节能要求，满足适用性能、环境性能、经济性能、安全性能、耐久性能等要求，并应采用绿色建材和性能优良的部品部件。在构件生产及安装过程应控制建筑垃圾、工地扬尘产生。同时通过批量化生产，增加模板生产周转次数，降低产品制造能耗、物耗和水耗，最后达到绿色节能目的。

5.3.2 结构体系改造

既有建筑的结构改造一般为增加结构构件改造，主要有内部加层、增设楼梯及电梯、增加雨棚、外部连廊及平台等。对于该类型的加建场景较为统一，尺寸及长度有一定规律。对于该类型的既有建筑改造，可采用具有装配式属性的钢结构体系进行加建，钢结构具有强度高、施工速度快、施工精度高、预制程度高等优点。钢结构加建方案具有减少现场湿作业工作量、减少湿作业带来的建筑材料储存堆放、降低工人劳动强度、减少工地粉尘排放量、降低作业噪声等优势。

（1）既有建筑的构件选型

新设置的装配式构件可与既有建筑的原结构连接在一起，减少构件的数目及增强建筑物的整体性，新增的承重结构与既有的承重结构共同承受新增荷载，如图5-8所示。

钢结构采用钢框架的受力体系，钢框梁与钢柱采用刚性连接（图5-9），钢次梁采用

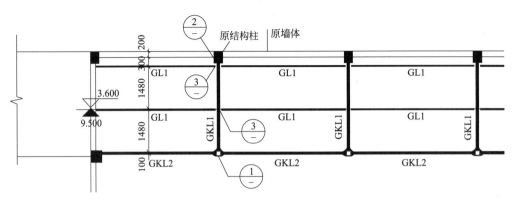

图 5-8 新增平台结构布置图

铰接方式（图 5-10）。为避免传递不必要的弯矩传递至原结构柱，钢框梁与原结构柱的连接采用铰接方式（图 5-11），只传递剪力及轴力，避免原结构柱受力变得复杂，原结构柱的钢板通过植筋的方式进行固定，从而加强支座处的可靠性。

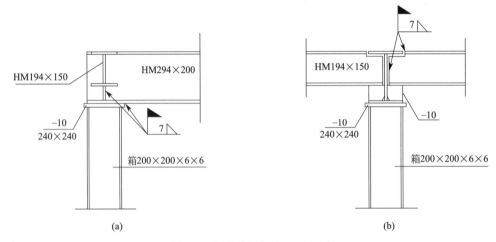

图 5-9 钢结构梁柱刚接示意图

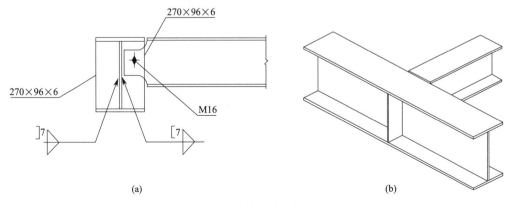

图 5-10 钢结构梁梁铰接示意图

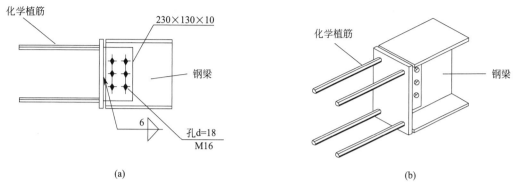

图 5-11 钢结构梁柱铰接示意图

（2）构件的标准化设计

对构件进行标准化设计，可最大化减少构件的规格种类和数量，让整个项目变得简单清晰，以提高装配安装的易建性。通过合理深化设计的钢构件，其规格种类少，在制作环节便于规模生产，利于生产质量控制和效率的提升，在安装环节提高安装工人对构件的辨识度，通过简化，如表 5-1 所示，将构件的种类简化至合理的水平。

主要钢构件规格类型　　　　　　　　　　　　　　　　表 5-1

预制构件	规格	数量（件）
型钢梁	BH850×300×16×28	7
	BH750×300×14×25	17
	BH700×300×14×25	504
	BH600×200×12×18	33
	BH550×200×10×18	103
	BH500×200×10×16	1505
	BH400×200×8×14	56
型钢柱（焊接 H 型钢）	400×400×18	300
	600×600×30	4

（3）节点的标准化设计

主体结构构件间的连接采用焊接和螺栓的干式连接方式，操作方便，将节点进行统一标准化处理，尽可能减少节点的规格。

5.3.3 围护体系改造

既有建筑的围护体系的改造主要针对外围护部分及内部围护结构部分，其中外围护结构部分主要有外墙体及幕墙，内围护结构部分主要为内隔墙部分。

（1）墙体的装配化改造

外墙板装配式改造主要利用墙板在现场进行装配式改造，同时将墙板与外饰面进行结合，二次装饰的工作，直接现场进行一次组装即可；内墙板的装配式改造主要直接采用条板组装，根据项目的情况采用二次装饰或直接在安装前进行装饰。

1) 墙板的类型

常见的墙板类型有轻质条板外墙系统、骨架复合板外墙系统、预制混凝土夹心保温板外墙系统。

轻质条板外墙主要由轻质条板、抹灰、饰面层组成，条板的材质有纤维水泥板、玻璃纤维板GRC、石膏空心板、蒸压加气条板组成，市场普及率较高。

骨架复合板主要由内部的冷弯薄壁构件作为墙体的受力支撑体系，通过在外侧增设隔热薄板及抗裂砂浆用于保温及抗裂，整个墙体质量较轻，施工相当方便，但由于总体造价较高及壁厚较薄不能承受较重物体，市场普及率较低。

预制混凝土夹心保温板主要由内嵌夹芯保温板及内外混凝土面层组成，可根据地区的不同设置保护层厚度及内芯的厚度用以适应不同气温环境，但由于墙体对连接节点的要求较高，安装精度不好控制。

2) 装配式墙体需要注意的事项

① 模数的确定

《建筑模数协调标准》GB/T 50002—2013对围护墙的模数建议为1M或M/2的组合确定，其中M=100mm，由于市场上预制墙体构件均有主流配置，故在墙体的设计过程中需要考虑设计前置，即考虑结构主体与围护墙体的协调，尽可能配合市场上主流的构件尺寸。

图 5-12 现场 ALC 内隔墙

② 外隔墙连接的防水措施

装配式外隔墙主要考虑连接位置处的防水措施，可分为竖向连接的防水措施以及水平连接的防水措施。对于竖向连接处，可采用L形槽口＋聚氨酯密封处理，其中内侧为L形平行墙体段，外侧为L形垂直墙体段，同时在水平段设置导水管口平衡内外气压及排水，如图5-13所示。对于水平连接，采用Z形的槽口连接，较高处为内侧，较低处为外侧，采用密封胶及止水带，如图5-14所示。

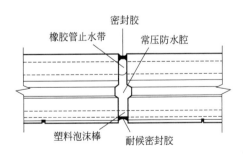

图 5-13 预制外墙板竖向接缝防水

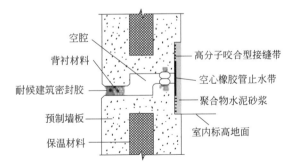

图 5-14 预制外墙板水平接缝防水

装配式外墙施工后，在进行饰面装饰前应进行24h淋水试验，将外缝作为重点检查对象，检查有无渗漏现象，对于局部渗漏点应进行修复。饰面层完工后，再进行全面的淋水试验。

③ 隔墙与管线的措施

预制墙板与管线的连接，利用 BIM 技术，提前对管线进行定位处理，墙板规格尺寸、设计排板、安装顺序等，与建筑、结构、装饰和水电暖专业协同互动，从细部上综合考虑门窗洞口数量和尺寸，各种埋件数量、规格和位置，管线的安装特别是管线集中之处对墙面的刨凿影响，送至现场前进行管线预处理，避免现场施工钻孔等措施，提供施工速度。

（2）幕墙装配化改造

幕墙的安装借鉴装配式安装方法，可利用拉丝铝网（图 5-15、图 5-16）、玻璃等外挂构件进行标准单元划分，根据建筑物的轮廓及层高确定拉丝铝网的宽度及高度，从而提高幕墙的安装速度。安装过程中只要进行自攻螺丝固定后再加焊即可。

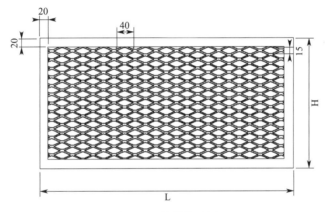

图 5-15　外挂单元图

图 5-16　装配式幕墙改造现场图

5.3.4　装修和设备体系

既有建筑的装修及设备管线构件较多，涵盖设备管线与内装、围护结构和竖向主体结构间的系统集成，装修和设备管线部品分类，在设计阶段就需要统筹暖通、给水排水、机电、通风等管线空间排布走向以及相应接口开放性设计。装修和设备体系设计策略主要考虑前置和集成设计：（1）将区域用房的功能性需求于设计阶段前置，如前所述，基于不同行政单位对不同的个性功能化需求，寻求适应不同政务办事需求的空间布局；（2）装修与设备管线集成化设计，在设计前期利用 BIM 技术的进行细化设计和专业协调，形成装配性强和适用性好的集成化部品，如图 5-17 所示。

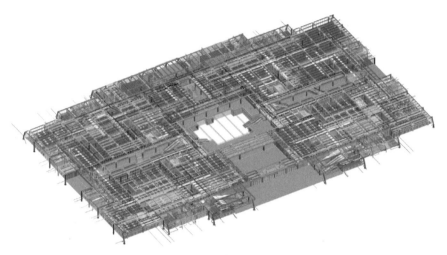

图 5-17　机电综合管线 BIM 模型

传统装修通常是在土建的基础之上进行设备部品、内装部品的设计与施工，专业间相互脱节，但装配式一体化装修更强调的是通过不同专业间的协同，集成建筑、结构、设备系统、装饰装修设计方法，实现工业化建筑的高度集成。市民中心在设计和安装时需要与建筑、结构、专业工程分包等方共同协调，然后将各类设备进行部品模块化设计，通过 BIM 技术充分协调各部品的关系，控制好部品的规格尺寸和接口尺寸，在施工现场直接进行模块拼装。

（1）与吊顶系统的一体化设计

1）消防排烟系统与吊顶一体化设计：消防排烟系统采用横向机械排烟，排至布置于吊顶空间的竖向公共排烟道，在进行消防排烟系统设计时，需考虑排烟及火灾探测设备选型、烟道截面尺寸、安装方式与排烟口间距等与吊顶空间关系。

2）新风暖通系统与吊顶一体化设计：暖通与新风系统采用吊顶式空气处理机组、转轮式热回收机组、风机盘管加新风的体系，相关机组及管道暗装在吊顶内，在机组设计选型时，需要考虑吊顶内部相关管道走向布置方案、管道交错位置净高要求和吊顶与管线敷设施工可操作性。

3）照明系统与吊顶一体化设计：照明系统由主要为悬挂式的正常照明和应急照明灯具，供电系统采用树干式供电模式；照明灯具平嵌于木格栅吊顶，存在照明样式多、不规则排布的情况，且局部位置照明的灯具密度高及管线复杂拥挤。设计过程中，从简化吊顶排布方式和优化照明设计两方面着手，并考虑吊顶金属骨架和吊杆的布置，优化吊顶内部桥架的设置，简化敷设与接线安装过程中的复杂程度，如图 5-18、图 5-19 所示。

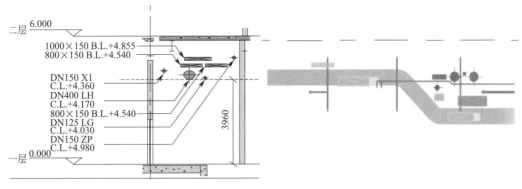

图 5-18　管线综合示意图

（2）装饰面与墙面一体化

在进行墙饰面排版布局时，需要与设备专业共同协调功能部品的组织形式、用电部品的安放位置以及开关插座的布设位置，使墙面部品的生产实现精准化接口、穿孔和开洞，让空间布局与结构部品达到精准的匹配。在确定好部品的安装位置后，对于需要安装在墙面上的较重设施，例如灭火箱、用电设备等，则需要根据设施重量进行安全验算，必要时对安装位置进行加强处理和洞口的留置，效果图如图 5-20 所示。

图 5-19　首层管线综合

图 5-20　东莞市民中心投入使用后吊顶效果与墙面的一体化设计

（3）设备管线与墙面、柱面一体化设计

内隔墙系统体系采用轻钢龙骨墙饰面，把线管布置于墙面与饰面间的龙骨空腔层内，对饰面板进行集成设计时，要明确设备设施水平与标高定位信息、所需的安装空间厚度、各种水电管线的敷设走向、管线的预埋和设备接口预留信息、开关插座等终端设备的具体位置。

与柱面的一体化设计，柱的装配式内装体系采用架空饰面，如图 5-21 所示，与墙面集成设计相识，将管线布置于柱饰面板的空腔层内，综合考虑开关线盒安装所需要的空间厚度、各种龙骨的规格型号以及涂装板的模数选择、排版方案、开关插座等末端设备的具体位置。

图 5-21 装饰面与方柱构造现场施工

本章参考文献

[1] 中华人民共和国住房和城乡建设部.GB/T 51235—2017 建筑信息模型施工应用标准[S].北京：中国建筑工业出版社，2017.

[2] 中华人民共和国住房和城乡建设部.GB/T 51212—2016 建筑信息模型应用统一标准[S].北京：中国建筑工业出版社，2016.

[3] 丛曌.装配式钢结构住宅新型复合保温板外墙系统构造技术研究[D].济南：山东建筑大学，2020.

[4] 邓凯，朱国梁.某装配式建筑外墙防水设计及节点构造处理[J].中国建筑防水，2016（24）：15-17.

[5] 张彤炜，周书东，阳凤萍，麦镇东，谢璋辉.装配式集成设计方法在改扩建公共建筑中的应用——以东莞市民服务中心为例[J].城市住宅，2021，28（01）：48-52.

第6章 既有建筑外围护结构改造研究

6.1 背景及原则

（1）相关背景

随着时间的发展，既有建筑外围护结构在使用过程中也产生性能降低现象，建筑外围护结构包括外墙、屋面、门窗、外幕墙，它的作用是保温、隔热、通风。由于外围护结构对建筑外立面的感官及使用功能影响较大，在既有建筑改造过程中，外围护构件的改造在整个方案策划中变得尤其重要。

不同的建筑其外围护改造策略不同，如既有工业建筑，由于功能定位的原因，一般对既有工业建筑的围护结构引入新元素，从而营造出眼前一亮的效果。相比之下，既有住宅建筑对其外围护进行修复处理即可。

（2）改造原则

对于既有建筑外围护结构的改造，应遵循以下原则：

继承原则：具有历史含义的建筑，在改造过程中保留原有建筑的历史韵味，是外围护结构改造过程中的重要原则。结合本土区域特点、历史特点，将既有建筑的历史与时代结合起来，在继承的基础下发展，体现建筑的历史使命。

经济适用原则：既有建筑外立面改造应坚持经济适用原则，结合本土实际情况，积极利用本土材料并且降低相关费用，在满足适用性要求的同时，尽量满足使用性和耐久性要求。

6.2 外围护结构常见的改造方式

既有建筑外立面的改造通常有三种方式（原位修复、增加立面、整体包裹），由于外围护结构与建筑方案效果息息相关，外围护的改造方案主要取决于建筑方案选取，以下介绍各种改造方式。

（1）原位修复方法。通过对外围护结构进行原位修复处理，该方式对整个建筑的改动最小，仅对原有的材料进行修复或更换，所投入的人力、物力、工期较小。由于修复的仅是既有建筑的外围护结构材料，对内部空间及主体结构的改动较小，对原有外围护结构几乎没有影响。同时可利用不同的涂料或其他材料对既有建筑外立面进行风格上的变换，得到意想不到的效果，如图6-1所示。

（2）增加立面式。这是对建筑外立面进行局部更改的方式，或在原有某个区域增设新

(a) 宿舍新旧对比　　　　　　　　　　(b) 办公楼新旧对比

图 6-1　东莞楷模家居项目改造前后对比图

的围护结构。该改造方式一般通过新增幕墙达到新旧结合、传统与现代结合的效果，如图 6-2 所示。

（3）整体包裹式。整体包裹式是通过整个建筑进行包裹的一种处理，直接在四个原外立面上包裹一整套外立面，从而实现所需要的立面效果。由于整体建筑采取外包处理，需要考虑内部采光需求即提出相应的解决措施，如图 6-3 所示。

图 6-2　东莞鳒鱼洲某建筑立面现场图　　　图 6-3　东莞楷模家居项目包裹式立面现场图

6.3　外墙围护结构改造

既有建筑外围护结构大多存在着外墙色彩淡化、脱落、破损等问题，对整个建筑园区而言，除了保证改造后的建筑应风格统一且色彩协调，同时为便于施工，相关施工工艺的统一也十分重要，一般而言，其外围护结构主要的修复方式如下：

（1）修复表皮方式

此处以常见的清水砖墙、水刷石外墙、分隔缝、抹灰墙体为例，介绍修复表皮的施工工艺。

1）修复清水砖墙做法，如图 6-4（a）所示。

① 清洁：对于外墙滋生苔藓及污垢的建筑，对其表面用清水进行清理，用软毛刷将建筑表面的青苔和污渍轻轻清除；

② 对于表面被油漆等覆盖的清水砖墙，对其进行打磨至露出砖墙本色；

③ 对砖表面有局部破损、缺失及风化处，用砖粉根据砖的风化程度对其进行局部修补或替换；

④ 待表面干透后涂透明防水涂料三遍。

2）修复水刷石外墙做法，如图 6-4（b）所示。

对于滋生青苔、霉菌的水刷石墙面，用清水冲刷即可；对于破损的水刷石墙面采取以下的改造方式，具体修复步骤为：铲除底层→辊涂防水渗透漆 1 遍→批水泥砂浆→辊涂防水纤维泥 2 遍→固定边框→按比例调制石米水泥胶水混合物批刮→刷涂水泥 1 遍→拍平加固→冲水刷涂水泥 2 遍→养护一天后拆除固定边框→养护 5~7 天后分封线条上玻璃胶。

(a) 清水砖墙

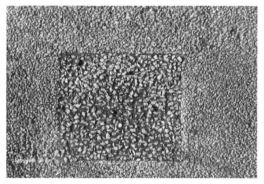

(b) 水刷石外墙

(c) 抹灰墙体

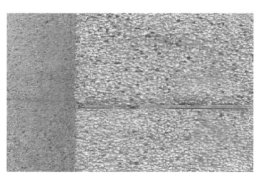

(d) 分格缝

图 6-4　各墙体示意图

3）修复抹灰墙体做法，如图 6-4（c）所示，通常做法是清除原有抹灰层后再重新抹灰，具体处理方式如下：

① 清除原有淡黄色石灰抹灰层，对其表面清扫干净，露出原有红砖墙体；
② 细沙水泥浆掺 108 胶甩毛后满挂镀锌钢丝网；
③ 刷素水泥浆一遍（内掺重 3%～5% 白乳漆）；
④ 20mm 厚 WP M20（加 5% 防水粉，内掺维尼龙聚合物为水泥用量的 8%），分两次抹灰；
⑤ 刮外墙腻子两道，打磨平整；
⑥ 外墙涂料（一底两面）。

4）增加分隔缝做法，如图 6-4（d）所示。

由于外墙普遍面积较大，为防止因材料干缩和温度变化而引起面层开裂，需将抹灰面层做分格处理。即在外墙面层抹灰前，先按设计要求弹线分格，用素水泥浆将浸过水的小木条临时固定在分格线上，待面层抹灰完成时再取出，形成所需要的凹线。

(2) 更换表皮方式

此处以玻璃幕墙和拉丝铝网为例，介绍更换表皮的施工工艺。

1）玻璃幕墙和落地窗

在原有承重结构体系不变的基础上，对外围护结构进行完全更换，此种改造方式适用于外围护结构与建筑承重结构相互独立的情况，对原有建筑改动较大，工期较长。例如工业建筑的结构类型大部分是钢筋混凝土框架结构，这为外立面替换式改造提供了可能性。为了增加建筑的采光量，可将窗户面积加大，将外立面填充墙均拆除后，改为落地窗或玻璃幕墙，如图 6-5 所示。

(a) 鲻鱼洲项目增加玻璃幕墙效果图

(b) 鲻鱼洲项目增加落地窗效果图

图 6-5 立面替换式改造

2）拉丝铝网

将既有建筑采用新的表皮系统完全包裹起来，新的表皮系统被附加于原来的表皮系统之上，且其位于原来表皮的外部，与原建筑外墙有一定的间隔，这种外置表皮强调的是附加性。

对于一般的外置表皮来说，应用的表皮系统主要是轻表皮性质的，例如铝扣板、铝拉丝网等。由于外挂装饰板可以便捷安装和拆卸，重量较轻，不会对原有建筑结构和墙体带来损坏。此种方式既能保护原有的建筑立面，又能使园区的整体风貌得以统一，并在一定程度上使其视觉效果突破原建筑表皮的限制，呈现出更有层次感和现代感的效果。

在原有的建筑墙面外侧，先焊接幕墙龙骨，再在龙骨上外挂金色拉丝钢网，使建筑立面达到统一的效果。此处所用的拉丝铝网能起到更换表皮的作用，由于其表面孔洞较多，与玻璃幕墙或挡板相比更有利于建筑的通风散热和采光，因此可以在工业园区办公楼改造中被广泛应用，如图 6-6、图 6-7 所示。

图 6-6　采用拉丝铝网作为改造建筑的更换表皮方式

图 6-7　拉丝铝网细部

墙体在建筑中的作用举足轻重，改造中首先必须满足强度和稳定性的要求，此外还要满足保温、隔热、隔声、防火以及防潮等方面的要求。建筑外围护结构的能耗损失约占整个建筑物传热耗能的三分之一以上，既有建筑受当时建筑技术及保留原建筑设计风格和使用功能的制约，能源浪费现象特别严重，必须采取有效的节能改造技术措施，改善外围护结构的热工性能，达到节能降耗的要求。不同气候的区域对外围护结构的要求不同，如广东省属于我国的夏热冬暖地区，外围护性能的改造主要考虑隔热与遮光。

6.4 屋面围护结构改造

屋顶围护结构是位于建筑顶层的围护结构，其功能主要是防水、隔热，对室内的节能影响较大，一般而言，既有建筑的屋面围护结构损坏主要表现为防水隔热材料性能的降低、破损、脱落或者是楼板的裂缝过大，后续演化为屋面渗水、钢筋锈蚀、屋面温度过高等现象。相关修复措施具体如下：

(1) 防水隔热材料的更换（以岭南地区某做法为例）

防水隔热材料的更换一般有以下两种方式：

1) 保温隔热板防水屋面-Ⅰ级防水

① 原屋面拆除至钢筋混凝土屋面板，凿毛，表面清扫干净。

② 刷专用界面剂两遍。

③ 随建筑分水线用C20细石混凝土找坡，最薄处25mm，原浆收光。

④ 2.0厚非固化焦油防水涂料。

⑤ 1.5厚PCM反应粘结型高分子复合防水卷材。

⑥ 50厚挤塑型聚苯乙烯保温隔热板。

⑦ 满铺0.4厚聚乙烯薄膜隔离层。

⑧ 40mm厚C20补偿收缩混凝土保护层随捣随平，表面压光，内配$\phi 4 \times 150 \times 150$双向钢筋网片，设间距≤3000的分格缝，缝宽10mm，缝内填聚氨酯密封胶，钢筋网在分格缝处需断开。

2) 防水屋面-Ⅰ级防水

① 现浇钢筋混凝土屋面板，表面清扫干净。

② 随建筑分水线C20细石混凝土找坡，最薄处25mm，原浆收光。

③ 2.0厚非固化焦油防水涂料。

④ 1.5厚PCM反应粘结型高分子复合防水卷材。

⑤ 满铺0.4厚聚乙烯薄膜隔离层。

⑥ 40mm厚C20补偿收缩混凝土保护层随捣随平，表面压光，内配$\phi 4 \times 150 \times 150$双向钢筋网片，设间距≤3000的分格缝，缝宽10mm，缝内填聚氨酯密封胶，钢筋网在分格缝处需断开。

(2) 裂缝的处理

裂缝的处理一般根据裂缝的宽度大小进行处理，当裂缝小于0.3mm时，采用裂缝封闭处理工艺。当裂缝大于0.3mm时，则采用压力化学灌浆处理工艺。

(3) 钢筋锈蚀的处理

一般既有建筑物建成时间较长，且长期缺乏管理和维护，导致部分屋面结构的钢筋出现锈蚀（图6-8）。根据钢筋的锈蚀情况，分别采用以下两种方式进行修复。

1) 钢筋直径损伤小于10%的楼板

① 应先剔除疏散的混凝土，直至露出钢筋为止。

② 清洗混凝土界面，用除锈机或钢丝刷对锈蚀钢筋进行全面除锈。

③ 采用中德新亚外涂型H-502钢筋阻锈剂（渗透型）钢筋阻锈剂刷一遍，再采用掺

图 6-8 楼板钢筋锈蚀图片

加一定比例西卡钢筋混凝土阻锈剂以及 HPMW 系列高性能复合高强度防腐砂浆修复，压抹每层 5~10mm，修复板截面且总厚度不低于 25mm。

④ 最后按二次改造设计要求修复装饰面层。

2) 钢筋直径损伤≥10% 的楼板

① 松散的混凝土全部凿除，直到露出钢筋为止。

② 清洗混凝土界面，采用中德新亚外涂型 H-502 钢筋阻锈剂（渗透型）钢筋阻锈剂刷一遍。

③ 对严重锈蚀的钢筋进行替换，新增钢筋与原钢筋焊接 12d，在锈蚀严重的钢筋的部位绑扎细钢筋网并固定，再掺加一定比例西卡钢筋混凝土阻锈剂以及 HPMW 系列高性能复合高强度防腐砂浆修复，压抹每层 5~10mm 左右，修复板截面且总厚度不低于 25mm。

④ 最后按二次改造设计要求修复装饰面层。

3) 钢构件严重锈蚀

一些既有建筑采用天然地基基础、砌体结构（部分钢屋盖）进行建造，因存在地基不均匀沉降，引起墙体开裂。屋面为简易铁皮屋盖，自身结构体系不合理，构件与节点薄弱，且钢构件锈蚀严重，如图 6-9 所示。按原用途（不上人屋面 0.7kN/m²）和现状前提荷载进行结构计算，个别构件的稳定性不满足国家规范的安全要求，所以，一般建议将锈蚀的钢屋盖部分拆除。

图 6-9 钢构件严重锈蚀示意图

6.5 门窗和幕墙改造

既有建筑门窗材质一般为木或铁门窗，木材大都存在褪色、风化等现象，铁大都存在锈蚀、褪色等现象。除了材料本身的损坏外，一般原既有工业建筑，特别是仓库、厂房车间这类建筑的窗墙比通常比较小，在功能转换之后，可能不满足现行规范对于建筑窗墙比要求。

对于既有建筑的门窗，设计过程中结合原有门窗布局重新进行优化设计，需考虑采取统一的形式，尽可能减弱其突兀效果或者突出其标志作用，使其自然融入整体设计效果中。一般而言，门窗主要以修复为主，其修复工艺如下：

（1）旧窗处理方式：

1）对已破损的玻璃进行拆除，完整的玻璃清洗干净，保留的窗框除锈，人工进行打磨；

2）涂防锈漆两遍；

3）保留原窗框的窗玻璃如需拆除的，拆除后统一更换。

（2）外窗洞口拆除说明：

1）当拆除临近窗边三皮砖时，需改用人工拆除，采用小锤轻敲方式，尽量减少对临近墙的扰动；

2）拆除洞口尺寸比窗框多半皮砖；

3）收边砖墙砌筑采用MU10水泥砂浆，再采用与现状砂浆颜色近似勾缝剂勾缝收口；

4）当相邻窗较近时，应跳开作业，尽量减少对现有窗间墙的扰动，同时应对窗间墙进行支撑；若窗间墙垛太小，无法保证围护安全时，可将窗间墙垛拆除，然后使用现场拆除完整砖墙用MU10水泥砂浆重新砌筑，并采用与现状砂浆颜色近似勾缝剂勾缝收口，如图6-10所示。

(a) 外窗洞口拆除后收口

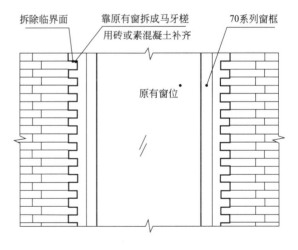
(b) 窗洞口拆除砖砌块做法

图6-10 外窗处理图

（3）旧门处理方式

对铁门进行除锈后重新上漆，对木门进行打磨后重新上油，对缺失的门窗构件进行复原，对缺失的门窗参照原有样式重做。

本章参考文献

[1] 黄庆南. 建筑外立面整治方法与技术分析 [J]. 住宅与房地产；2020（24）：116-117.
[2] 吴斌. 旧建筑改造中的一体化设计策略——中国大百科出版社办公楼改造 [J]. 建筑技艺；2020；26（12）：100-101.
[3] 丁丽泽. 玻璃幕墙在旧建筑外立面改造中的应用研究 [J]. 住宅与房地产；2020（04）：97+121.
[4] 张瑞. 城市改造中的建筑外立面有机更新探析 [J]. 城市建筑；2019；16（24）：76-77.

第7章 既有建筑绿色改造应用研究

7.1 既有建筑绿色改造的必要性

由于20世纪我国城市化进程加快，新建筑不断涌现；这些建筑经过数十年岁月的风霜，如今在城市中以既有老旧残损建筑形式呈现。城市在追求高速建设发展的同时，也产生了一些弊端；如部分建筑在运营过程中，存在能耗高、舒适度差等问题，对于该类既有建筑，利用绿色节能技术对其进行升级改造，不但能改善建筑整体人居使用环境，同时达到节约能源的效果；既有建筑的绿色改造具有重要的现实意义，既有建筑绿色改造将人、建筑与自然相互融合，秉承健康可持续发展的理念；绿色改造指在建筑改造过程中，做到最大限度地节约土地、材料、能源的情况下，改善周边的生态环境，降低建筑能耗，同时减少对周边环境的影响与污染。

自20世纪80年代开始，我国陆续开展既有建筑绿色改造工程，并根据既有建筑的绿色改造成果不断总结经验。现阶段我国既有建筑绿色改造的主要方向如表7-1所示。

国内既有建筑主要绿色改造系统、内容及途径　　　　表7-1

主要改造系统	主要改造内容	主要改造途径
围护结构系统	墙体	增设保温层、种植绿色植物
	门窗	更换门窗材料，填补窗洞
	屋面	设置种植屋面，太阳能板
	过渡空间	增加廊道遮阳，封闭廊道等
	遮阳	增加，更换遮阳构件
空调系统	设备改造	更换空调设备，升级空调管理系统
供电、照明系统	变压器、供电线路	增设变压器，进行无功补偿
	人工照明设备	半导体光源节能改造、智能控制系统
供排水系统	水资源回收	雨水回收利用，采用节水型器具
能源系统	能源供给系统	使用可再生能源：太阳能、风能等
废物回收	循环利用	废弃建材利用、土方利用，生物能发电等

既有建筑改造前应对改造主体进行节能诊断，了解围护结构的热工性能、空调系统、能耗运行控制情况及室内热环境状况等。通过设计验算和全年能耗分析，对拟改造建筑的能耗状况以及节能潜力作出评价并出具相关报告，以此作为绿色改造的依据。

7.2 建筑外围护绿色改造

7.2.1 墙体绿色改造

以广东为例,广东省属于亚热带季风气候地区,在建筑气候分区中属于夏热冬暖地区,对于外围护墙的绿色改造,重点为隔热,其次是保温,主要为减少热量吸收及加强隔热性能,对于墙体的绿色改造,需要结合二者方可保证墙体对建筑的节能效果。

(1) 减少热量吸收

减少热量吸收方法一般是通过增加外部遮阳措施,减少阳光对墙体的直接照射,根据建筑立面方案结合墙体遮阳,并通过新增围护墙以及绿色种植墙面,减少太阳热辐射。

1) 绿色植物墙

对于外墙的绿化植物种植,可采用乔木、灌木和草地相结合的方式,增加绿化率。如图 7-1 所示,植物可视为建筑物第二立面,并可通过反射、吸收部分太阳光,使墙体减少太阳辐射,降低室内环境温度。

图 7-1 增设绿色植物围护构件(深圳 F518 创意园)

对于满足改造条件的建筑,可采取外挂绿色植被的方式,如图 7-2 所示,实现绿色覆盖外墙的效果,结合适度的喷淋,在日常绿色植物养护同时,通过蒸发作用,降低外围护构件的温度,这种改造措施对保持水土和净化空气具有重要作用,同时有助于改善城市微气候,实现美观、低碳节能的效果。

2) 外围幕墙及遮阳构件

通过增设外围幕墙及遮阳构件,亦称作"双层表皮",建筑表皮作为影响室内热舒适度和建筑能耗的关键部位与重要因素,可以看作是室内小环境和室外气候的缓冲结构,增

图 7-2 外墙植被效果图

设外围幕墙与遮阳构件将大部分热量阻挡在外墙，这是一种有效并直接降低吸收热量的方式，如图 7-3 所示。

(a) 某多层建筑增设围护幕墙构件　　　　　　(b) 某低层建筑增设围护幕墙构件

图 7-3　东莞市鰶鱼洲文化创意园建筑增设围幕构件

如图 7-4 所示，东莞市鰶鱼洲文化创意园建筑改造中，通过在外立面新增穿孔铝网的方式，采用两个不同角度堆叠铝板网的手法，降低太阳辐射，在防止眩光的同时，降低室

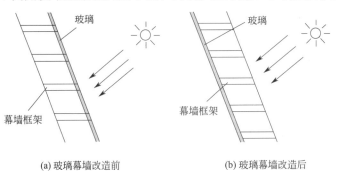

(a) 玻璃幕墙改造前　　　　　　(b) 玻璃幕墙改造后

图 7-4　玻璃幕墙改造前后示意图

内温度。建筑使用者在春秋两个季节可以打开窗户，使建筑内部空间通过对流通风散热，降低建筑总能耗。

(2) 加强隔热保温性能

既有建筑外墙隔热性能的升级改造可按照保温材料放置位置的不同，分为两种做法：外墙外隔热、外墙内隔热。

1) 外墙外保温改造

外墙外保温系统是把隔热材料设置在主体墙外部的做法，在外增设保温层做法施工速度较快，不受内部建筑影响，节能效果较好。室内温度比较稳定，不易产生热桥现象，节能效果好，室内装修也不会破坏保温层；同时也能保护原有外墙结构，延长建筑使用寿命。其缺点是对隔热保温层材料的耐久性要求较高，成本也会相应增加。

2) 外墙内保温改造

外墙内保温系统是把隔热材料设置在主体墙内部的做法，内保温做法施工速度较慢，且占用建筑内部使用空间，但施工环境安全、成本造价较低、隔热保温材料可使用的寿命较长。其缺点是室内施工较为困难，内部空间使用受影响，且容易产生热桥现象，损坏建筑围护内部装饰构件。

通过比较内外保温层设置的特点得出，建筑内保温主要适用于室内一般工作生活，技术性能要求相对宽松，成本预算低的工程，且一般安装于需要间歇性采暖的房间。由于早期缺失相应的规范要求，大部分建筑外墙保温性能已不满足当代生产生活需求，且考虑到建筑仍处于使用状态，采取外墙外保温改造，是既有建筑增设保温相对合理的改造方式。

7.2.2 门窗绿色改造

门窗是围护结构中隔热保温性能最低的构件，为保证建筑的相关节能要求，一般会对门窗的面积进行限制，或提高门窗材料的隔热性的标准。增强门窗的隔热性能，对影响建筑的节能效果十分明显。

(1) 窗户绿色改造

对于窗户的节能，需要从以下几方面考虑：1) 控制窗与墙的面积比值，根据不同的气候确定适宜的窗墙面积比，且比例应符合相关规范；2) 减少各构件的缝隙并提高窗户的气密性，以此减少室内外的热交换；3) 使用传热系数较低的材料，采用合适的材料（如窗框采用导热系数小的断桥铝等材料，在封堵缝隙上采用密闭胶等材料）；4) 窗体材料可适当增加厚度或采用多层玻璃，多层玻璃间可冲氩气、空气、抽中空等；5) 在窗户表面适当增加遮阳设施，如百叶窗，遮阳帘等，或在玻璃内表面涂上涂层（Low-E玻璃），减少室内的眩光，在尽可能保证采光的同时减少室内接收的太阳热辐射。

(2) 门绿色改造

门节能与窗节能的原理类似，主要考虑气密性及隔热材料：1) 提高门的气密性，降低与外界的热交换；2) 针对门不同的使用场景采取不同的材料，对门的传热系数提出限制要求，采取适合的材料；3) 门中可放入隔热保温材料，如蜂窝状的门芯结构，有效进行隔热保温。

7.2.3 屋面绿色改造

在一般既有建筑中,除外墙以外,屋顶在建筑的外围护构件中吸收太阳辐射最多,建筑屋顶吸收过多的太阳热辐射,导致建筑顶层室内外温差大,室内温度过高,空调的过量使用提高了机电设备的运行能耗,造成用电量急剧上升。另一方面,由于屋面的隔热材料存在一定寿命(一般为 10 年至 25 年),且大部分既有建筑屋顶缺乏运维管理,屋面保护层出现问题时不能得到及时处理,造成屋面隔热防水材料性能下降或损坏。目前,既有建筑屋面节能更新改造一般采用以下三种方式:重设保温层、增设其他保温隔热层、增设架空层。

(1) 重设保温层:将保温隔热层设置在建筑屋面外侧是设置保温措施的常用形式,一般适用于既有建筑更新改造中原有建筑防水层未被破坏的情况,在防水层上重新设置保温隔热层,该方法工序简单且改造后隔热保温屋面使用寿命延长。

(2) 增设其他保温隔热层:如覆土植物保温隔热、蓄水保温隔热等。一般既有建筑为平屋顶建筑,对于有条件的建筑,可在屋顶增设绿植。

覆土绿色植物屋面,如图 7-5 所示,在土体的加入,绿色植物的蒸腾作用以及喷淋的有利影响下,相对于一般既有建筑屋面,其传热系数更低,有利于提高建筑的节能水平,也满足建筑物的绿色景观要求。同时,绿色植物还具有吸收有毒有害气体、杀菌、净化空气等作用。

图 7-5 绿色覆土建筑图(东莞市楷模家居改造项目)

蓄水屋面适用于亚热带地区。在相同的条件下,蓄水屋面比普通屋面能使屋顶内表面的温度输出和热流响应要降低得更多,且受室外扰动的干扰较小,故蓄水屋面具有很好的隔热和节能效果。但蓄水屋面对屋面的防水要求较高,与覆土绿色建筑类似,需要对既有建筑的屋面进行加固处理,使用蓄水屋面时需注意是否超过屋面承载力及避免发生渗水现象。

(3) 增设架空层,即在平屋面上加设坡屋面。通过利用架空层直接阻挡阳光直射屋面,避免热量直接传递至屋面,利用架空层与屋面之间的空气将热量带走,能有效地降低屋面温度;将架空层进行放坡处理后,可加大风的流动速度,增加散热的能力及排水能力。还可以结合现有政策鼓励既有建筑增设架空层，如东莞市鼓励新增架空层与太阳能光伏板结合，新增的面积进行报批即可使用。

7.2.4 过渡空间改造

过渡空间在建筑中通常表现为独立式过渡空间，屋顶过渡空间，中部过渡空间以及底部过渡空间，除了在建筑中承担社交，休闲，娱乐，观景，交通，缓冲等功能外，往往在建筑的被动设计中也发挥重要作用。对于过渡空间而言，其在建筑物绿色改造中表现为提高其保温隔热性能来加强被动式节能效果，具体体现在加强建筑自然通风以及遮阳两个方面。

屋面对建筑能耗会产生一定的影响。对屋面保温层进行改造，以及增设其他隔热保温层的设施能有效解决部分屋面过热导致建筑顶层能耗过高以及热舒适性差的问题。此外，在既有建筑屋顶增设过渡空间，对建筑节能减耗同样能起到类似甚至更优的效果。一般而言，屋顶过渡空间可分为独立式过渡空间与连体式过渡空间。

独立式过渡空间，指独立于屋顶建设的过渡空间，一般具有独立的结构或造型风格，增设屋顶独立过渡空间，一般不受室内平面的限制，并结合建筑室内外与周边环境设计。过渡空间本身可看作四面通透的空气夹层，通过自然风带走屋顶的热量，提升室内热环境舒适性。

连体式过渡空间，是指建筑顶部室内空间的延伸，一般此类过渡空间与建筑主体结构上互相连接，建筑功能方面联系也更加紧密；作为室内外空间的连接与过渡，一体式屋顶过渡空间改造的限制更多，一般对空间敞开面作遮阳处理。

在针对既有建筑做屋顶过渡空间绿色改造时，应首先对建筑本身已有过渡空间构件，如屋顶的遮阳棚，遮阳构件或构筑物等进行结构鉴定与加固；在条件允许的情况下，可对既有建筑屋面进行改造升级，增设屋顶过渡空间。

中部过渡空间可分为位于建筑物中间层的架空空间与建筑外廊式空间。中部架空空间，是利用建筑形体的凹凸等变化形成的建筑自遮阳的形式系统，外阳台作为既有住宅建筑的重要组成部分，在建筑绿色节能改造中发挥重要作用，遮阳效果十分显著，但对自然通风与散热的处理过于简陋。因此，在针对既有建筑中部架空空间绿色改造时，着重组织自然通风，通过阴影区域的窗户或门来带动室内空气流动，提升室内热舒适性。

建筑多采用外廊式过渡空间，即室外走廊将建筑主要空间包围，为建筑室内外提供气候缓冲，有效减少墙体受太阳光直射以及热辐射，遮阳效果一般与廊道的宽度即出挑深度有关，一般出挑越多，遮阳隔热效果越好，但对光线的阻挡也越大。因此，在既有建筑新增廊道时，应结合建筑功能考虑其出挑深度。平面上外廊式过渡空间处于建筑物的外围，外廊处于建筑物的任意一侧或几侧，廊道本身作为交通空间或阳台使用，在建筑热工环境中，外廊或阳台亦可认为是对室内的缓冲空间，对室内的热环境影响巨大。因此，过渡空间在外围护绿色改造中占据重要组成部分，如图 7-6 所示。

底部架空空间一般开放度自由度高，通常表现为公共建筑的入口空间等，除了在建筑功能空间上表现十分突出以外，在建筑性能方面也影响颇大：架空空间使入口空间形成高风压，带走建筑的热量，在我国岭南地区冷巷的应用原理也与之类似，在既有建筑改造中，一般通过平面的修改以及对底层隔墙的移除来形成架空空间，以此增强建筑底部的通风环境；在架空空间增加绿色植物亦能改善建筑周边环境的微气候等。

(a) 外廊架空空间外部景观　　　　　　(b) 外廊架空空间入口

图 7-6　深圳华侨城创意园外廊架空空间设计

7.2.5　遮阳构件改造

建筑遮阳能避免阳光直射入室内，对调节优化建筑室内光环境和热环境起到一定作用，具体表现形式为防止眩光，以及减少太阳辐射直接进入室内，减少外围护结构受到二次热辐射与降低太阳直射的损害。

在对既有建筑遮阳构件进行绿色改造时，主要从改善室内的物理环境出发，结合实际的气候条件，通过选取不同种类的遮阳板，以及改变遮阳板的大小、角度和遮光率，提高自然采光系数与降低眩光值，以此降低照明能耗。同时，提高自然采光时，要在提高室内光环境舒适度的前提下，尽量减少太阳辐射热对室内的影响。通过调节遮阳设施，满足在夏季采用遮光率高的遮阳设施情况下降低空调冷负荷，在冬季则采用遮光率低的遮阳设施来降低空调热负荷，过渡季节使室内满足开窗自然通风提高热舒适的条件等。

遮阳构件主要作用为给建筑提供隔热层。遮阳构件隔热利用建筑外围护结构的附加物遮挡太阳辐射直接加热外围护结构，减少其表面上升温度，如图 7-7 所示。一般采取的措施是绿化遮阳，采用活动或固定的遮阳设施遮阳等；遮阳隔热还可配合通风散热，利用风压差通过屋顶架空层和门窗洞口的合理设置，带走外围护结构内外表面的热量和室内较热的空气，形成夏季穿堂风。

在广东，大部分既有公共建筑与民用建筑都需使用空调来调节夏季室内的热舒适环境，造成夏天大量的用电能耗，因此，对建筑物的隔热显得尤为重要，遮阳作为隔热的第一道防线，在既有建筑外围护绿色改造时，应优先考虑；对既有建筑外部的遮阳系统进行升级改造，应注意以下几点原则：

（1）高效节能原则

既有建筑遮阳构件改造中，应注意选择合适、环境友好型的材料，减少建材资源的消耗；同时，设计选择合适的遮阳构件形式、材料、建造方式等，避免使用高能耗的材料制造的遮阳产品如铝合金翻版等；并综合考虑遮阳构件的全身生命周期的碳排放，减少建筑热环境的能源消耗。

图 7-7　深圳华侨城创意园外立面遮阳构件

（2）气候适应性原则

气候对遮阳设计的影响尤为突出。微气候设计指南对于针对能源和建筑环境概念非常重要。应注意针对场地的气候条件，通过利用有益的自然元素——太阳、风、土壤和温度、湿度，以及绿化植物的蒸腾与光合作用，创造舒适、节能和智能的环境。正确的设计过程应适应周边环境与自然形成，并利用其潜力创造更好的建筑物理环境。一般来说，在既有建筑绿色改造设计中，应首先利用自然资源与被动设计满足建筑室内环境中人体的舒适性，确实需要暖通设备调节的情况下，再考虑使用高效节能的设施等。在大多数情况下，不同气候带的气候设计会随着全年的主要气候条件而变化，所以最好有可调节的外部遮阳。

（3）立面美观原则

建筑外遮阳原本只是降低建筑能耗、更好实现建筑功能的技术手段，但因为生产力水平的提高，建筑遮阳构件不仅是建筑立面的功能部件，也成为了建筑立面的造型元素。现代建筑中遮阳构件越来越趋向兼具功能性和艺术性。

对于建筑形象来说，形式美首当其冲，而对于其他类型的美，往往需要遵循形式美的规律。形式美的基本原则是客观存在的，在既有建筑改造中，涉及增设或改造应遵循建筑本身形体，在色彩与形式上选择恰当的遮阳构件（图 7-8）。

然而，外遮阳的千篇一律的形式美容易让人产生审美疲劳，外立面作为建筑造型的重要组成部分，遮阳构件作为外立面的主要表达形式，应直接或间接地反映建筑师对历史文化的传承和理解。

保持区域差异取决于技术与当地文化的创造性结合，应利用现代技术将传统材料、民族特色等地方因素融入遮阳设计理念。因此，在既有建筑遮阳构件改造工程中，将区域性文化作为概念，将其融入建筑整体形象中。同时，外遮阳设计应弘扬绿色生态美学理念，为建筑的可持续发展作出贡献。既有建筑外遮阳改造的技术创新是建立在遮阳构件持续改进的基础上的。在改造过程中，外遮阳虽然以"地域性"为"理念"，但并不提倡过多应用传统的工艺和设计方法，而是提倡现代技术与传统、科技与美学等理念的融合与创新。

图 7-8　鳒鱼洲某建筑立面新增遮阳构件

以东莞市民服务中心为例,如图 7-9 所示,新增外遮阳构件采用金属网格状遮阳条,在符合绿色节能技术的同时,迎合了东莞市制造业发展迅猛的特点,结合当地历史文化,用立面肌理展现地方千年"莞编"的文化特色。

图 7-9　东莞市民中心新增遮阳构件

7.3　空调系统的节能改造

空调系统的改造对象主要为居住建筑空调系统及公共建筑空调系统,居住建筑空调的节能改造策略相对简单,主要采用节能型空调,避免浪费,同时倡导节约使用。而对于公共建筑空调系统改造的主要策略为优化中央空调使用,由于中央空调耗电量是空调系统中能耗最大的,在一般在大型公共建筑中,中央空调系统的耗电量占建筑总电耗的 40%~60%,是采用分体空调方式耗电量的 2 倍以上。主要原因是风机水泵能耗过高,导致电耗高。在满足大型公建需求的前提下,研究开发新的空调系统方式,提高空调系统的用电效率,大幅度降低输配系统能耗,是大型公建节能的关键。

其节能改造主要为以下几个方面:

(1) 采用先进且节能的中央空调设备,可采用变频离心式冷水机,通过变频器控制和调整压缩机转速的控制系统,使之始终处于最佳的转速状态,自动进行无级变速,系统可以根据房间情况自动提供所需的冷量。当室内温度达到期望值后,空调主机则以能够准确保持这一温度的恒定速度运转,实现"不停机运转",从而保证环境温度的稳定,达到节能的效果。

(2) 根据功能进行分区,采取中央空调及多联机结合的方式,多联式空调机组具有节约能源、智能化调节和精确控制温度等诸多优点,而且各个室内机能独立调节,能满足不同空间和不同空调负荷的需求,从而节省中央空调的耗电量。

(3) 建立空调能耗监测及控制平台,利用传感器反馈的信息进行自动调节冷水流量,实现室内供冷量的动态调整,保证室内相应的舒适度也能有效地节约能源。

(4) 在夏季和冬季对空调系统使用热回收技术。从新风处理的角度出发,新风采用转轮式热回收机组处理新风,新风通过与排风热交换后经冷却处理后送至室内,在过渡季节中,当室外空气焓值小于室内空气设计状态的焓值时,采用室外新风为室内降温,减少冷机的开启量,节省能耗。

7.4 照明系统的节能改造

既有建筑的照明节能改造,为最大程度实现有效节能,既有建筑宜采取"主动被动相结合"的措施。"主动"即采用发光效率高的照明设备,在满足空间所需亮度的情况下尽可能控制照明区域与时长;"被动"即增加自然采光面积,尽可能多利用自然光照,降低无效照明灯具的使用时间,避免浪费。具体体现在以下几个方面:

(1) 采用高效节能与发光效率高,且使用寿命长的灯具,尽可能避免使用效率较低的热辐射光源与气体放电光源,采用半导体灯等光源,避免采用耗电量较大的电灯类型,实现节能环保。

(2) 采用声控及光控传感器控制电灯的使用时间,有效提高电灯的使用效率,减少无人时照明产生的资源浪费。

(3) 室内选用反光率较高的墙体颜色,实现灯具在较低的功率下达到使用照度要求,可以提高灯具光照效率,达到节能目的。

(4) 增加室内空间的自然采光,选择窗户玻璃时,选用透光系数高的材料,提高室内的采光系数的同时应尽量避免造成眩光。

7.5 建筑能源管理系统平台改造

目前,我国的建筑能源管理系统平台大多应用在公共建筑中,据统计,大型公共建筑是建筑能耗的高密度区域:大型公共建筑面积仅占全部建筑面积的8.3%,但能耗却占城市建筑总能耗的22%以上。因此,对公共建筑能源管理系统平台进行优化升级,能有效节约建筑能耗,为既有建筑节能减排作出有力贡献。

公共建筑的能源管理系统平台一般分为设备管理、能效管理，以及经济性管理三个方面描述公共建筑能源的管理系统，如图7-10所示。

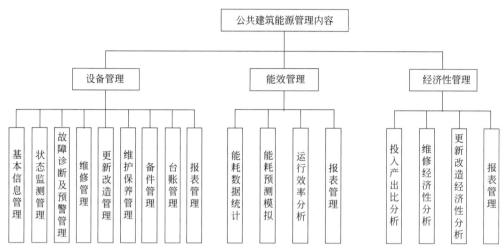

图7-10 公共建筑能源管理内容

（1）能源设备管理改造：作为能源消耗和输出的主体，能源设备的管理是公共建筑能源管理的重要组成部分。对能源设备进行科学有效的管理，不仅可以提高设备运行的稳定性、安全性和可靠性，还可以从设备运行中总结出提高能源效率的有效途径，在能源消耗规律中挖掘节能潜力。

（2）能源能效管理改造：公共建筑能效管理包括能源管理和效率管理，即对能源设备的消耗进行设备运行效率的管理。能源设备能效管理包括：能源设备消耗的水、电、天然气等能源的统计和分类汇总；能源设备运行效率分析评价；对下一阶段设备的能耗进行预测和模拟。

（3）能源经济管理改造：公共建筑的能源经济管理主要是评价和分析能源投入和能源产出所带来的成本或收入的经济效益，从而实现对公共建筑的有效能源成本管理。

当前既有建筑能源管理趋于被动静态滞后管理，管理效率不高，既有建筑能源管理应向系统化、信息化、动态化、智能化方向发展。

（1）系统化管理：全面可持续的能源运维管理，能源管理是一项系统化、综合性的工作，仅靠节能技术进步和设备更新是无法最终解决能源供需矛盾的。因此，既有建筑改造需要一种系统的管理方法来促进节能降耗，让用能单位不断降低能源消耗，提高能源利用效率。

（2）信息化管理：能源信息化的管理手段在全球化和信息化的背景下产生，能源设备的高效运行管理需要借助信息化平台对设备进行实时检测和分析运营完善，以确保企业运营的安全性和经济性。管理信息化是以先进的信息技术、电信设备和网络技术装备为支撑和物质前提，进而进行能源管理过程的重组和再造工作，能源管理和先进的信息技术可以充分、有机地结合为一体。

（3）动态管理、快速反馈：通过动态管理平台实时控制，管理者可以随时获取实时数据的能源状况，从而进行相应的能源管理，动态管理使得滞后能源管理不再只是趋于被动，而是对能源的实时控制和管理。

（4）智能管理、分析模拟：传统能源管理工作的能耗数据更侧重于简单的统计，以及能源设备的日常维护，即使有很多公共建筑配备了楼宇自控系统，但也只停留在纯粹的统计测量功能上，而不是控制和管理上。智能管理流程具有数据处理和分析功能，通过使用智能能源管理系统，可以实现对能耗数据的模拟预测，以及设备运行的能效分析和评价等，同时可为管理人员在提高设备运行效率和能源效率方面提供直观、可靠的数据支持。

7.6 废弃材料的绿色改造

在既有建筑改造过程中，可对施工现场产生的废弃材料进行回收利用。由于建筑废弃材料具有很高的回收利用性，简单处理后可回收使用，本书以废弃瓦片及废弃土的利用作为案例进行介绍。

7.6.1 废弃建材在老旧建筑加建幕墙中的资源化利用研究

（1）技术背景

随着科技文化的发展、经济的进步，人们对建筑物美学要求也不断提高，具有独特造型和文化底蕴的建筑物在城市建筑群体中越来越多的出现。一些需体现浓郁文化气息的特殊建筑物（如艺术展览馆、文创园区等）往往结合地方特色与时代记忆进行修建或改造。国内某著名建筑师曾提出在建筑物表面覆盖陈旧且大小不一的瓦片或砖块形成大面积仿古瓦片砖墙的设想，即对建筑的外饰面通过"砖瓦墙"的仿造，实现所述效果。砖瓦墙是民间以就地取材的各种旧砖、旧瓦等废旧建筑材料为主材，草筋黄泥或黄泥加白石灰为粘结辅料，采用层层叠砌的工艺砌筑而成的一种墙体。这种以砖瓦砌筑的墙体不仅坚固、美观而且经济、环保、节能。

但由于大面积仿古瓦片砖墙很难解决自承重的问题而难以实施。因为墙体的面积越大，高度越高，墙体单位长度的横截面面积要求越大，而由大小不一的瓦片或砖块叠加而成的大面积仿古瓦片砖墙显然不符合其自承重的要求。从建筑结构体系的探索而言，砖瓦墙的施工存在一定的困难，"砖瓦墙"如何与现代混凝土施工体系结合，且需满足大部分公共建筑连续大面积高度的要求成为了关键。

（2）施工工艺流程（图 7-11）

（3）施工工艺及操作要点

1）结构实测及施工图深化

实测采取经纬仪投测与垂直、水平挂线相结合的方法，挂线采用细钢丝；测量结果及时记录并绘制实测成果，设计方根据测量结果进行二次图纸设计。

2）锚固件安装

骨架锚固件应尽量采用预埋件，在无预埋件的情况下采用后置埋件，锚栓要现场进行拉拔试验，满足强度要求后才能使用。施工时按照设计要求在已测放竖框中心线上准确标出预埋板位置，后打孔将预埋件固定，并将竖框中心线引至预埋件上，然后计算出连接件的位置，在预埋板上划线标记，同一竖框同侧连接件位置要拉通线检测，不能有偏差。连接件位置确定后，将角码按此位置焊到预埋板上，焊缝宽度和长度要符合设计要求，焊完后焊口要重新做防锈处理。

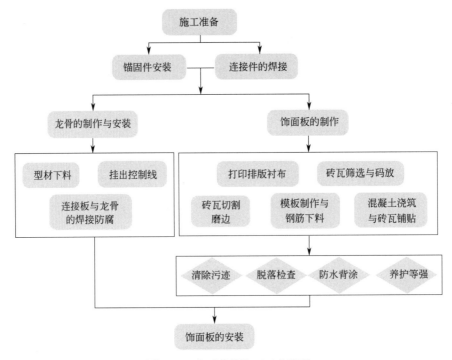

图 7-11 砖瓦幕墙施工工艺流程

3）连接件焊接

假柱、挑檐等部位由于结构填充空心砌块围护墙或石材面距结构面的空隙过大，为满足建筑设计的外立面效果，需在既有建筑结构外侧附加型钢龙骨。型钢龙骨通过连接件与结构预埋件焊接，焊缝要求及检验、防腐做法同上。连接件采用矩形钢管与结构预埋板四面围焊。连接件的固定位置按连接件弹线位置确定，采取水平跟线、中心对线、先点焊、确定无误后再施焊的方法。

4）龙骨制作与安装

根据施工图及现场实际情况确定的骨架尺寸，在加工场地内下料，并运至现场进行安装。主体结构与幕墙连接的各种预埋件，其数量、规格、位置和防腐处理必须符合设计要求。金属框架与主体结构预埋件的连接、立柱与横梁的连接及幕墙面板的安装必须符合设计要求，安装必须牢固，如图 7-12 所示。保证预埋件与连接板及龙骨的焊接质量对外饰面的牢固与耐久尤为重要。

5）砖瓦幕墙饰面板的制作

① 砖瓦筛选与码放

将用于拼接饰面板的拆迁废弃砖瓦运至工地，选出有瑕疵的淘汰，尺寸大小不合格的进行打磨切割，并按编号分类，检查尺寸是否准确和有无破损、缺棱、掉角，按施工要求分层次将石材饰面板运至施工面附近，并注意码放整齐，筛选出砖瓦泡水浸透待用。

② 砖瓦切割与磨边

按照设计图纸要求在施工现场进行切割，由于砖瓦块体规格不大，可采用切割机切割，注意保持板块边角的挺直和规矩。块体切割后，为使其边角光滑，可采用手提式磨光机进行打磨。其中砖块体考虑粘结作用，需设计为齿口，以满足混凝土与砖块体的机械咬合。

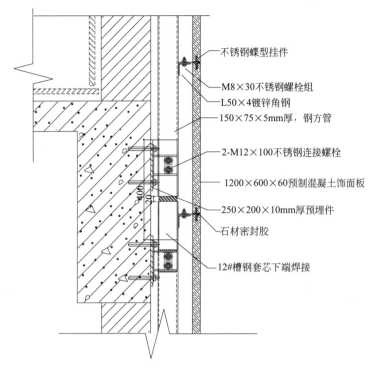

图 7-12 砖瓦幕墙关键节点构造

③ 模板制作与钢筋的下料

根据饰面板设计轮廓对模板进行设计,饰面板的规格为 1190×590×(60+30),考虑板块制作数量较多周转次数较大,且需考虑外露的预埋不锈钢 T 形挂件,宜采用带预留口的钢制模板成型。饰面板的 T 型挂件置于模板预留口处且外露一端放至于地面,钢筋采用 $\phi 8@200$ 布置。

④ 打印排版衬布

根据建筑立面图先建立外立面图形,在建立的立面图中根据建筑师的要求添加相应的瓦、砖等材料,形成初步效果图,如图 7-13 所示。结合实际施工进行交底,对整个施工过程中进行动态控制。为了表现出墙体的建筑风格,需要看到墙体材料的原始面貌,砖缝不超过 5~7mm,瓦缝不超过 3~5mm,在砖瓦上抹砂浆时,应在砖瓦的外侧留 10~15mm 不抹砂浆,完成后墙体的外观看不出明显的砂浆留痕。

⑤ 混凝土的浇筑与砖瓦铺贴

在地面上铺设彩色效果衬布,根据衬布的铺贴形式确定排版方式,用胶粘牢临时固定成(600×600)的挂板,如图 7-14、图 7-15 所示。将挂板铺贴于已固定牢靠的 T 形挂件上,即可浇筑混凝土饰面板,不能出现空隙悬空和倾斜偏移的情况。浇筑 1h 后,应及时将留在砖面的水泥或其他粘污物抹擦干净,彻底清除砖面污渍;铺贴 12h 后,迎敲击砖瓦饰面进行检查,若发现脱落应对该砖瓦进行胶粘牢固,如果混凝土外墙表面有局部凸出处会影响扣件安装时,须进行凿平修整;铺贴 24h 后,可在板材背面涂刷一层聚丙烯酸防水涂料,以增强外饰面的防水性能;待强度达到 50%~70%后(一般为浇筑 3 天后),可进入饰面板安装阶段。

图 7-13 打印排版衬布效果图

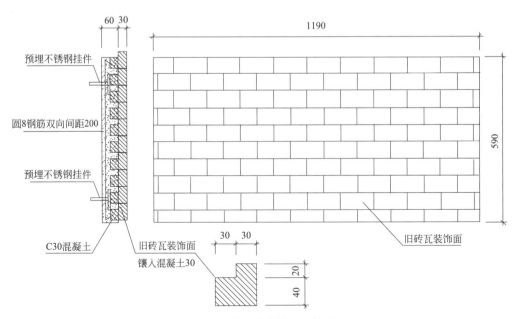

图 7-14 砖瓦幕墙饰面板构造

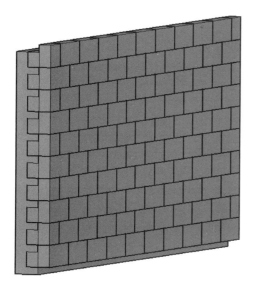 

(a) 单块砖饰面板示意　　　　　　　　　(b) 单块瓦饰面板示意

图 7-15　砖瓦幕墙单块饰面板示意图

⑥ 饰面板的安装及接缝防水

饰面板的垂直运输和安装宜使用小型吊机，饰面板的水平运输则通过地面平板车或施工脚手架上人工运输。饰面板的安装利用不锈钢螺栓对 T 形挂件与龙骨进行连接，挂件位置通过挂件螺栓孔的自由度调整，板面垂直无误后，再拧紧螺栓，螺栓拧紧度以不锈钢弹簧垫完全压平为准，隐检合格后方可进行下道工序。安装板块的顺序是自下而上进行托挂，在墙面最下一排饰面板安装位置的上下口拉两条水平控制线，板从中间或墙面阳角开始就位安装。先安装好第一块作为基准，其平整度以事先安装完毕的龙骨为依据，用线坠吊直，经校准后加以固定。一排板材安装完毕，再进行上一排扣件固定和安装，板材安装要求四角平整、纵横对缝，如图 7-16 所示。

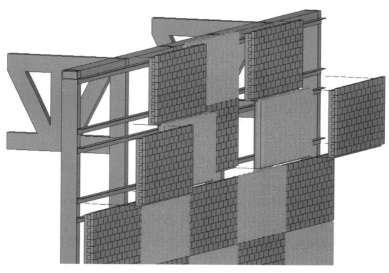

图 7-16　砖瓦幕墙饰面板的安装示意

砖瓦板材饰面接缝处的防水处理首先用特制板刷清理板缝，将缝内滞存物、污染物、粉末清除干净，再涂刷丙酮水两遍。后采用密封硅胶（高分子聚合物）嵌缝，嵌缝之前先在缝隙内嵌入柔性条状泡沫聚乙烯材料作为衬底，以控制接缝的密封深度和加强密封胶的粘结力。胶枪嵌缝分段一次完成，速度应保证嵌缝无气泡、不断胶。

7.6.2 基坑弃土与新建建筑一体化的景观营造技术

（1）技术原理

基坑弃土与新建建筑一体化的景观营造技术，通过将基坑弃土的处置和新建建筑的园林景观的营造有机地进行结合，不仅对临近基坑的弃土进行全盘的处置，同时可对新建筑的园林景观进行自然化的塑造，通过合理安排新建筑物、基坑开挖、弃土景观营造的施工计划，设置合理的施工顺序，可有效地避免弃土转运至新建建筑及基坑以外的第三方场地，实现场地的节约。不仅解决了基坑弃土处置难的问题，节约场地，而且营造了舒适自然的工作生活环境，使新建建筑真正地融入自然化的环境，并使建筑的使用者有较好的美观享受。

（2）技术流程（图7-17）

（3）实施步骤及操作要点

根据临近基坑的挖方量、新建建筑的建筑体积和形态，以及园林景观的要求，确定基坑弃土与新建建筑一体化的景观营造技术实施步骤如下：

1）临近基坑土方量计算和新建建筑景观营造形态设计、施工组织计划及施工顺序安排。首先根据临近基坑的大小、开挖深度，推算出基坑的挖方量，然后根据新建建筑的形态，结合挖方量，设计出弃土的景观营造方案，以及填埋弃土坡度、形态、排水等内容。根据土方及新建建筑物的体积设计出填土形态如图7-18、图7-19所示，并进

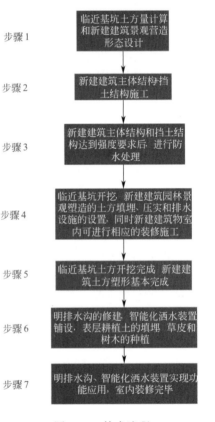

图7-17 技术流程

行挡土墙侧向土压力计算，满足安全性要求。根据新建建筑物主体结构施工、基坑开挖、弃土景观营造工期要求，及施工衔接顺序，对三者的施工组织进行设计、施工顺序安排，总体施工思路是：先进行新建建筑物和挡土墙施工，待其达到强度要求后，进行基坑土方开挖及景观营造施工，其中基坑开挖的土方立即转运至景观营造场地，按规范要求进行分层填筑及压实，如此当基坑开挖完成时，弃土的景观形态营造也基本完成，有效地提高施工效率。

2）新建建筑主体结构+挡土结构施工。根据第一步求得挡土墙结构尺寸进行施工，同时进行新建主体结构施工。主体结构和挡土结构主要由钢筋混凝土组成，施工要求根据相关规范进行操作。

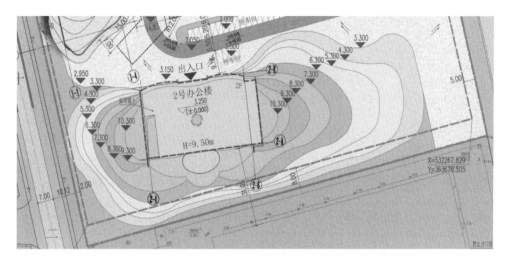

图 7-18 弃土堆填形态图

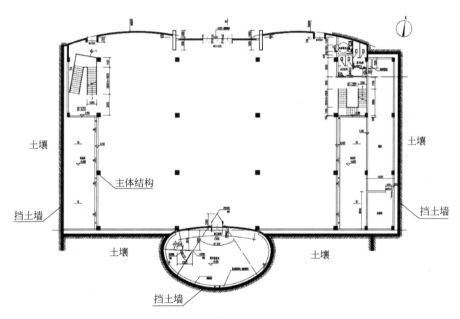

图 7-19 新建建筑平面图

3）新建建筑主体结构和挡土结构达到强度要求后，进行防水处理，防水施工严格按照规范要求进行。

4）基坑开挖阶段（图 7-20），新建建筑园林景观的土方填埋、压实和排水设施施工同时，新建建筑物室内可进行相应的装修施工。基坑开挖初期的可种植植物的耕植土进行装袋储存，开挖过程中将可种植土体与不可种植土体进行分类，并设置可种植土体堆放区域，避免土体混杂导致向外运输可种植土体，实现覆土建筑土体的利用最大化。新建建筑园林景观塑造的土方填埋的原则和流程是：水平向先填筑邻近建筑物区域，由里向外进行填筑，竖直向自下至上进行应分层填筑及压实。

图 7-20 临近基坑开挖施工

5）基坑土方开挖阶段完成，新建建筑土方塑形基本完成。同时利用大块岩石在土方上进行造景，如图 7-21 所示。

图 7-21 新建建筑土方塑形完成图

6）排水明沟的修建，智能化洒水装置铺设，表层耕植土的填埋，草皮和树木的种植。将步骤 4 中装袋耕植土在土方表层进行覆盖，同步可进行明排水沟、智能化洒水装置施工，后续进行草皮和树木的种植，如图 7-22、图 7-23 所示。其中明排水沟采用 U 形塑料管。

7）明排水沟、智能化洒水装置实现功能应用并正常工作，如图 7-24 所示。

通过上述技术步骤、思路与操作形式所示，该工程改造实现了弃土的资源化利用，节省造价，减少了对环境的影响，临近基坑开挖与新建建筑物的园林景观营造施工无缝衔接，大大提高施工效率，缩短施工工期。通过在新建建筑的园林景观营造，增加了建筑的舒适感和美感，提高了场区员工精神生活质量，也较好地践行绿色节约的社会理念。

图 7-22 明排水沟图

图 7-23 草皮和树木种植

图 7-24 智能洒水设施现场作业图

本章参考文献

[1] 黄庆南.建筑外立面整治方法与技术分析[J].住宅与房地产；2020（24）：116-117.
[2] 吴斌.旧建筑改造中的一体化设计策略——中国大百科出版社办公楼改造[J].建筑技艺；2020；26（12）：100-101.
[3] 丁丽泽.玻璃幕墙在旧建筑外立面改造中的应用研究[J].住宅与房地产；2020（04）：97-121.
[4] 张瑞.城市改造中的建筑外立面有机更新探析[J].城市建筑；2019；16（24）：76-77.

第 8 章 既有建筑改造案例

8.1 东莞市民服务中心

8.1.1 工程概况

东莞国际会展中心（现东莞市民服务中心）建成于 2002 年，建筑物为地上 2 层无地下室，高 35.60m，建筑面积约为 4.30 万 m^2，属于大跨度钢结构展览馆。随着东莞社会经济的快速发展，以及会展业向国际化、专业化、规模化的趋势发展，东莞市国际会展中心作为展览建筑已经逐渐不能满足展览业的发展需求。东莞国际会展中心地处市中心，地处东莞大道、鸿福路及地铁 1、2 号线交汇处，毗邻东莞市中心广场及国贸中心、环球经贸中心、康帝酒店等超高层商业建筑，建成以来深受东莞市民喜爱，已成为东莞市民心中的标志性建筑。随着"放管服"改革的发展，东莞需新建集中式行政服务中心，即东莞市民服务中心，如图 8-1 所示。为留住城市记忆，记录城市发展，东莞市政府决定将东莞国际会展中心改造、扩建为东莞市民服务中心。

图 8-1 东莞市民服务中心实景图

东莞市民服务中心具有高大开敞的空间，且建筑结构保持完好，但现有建筑布局、景观园林、节能要求、周边交通布局等不满足政务服务中心用途，需升级改造。该改造项目是集大跨度钢结构扩建、改造与建筑功能提升、创新性大的工程建设项目。工程涉及既有建筑物内新建建筑、屋面及幕墙改造、建筑物内新增基础及下沉广场施工、室外地下停车场及商业配套施工、地铁连接通道和道路扩建及空调设备等，同时考虑高密度、高容积率城市中心区的交通状况，相关施工工艺繁多、施工难度大和参考案例甚少。

8.1.2 改造难点

东莞市民服务中心在改造过程中遇到的难点如下：

（1）大空间公共建筑改造消防特殊设计：由于东莞市民服务中心建筑功能及布局改变，一般的消防设计难以满足消防规范及需求。目前，国内建筑设计规范和防火设计规范对于政务集中办公建筑内部人员密度没有明确规定，且国内并无关于大型公共建筑改扩建项目的消防设计分析案例，设计缺乏相关标准和经验，因此对于消防设计中建筑定性、消防安全性、疏散设计等方面无具体标准可依，情况特殊，需进行特殊项目消防论证。

（2）大跨度钢结构公共建筑幕墙改造借鉴案例少：原建筑的玻璃幕墙经过十七年的使用，不少幕墙玻璃出现损坏情况，外观和节能均不能满足建筑作为升级后东莞市地标性建筑的形象要求，需对原幕墙进行更新改造。国内大型公共建筑和高层建筑的幕墙安装建造，主要是作为该类新建建筑的装饰装修分部工程同步建造，另外，关于改造方面，国内既有建筑功能改造主要以结构加固为主。涉及既有大型钢结构公共建筑的幕墙改造相关技术参考资料甚少，施工过程拆除和安装施工技术难度大。

（3）大跨度钢结构公共建筑屋面改造难度大：东莞市民中心屋面改造采用组合设计，主要采用ETFE气枕膜，因气枕膜方案的改造设计复杂，施工和运维管理要求高，屋面方案在既有建筑改造工程中应用很少，导致一般的既有建筑改造工程较少使用ETFE气枕式膜结构，施工过程拆除原屋面和新屋面安装施工难大。

（4）装配式建筑在大跨度公共建筑室内施工借鉴案例少：国内相关项目少采用装配式钢结构体系为其改扩建的建造体系，因此既有建筑改造采用装配式建筑模式的参考案例甚少，缺乏相关标准化集成化设计方法和经验。

（5）大跨度钢结构建筑信息化管理问题多：东莞市民服务中心改造项目具有工程量大、技术要求高、施工难度大、工期紧张等特点，在室内采用装配式结构施工，构件编号多、数目多、定位难度大，普通的工程管理不满足要求，需要采用新型高效的施工技术及管理模式。

（6）既有建筑物室内外新建基坑连接段穿越基础梁施工难度大：既有大跨度钢结构建筑在室内外新建基坑连接段穿越基础梁的施工案例少，由于东莞市民服务中心的大跨度结构基础梁截面较大且跨度较长，基础梁对下穿连接通道施工较为敏感，需要进行保护加固，但国内尚未形成成熟可靠的支护体系和施工技术方法，亟需新的可靠施工技术。

（7）复杂环境下明挖基坑砌体管井原位保护难度大：地下通道施工过程中一般会考虑交通疏解及管线迁改、管线一般在施工前进行迁移，但当某些难迁移或重要性较高的管道无法迁移时，通道施工会采取将其管道及管井进行悬吊的方式进行保护。东莞市民服务中心在新建地下通道上有砌体管井及相应管道，但周边无法提供管线迁改，需要对其进行悬吊保护。经检索，国内无基坑工程关于雨水污水砌体管井的原位保护案例，多为管道悬吊保护，且管井材料的不同导致悬吊方案也不同，砌体结构为受压不受拉结构，施工难度大，需要新的砌体管井保护施工技术。

（8）主体建筑内外新增空间施工与地铁车站连接接驳施工难度大：东莞市民服务中心室内设置四层钢结构及下沉广场，需在室内新增桩基础及室内基坑，受室内高度及结构影响，施工难度大。室外地下停车场、商业和东莞2号线鸿福路站地铁站连接通道有两条，两条通道基坑所处环境管线密布，多条管线横跨基坑，涉及管线改迁和原位保护较多，基坑通道和新建地下室、地铁车站的连接方式以及原有地铁车站墙板破除方案都需要合理地选择。

（9）高大公共空间改造的节能改造要求高：改造前原有建筑使用定位于展览和会议功能，建筑物使用少且使用时间短，对能耗的要求不高，原有的空调系统、幕墙及屋顶围护能满足原建筑要求。改造后的东莞市民服务中心定位于政务服务、政民互动平台及城市会客厅等功能，对建筑的舒适性及节能要求高，如不对原有建筑的空调系统、幕墙及屋顶围护系统进行改造，其能耗较高，与绿色节能理念不相符。

8.1.3 改造内容

（1）改扩建公共建筑特殊消防分析

1）分析背景

东莞市民服务中心改造后建筑的耐火等级为一级，建筑面积约6.98万 m^2，建筑高度35.6m，主体改造保留原大空间外层钢构架，通过用途为连通功能的"十字"形公共区域将新加建的四层建筑分隔为四个独立的区域，相应区域每层独立划分防火分区，防火划分示意图如图8-2所示。

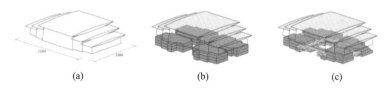

图8-2 东莞市民服务中心消防划分示意图

2）消防安全策略

火灾荷载控制措施：十字公共区仅作为人员通行功能，不再设置其他任何功能；该区域内若设置供人员临时休息的座椅，应采用不燃或难燃材料制作；十字公共区顶部、墙面、地面均应采用不燃材料装修；十字公共区内设置的景观植物应选择不含挥发油脂、水分多、不易燃烧的真实植物，雕塑等景观摆件也需采用不燃材料制作；建筑内消防主干线电缆使用矿物绝缘电缆，其他电气线路可采用低烟无卤阻燃型电缆，并进行漏电保护。

防火分隔设计：两侧防火分区相对面之间的间距不应小于13m；开向十字公共区的围护构件应采用耐火极限不低于1.0h的实体墙和甲级防火门窗。

疏散设计：首层防火分区需借用公共区进行疏散，二层及以上楼层疏散主要利用位于防火分区内部和位于十字公共区的疏散楼梯，疏散宽度和疏散距离应满足以下设计要求：在整层疏散宽度满足规范要求的前提下，防火分区向公共区借用的疏散宽度不超过30%；二层及以上各层公共区任意一点到疏散楼梯的直线距离不超过37.5m；首层公共区任意一点至室外安全区域的直线距离不超过60m。

排烟设计：该区域采用自然排烟方式，排烟窗设在屋顶，排烟窗采用可熔断充气膜；为避免夏日近屋顶处的空气温度很高，出现"热障效应"和"层化现象"限制烟气向上，而干扰充气膜自动熔断的烟感探测装置开启，设置烟感探测装置与火灾自动报警系统联动自动开启的装置，还要设置能人工手动开启的装置。二层及以上各层楼板的开口面积不小于首层地面面积的37%；十字公共区域两端外墙上应设置可开启的门窗，且可开启门窗的面积不应小于该部位外墙面积的50%。

其他消防设施设计：十字公共区内有顶板覆盖的区域应设置自动喷水灭火系统保护，其他中庭洞口应设置大空间自动跟踪定位射流灭火装置保护；加强公共区应急照明照度不低于10lx；公共区应设置视觉连续性疏散指示标志，指示标志间距不应大于3.0m。

(2) 大跨度钢结构公共建筑幕墙改造

改造主要工作内容为拆除原有幕墙玻璃及铝框，利用既有和增设的幕墙骨架，对幕墙外框架立柱和横梁、局部内部立面、雨篷梁、结构边梁和边桁架包裹一层金属板材（氟碳喷涂铝单板），如图8-3、图8-4所示，新增铝单板包裹面积达4.5万 m^2，形成一道外墙遮阳格栅，功能上极大地减少太阳直射带来的热量，并将玻璃幕墙内置，形成复合幕墙体系、降低室内制冷的功率，达到节能效果。外观上保留立面工业质感，密拼的线条被交界处的方孔弱化，视觉上看似精巧编排的整块四方格网，主体幕墙直线条给人感觉舒适性和整体性较强，突出阳光的概念与挺拔的风格，体现工业文明时代的速度和效率，展现东莞市民中心千年莞编的肌理和制造之都的风格。

图8-3 改造后铝单板幕墙夜景

图8-4 改造后铝单板幕墙日景

1) 原玻璃幕墙拆除施工

框支撑玻璃幕墙进行无损拆除工艺流程，如图8-5（a）所示。

改造前市民服务中心外立面玻璃幕墙高度为27m，为实现既有框支撑玻璃幕墙无损拆卸及保证拆除过程安全，基于上述构造情况，原玻璃幕墙的拆除采用落地式脚手架配合人工作业进行拆除。

由于单块玻璃较大（最大玻璃尺寸为2800mm×600mm，单块重量为150kg），因此如何无损拆除大块玻璃是幕墙拆除的重点，拆除时首先用吸盘临时固定玻璃，对其中活扇玻璃窗，首先打开窗扇，在脚手架外的人员托住窗扇下口，将窗扇上端合页采用电动螺丝刀卸开，再用人工传递将整窗扇运至室内堆存；对于封闭式框架玻璃幕墙，先用吸盘吸住，再用壁纸刀划开胶条，同时人工承托下进行拆卸，最后人工传递将玻璃运至室内堆存。

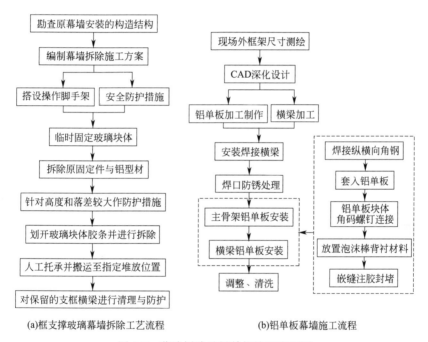

(a)框支撑玻璃幕墙拆除工艺流程　　(b)铝单板幕墙施工流程

图8-5　幕墙拆除及铝单板施工流程图

2) 铝单板幕墙安装施工

①幕墙施工流程

铝单板外框幕墙施工流程，如图8-5（b）所示。

②铝单板幕墙施工

a. 新增横梁骨架的焊接安装。依据所定位新增横梁位置，准确牢靠地焊接安装铝单板横梁骨架且做好新加部分与原横梁结构结合，以实现新旧结构共同受力。

b. 纵横向角钢龙骨的焊接安装。

c. 铝单板施工安装。

d. 接缝，正确的接缝设计有助于延长建材和密封胶的使用寿命。铝单板横向拼接缝仅4mm，误差必须控制在±1mm。材料加工、安装施工、测量放线精度要求高，焊接质量和点位控制是重点。

e. 放置背衬材料和粘贴美纹纸胶带。

f. 嵌缝注胶封堵。

g. 其他施工细部处理。

（3）大跨度钢结构屋面改造技术

1）技术背景

东莞市民服务中心改造后的布局为十字街区域+四个工作区域，原有屋顶的消防排烟、采光、节能、环保不满足要求，同时原屋面的压型钢板使用年限较长（17 年），屋面多处出现渗漏现象，维修成本高、使用效果差，故本工程对屋面结构进行组合设计：屋面引入 ETFE 气枕式膜结构，中间部位采用 ETFE 气枕式膜结构（部分设置成熔断膜，熔断膜数量和位置根据消防排烟要求进行确认），边缘部位保留原来的铝单板屋面，ETFE 气枕和铝单板之间的区域为铝镁锰金属屋面，如图 8-6 所示。

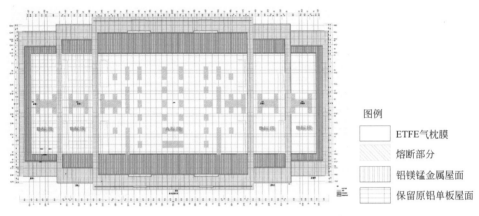

图 8-6　屋面平面布置图

2）ETFE 气枕膜结构的施工

①施工重难点及解决方案

a. 雨天施工应对方法

雨天施工应有针对性。计划在施工过程中与铝板拆除部分协调作业，即拆除一个区域随即安装一个区域的作业流程，另外制作帆布临时遮雨棚。临时遮雨棚采用可固定式滑轮，如遇雨天利用遮挡棚以保证正常施工，如图 8-7 所示。

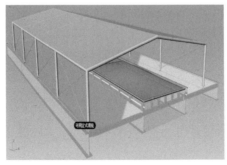

图 8-7　临时遮雨棚示意图

遇雨天施工除制作帆布临时遮雨棚以外，另在安全网上面临时铺设 PVC 膜材，防止杂物及雨水渗漏到室内，做到双层防护，如图 8-8 所示。

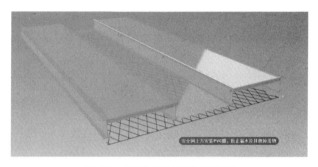

图 8-8　PVC 膜材铺设示意图

b. 四周布置排水组织安排

屋面设置有组织排水、现安装的铝镁锰板与原屋面保留铝板交界处设置排水天沟。其排水方向示意图如图 8-9 所示。

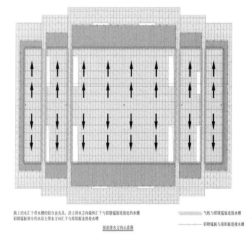

图 8-9　屋面排水方向示意图

②施工顺序

a. 逐块拆除原有屋面板，在其下部满铺安全网和防火篷布。

b. 钢结构点位确认，尺寸复核，并在附件合适位置放置 ETFE 气枕式膜材料。

c. 防雷接地管线布置及安装、通信机控设备安装。

d. 安装时需要考虑 ETFE 气枕充气系统中的管线布置以及设备的平面布置合理性，主充气管部分沿工字钢梁布置。

e. 二次钢结构安装。

f. 水天沟安装、EPDM 氯丁橡胶带粘连和气枕就位。在安装好的二次钢结构上安装防水天沟，并铺贴 EPDM 氯丁橡胶带和气枕就位。

g. 气枕四周特制防鸟架安装。

h. 气枕固定张拉，集成电路板、供气设备、风压计及管道安装所示。

i. 通气管道与气枕连接，气枕内第一次试充气。

j. 气枕与防鸟架密封条安装，充气、远程监控设备安装、试运行，及检测和验收。

k. 淋水试验。

(4) 装配式集成设计方法在改扩建公共建筑中的应用

东莞市民服务中心采用先天具备装配式属性的钢结构体系。钢结构建筑具有轻质高强、建设速度快、施工精度高、节能节水节地、环境影响小、综合造价低等优点，适用于有限空间区域。由于市民服务中心内部存在无法收纳大量建筑材料、难以储运模板与搭设脚手架、粉尘污染控制困难等问题，为减少周边环境和秩序影响，缩短施工工期，主体结构决定采用装配式的钢结构体系并结合其他装配式集成构件，如图 8-10 所示。

图 8-10　市民服务中心内部施工现场

1) 主体结构标准化设计

①构件进行标准化设计，可最大化减少构件的规格种类和数量，让整个项目变得简单清晰，以提高装配安装的易建性。

②节点的标准化设计，将节点进行标准化处理，其中钢梁柱间连接均为腹板高强度螺栓连接和翼板焊接的栓焊混合连接，钢梁梁间连接采用高强度螺栓连接方式，楼承板通过栓钉与钢梁上表面熔焊相连。

2) 内隔墙装配化设计

本项目所采用的内隔墙类型主要为 ALC 墙板，如图 8-11 所示，100mm 厚 ALC 墙板用于分室墙，200mm 厚 ALC 墙板用于分区墙。与传统的砌块相比，预制内隔墙板其质量更轻、施工效率更高，从而使建筑自重减轻、基础承载力变小，可有效降低建筑造价；同时其具有强度较高、隔热、防水等良好性能。

3) 装修和设备管线一体化设计

项目装修和管线一体化设计策略主要考虑前置和集成设计。

①将区域用房的功能性需求于设计阶段前置，基于不同行政单位对不同的个性功能化需求，寻求适应不同政务办事需求的空间布局。

②装修与设备管线集成化设计，在设计前期利用 BIM 技术进行细化设计和专业协调，

(a)现场ALC内隔墙　　　　　　　　(b)现场玻璃隔墙

图 8-11　内隔墙示意图

形成装配性强和适用性好的集成化部品。

③与吊顶系统的一体化设计：a. 消防排烟系统与吊顶一体化设计；b. 新风暖通系统与吊顶一体化设计；c. 照明系统与吊顶一体化设计。

④与墙面的一体化设计：a. 装饰面与墙面一体化设计；b. 设备管线与墙面一体化设计。

⑤与柱面的一体化设计。柱的装配式内装体系采用架空饰面，与墙面集成设计相似，将管线布置于柱饰面板的空腔层内，综合考虑开关线盒安装所需要的空间厚度、各种龙骨的规格型号以及涂装板的模数选择、排版方案、开关插座等末端设备的具体位置。

（5）大跨度钢结构建筑改扩建的建筑信息化管理

东莞市民服务中心改造项目具有工程量大、技术要求高、施工难度大、工期紧张等特点，在室内采用装配式结构施工，构件编号多、数目多、定位难度大，普通的工程管理不满足要求，需要采用新型高效的施工技术及管理模式。

为解决本工程扩建改造过程中的系统性、多维性和复杂性问题，引入 BIM 技术进行全过程管理，如图 8-12、图 8-13 所示，利用精细化管理理念将本工程的各个阶段进行细化分解，使本工程的管理流程满足科学化、精细化、标准化和信息化的要求，进而提高本工程对成本、进度、质量和安全的把控能力。

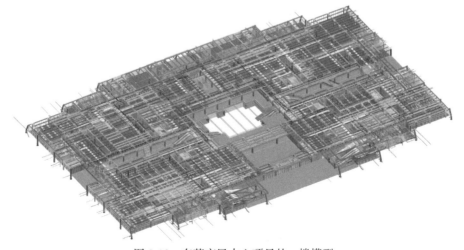

图 8-12　东莞市民中心项目的一楼模型

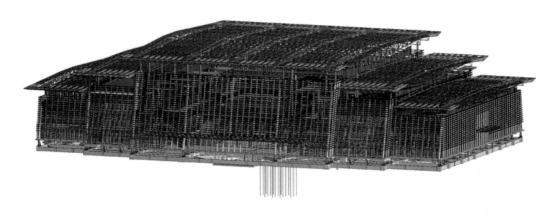

图 8-13　东莞市民中心项目 BIM 模型

（6）既有建筑物室内外新建基坑连接段穿越基础梁施工技术

东莞市民服务中心在原东莞市会展中心基础上进行功能性改造，在大楼内部设置下沉广场与室外新建基坑的连接通道，连接通道下穿既有建筑物基础梁需设置临时支护，如图 8-14 所示，如何在下穿通道施工过程中保护基础梁及完成通道施工是本技术的重难点，如施工过程处理不当，则会导致该处基础梁下陷及水平方向失稳，存在倾覆隐患。

1）穿越基础梁段基坑支护体系

本基坑支护体系（图 8-14）包括：1 拉森钢板桩、2 桩顶槽钢连梁、3 HW 型钢围檩、4 钢管对撑、5 封堵槽钢。该体系能够实现在钢板桩无法施工区域实现对保护梁下的支护，同时设置钢管对撑及 HW 型钢围檩，对梁下的无法施工钢板桩部分的土体进行支护，满足对土体的保护要求。

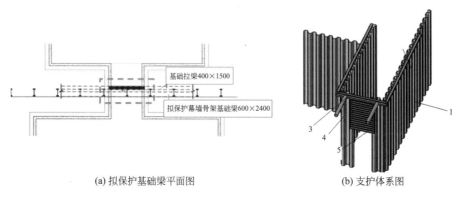

(a) 拟保护基础梁平面图　　　　(b) 支护体系图

图 8-14　拟保护基础梁措施图

2）穿越基础梁段基坑支护体系的基础梁保护技术

为减少基坑开挖对基础梁的影响，结合穿越基础梁段基坑支护体，对基础梁进行加固保护，设置台式钢混结构支撑支座以维持既有建筑基础梁结构性的功能：在原基础梁侧壁设置千斤顶反顶，以保证随后施工梁的植筋，同在台式支座浇筑过程中保持原基础梁结构使用功能，顶紧后即对基础梁进行植筋，随后进行台式支座预设位置的土体开挖、支设模板、钢筋的绑扎连接、钢骨架架立和浇筑成型，当台式支座强度满足要求后，原基础梁即完成加固并满足梁底通道土方开挖要求，如图 8-15、图 8-16 所示。

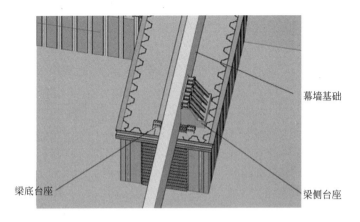

图 8-15 梁加固示意图

图 8-16 梁侧台座施工

3)相关施工步骤

①确定幕墙基础梁和钢结构基础连系梁尺寸、位置及埋设深度。幕墙基础梁和钢结构基础连梁的位置和埋设深度可根据物探等勘察手段和原有结构图纸确定。

②土方平整至幕墙基础梁底面以下 20cm。土方开挖平整至幕墙基础梁底面以下 20cm，严禁超挖。

③根据施工放线位置，导框安装，施工拉森钢板桩。

④施工桩顶槽钢连梁及 HW 型钢围檩。施工桩顶槽钢连梁及 HW 型钢围檩，其与拉森钢板桩的连接方式采用焊接；同时设置台式钢混结构支撑支座以维持既有建筑基础梁结构性的功能。

⑤施工钢管对撑。对撑的种类可根据基坑深度和地质情况选用合适尺寸的钢管或工字钢，对撑和围檩的连接以焊接为主，也可采取螺栓连接的方式。

⑥清理坡顶土方并喷面防护。坡顶喷射 100mm 厚 C20 级以上素混凝土进行防护。

⑦分层开挖土方，每层开挖高度不超过 1m。土层开挖应严格设置开挖路线和开挖计

划，严禁超挖，临近钢结构基础连梁的土方应采用人工开挖，避免开挖对基础梁的破坏。

⑧开挖至钢结构基础连梁底后，对通道内钢结构基础梁部分（钢筋混凝土组成）进行破除，破除方式一般采用机械破除。

⑨对幕墙基础梁底未支护钢板桩空间进行封堵，边挖土方边施工封堵槽钢对梁底空间进行封堵，槽钢每侧和钢板桩搭接200～300mm，槽钢和拉森钢板桩的搭接采用焊接的方式。

⑩随挖随封直至基坑底，其中槽钢自上而下，一个紧贴一个往下施工，直至基坑底。施工通道结构，待通道主体结构达到强度要求，回填基坑后，对部分支护构架进行回收。

（7）复杂环境下明挖基坑砌体管井原位保护施工技术

既有地下管线穿越基坑时，需要对穿越地下通道的未知管线进行处理，当存在难以迁移或重要性较高的管道而无法迁移时，需进行悬吊保护。砌体管井作为受压不受拉结构，需依据砌体结构的力学特性和工程特点采取合理的悬吊保护方案，防止砌体管井开裂甚至破坏。

1) 砌体管井原位保护施工技术思路

砌体管井侧壁为砌体材料，底板为混凝土结构，砌体管井侧壁的砌体抗拉能力较低，悬吊过程中应避免拉力出现于管井侧壁，而作用于管井底部。管井底板可以作为受拉点位置，但其强度及刚度不足。

为解决该技术性难题，本技术通过设置内外吊板，将砌体管井进行加强及保护，使得悬吊过程中避免砌体管井的砌体处于受拉状态，将受拉力传递给内外吊板，保证砌体管井的整体结构的安全度；同时设置承重梁柱对砌体管井进行支撑保护，增大结构安全富余度，保证结构的安全，如图8-17、图8-18所示。

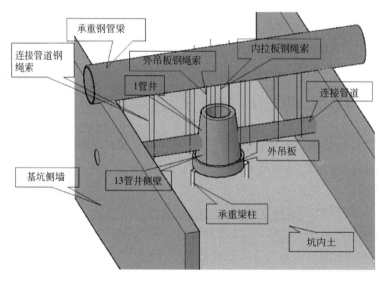

图8-17 连接管道悬吊保护图

悬吊结构主要包括被保护结构砌体管井、悬吊保护结构。其中被保护结构砌体管井主要由管井底板及其他管井侧壁组成；悬吊保护结构主要由承重钢管梁、内外吊板及与承重钢管梁的钢绳索/钢筋，承重梁柱组成。

内外吊板加固＋钢筋悬吊＋承重梁柱支撑悬吊保护方式能够很好解决砌体管井在悬吊保护过程中的强度及刚度问题。内吊板设置于管井内底部，其钢筋穿透砌体管井侧壁，与外吊板相连形成整体，加大其整体性；外吊板设置于管井外底部，考虑开挖过程中能完全开挖，故外吊板采用局部开挖，设置环形钢筋混凝土底板，用于支撑砌体管井底板，并设置护角保护管井侧壁与底板位置；承重梁柱提供竖直向上支撑力提供砌体管井的安全富余度。

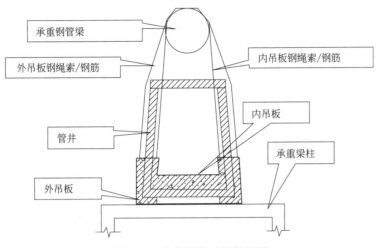

图 8-18 砌体管井悬吊保护图

2）构件组成与规格

管井悬吊保护结构是由内吊板、外吊板、钢绳索/钢筋、承重梁柱、承重钢管梁组成。

内吊板，采用现浇钢筋混凝土板（圆板），设置于管井内底部，紧贴砌体管井底板。钢筋摆放为双层双向钢筋，钢筋穿透砌体管井侧壁以便与外吊板现浇混凝土形成整体，通过内吊板提供内吊拉力的作用位置，避免作用于砌体管井底板，实现保护砌体管井底板的效果。

外吊板为采用现浇钢筋混凝土板（环形），设置于管井外底部，紧贴砌体管井外底部。外吊板主要由底板及护角组成，环形板宽度约为 0.4~0.6m，设置单层双向的底托钢筋，厚度为 200mm，底板的底托钢筋主要由部分内吊板钢筋伸出，保证内外吊板的整体性，如图 8-19、图 8-20 所示。

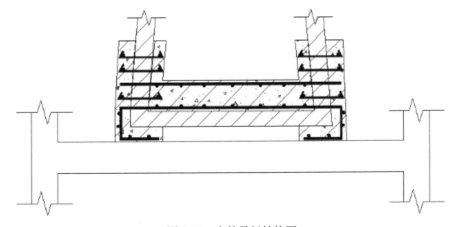

图 8-19 内外吊板结构图

图 8-20 承重梁柱示意图

钢绳索/钢筋设置原则根据悬吊保护部位的不同、不同工序采取钢绳索或钢筋，当对连接管道进行保护时，由于钢绳索悬吊较为柔软、易穿过管道底部土体且对管道的包裹能力较强，故管道保护采用钢绳索悬吊保护；当对砌体管井进行保护时，由于单根钢筋刚度较大，同时设置内外吊板等刚性加大的支座能够与钢筋很好地连接，故对砌体管井进行钢筋悬吊保护。

承重梁柱，承重梁柱作为增加砌体管井悬吊保护结构安全富余度的构件，主要由承重梁、承重柱及垫块组成，承重梁为双拼工字钢，承重柱为钢管柱，钢垫块为钢板；开挖土体前对进行钢管桩施工后方可进行开挖，悬吊保护结构完成后，继续开挖并设置承重梁，设置垫块至底板底，继续开挖。

3）砌体管井悬吊保护技术流程图

针对砌体管井侧壁的材料特性，采用内外吊板结合承重梁柱进行设计和施工，采用内吊板与外吊板相结合的方法将整个管井进行保护，充分考虑砌体结构受压不受拉的特性进行针对设计，通过现浇混凝土结构使得内吊板与外吊板形成整体，克服常规砌体结构悬吊保护过程中带来结构破坏、变形数值等问题，同时设置承重梁柱，对悬吊结构进一步保护，如图 8-21 所示。

（8）主体建筑内外地下空间综合开发利用

1）技术背景

本项目在主体建筑物外地面停车场新建地下 2 层局部 1 层停车场（配套部分商业区），并新建连接通道将停车场与地铁车站连通。同时在主体建筑内中心区域设置下沉广场，下沉广场通过新建连接通道与地下停车场连通。最终实现地铁车站、主体建筑外地下停车场、主体建筑内下沉广场三处地下空间的连通。

2）地下工程施工顺序安排及基坑支护选择

结合各区域基础工程的特点和周边环境，根据工期安排，确定本项目的施工顺序。对于室内地下工程，由于场地狭小和施工设备体积的限制，且下沉广场占据面积较大导致基础设备无法正常施工，本项目优先施工基础工程，后施工下沉广场和连接通道，可利用北大门进出施工设备。第一步，先进行室内桩基及独立基础施工；第二步，施工室内下沉广

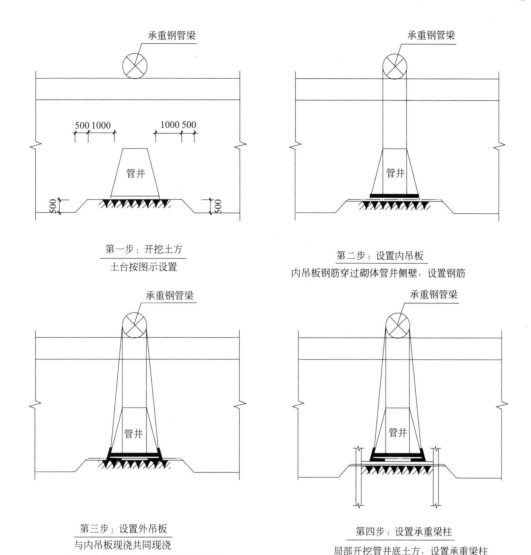

图 8-21 砌体管井悬吊保护流程图

场和连接通道基坑，接着施工下沉广场和通道结构，结构达到强度要求后，回填室内部分基坑。

对于室外新建地下室基坑，由于场地较为开阔，为实现室内外连接通道和室外基坑的贯通，先施工基坑部分，再施工桩基，最后施工独立基础。待室外地下室结构达到强度要求，回填室外新建地下室基坑后，施工新建地下室出入口及与地铁连接通道基坑（图 8-22、图 8-23）。

室内部分基坑方案选择，由于室内的四层建筑结构为装配式钢结构，施工速度快、工程量大、节奏快，室内基坑同样需要加快速度。由于室内开挖深度不大，室内基坑方案选择如下：放坡土钉墙、钢板桩、分级放坡、钢板桩＋钢管支撑等。以上基坑方案能保证下沉广场及连接通道的施工跟上四层钢结构的施工速度，同时所需要的设备也能从北大门的出入口进出，避免出入受限。

室外部分基坑施工，东莞市民服务中心的室外部分基坑包括室外地下室基坑和地下室

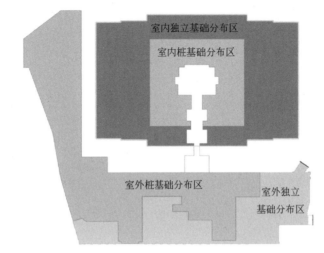

图 8-22 项目桩基和独立基础分布图

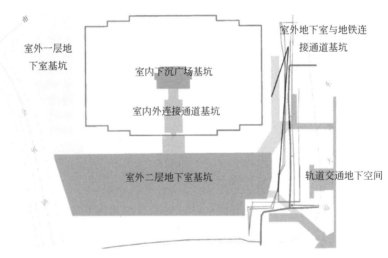

图 8-23 项目基坑分布图

进出口以及与地铁鸿福路站连接通道基坑。室外新建地下室，设 1～2 层地下室，基坑开挖深度在 4.9～9.0m，基坑周长约 1050m。室外新建地下室基坑的主要方案及安全等级为：灌注桩＋锚索、灌注桩＋混凝土内支撑、放坡＋土钉墙支护，放坡段及土钉墙支护段的安全等级为二级，其他支护段的安全等级为一级。

新建地下室进出口以及与地铁鸿福路站连接通道基坑的主要支护措施及安全等级为一级。

（9）节能改造与设计

市民服务中心改造前的使用功能为展览会议功能，对原有框架式玻璃幕墙（图 8-24、图 8-25）的要求不高，仅需要满足采光要求即可，但随着内部空间功能转变，3 层办公区域紧贴玻璃幕墙。由于玻璃置于外侧，导致阳光照射至室内，室内温度上升，这样办公区域需要更大功率的供冷才能保持室内温度的平衡，能耗加大，亟需对空调系统进行升级改造。

为符合国家建筑物的绿色发展要求，如何对本项目中框架式玻璃幕墙进行最低程度的改造，而达到绿色节能的效果，是本改造项目的最大难点。遵循避免大拆大建的原则，同时根据东莞市民服务中心具体实际情况及环境特点，采用绿色建筑新材料，新工艺及新的建造技术，寻找最佳的节能改造方案。

图 8-24 东莞市民服务中心改造前幕墙现场图

图 8-25 东莞市民服务中心改造后幕墙现场图

改造前的东莞市民服务中心屋面为压型钢板＋保温隔热棉，原内部空间为无隔断的大空间，利用原来幕墙即可满足采光要求，但改造后内部区域改为四个工作区域＋十字街区域，由于四个工作区域的隔断导致十字街内部采光不足，而十字街区域只利用光能设备的话，照明系统能耗大，不经济环保，对东莞市民服务中心屋面采光进行节能改造，变得十分重要。

为解决室内采光不足，减少使用光能设备，力求对东莞市民中心主体结构影响最小，从屋面改造着手处理，通过改造屋面系统以达采光要求，屋面改造方案采取ETFE薄膜气枕方案，对屋面进行自然采光处理，通过ETFE薄膜气枕进行保温隔热，减少能源的消耗。同时不影响屋面的钢结构布置，仅对压型钢板及保温棉进行替换，较为经济，如

图 8-26 所示，屋面的室内区域采用 ETFE 薄膜气枕方案进行采光及隔热，为满足消防安全，对局部区域采取可熔断的 ETFE 充气膜及天井镂空；在非室内区域部分（如屋面悬挑部分），由于悬挑部分区域日晒热量不传导室内，保留原有边缘部分装饰铝板屋面，同时原压型钢板出现多处渗漏，维修成本高、使用效果差，统一替换为铝镁锰金属屋面。

图 8-26　屋面改造效果图

8.2　东莞市楷模家居用品有限公司改造项目

8.2.1　工程概况

东莞市楷模家居用品制造有限公司生态型家具及家具五金配件制造项目为"工改工"项目，项目总用地面积 8.5796 公顷，于 2016 年纳入"三旧"改造范围，原有厂区是一个大型劳动密集型外资制鞋厂，共有厂房、宿舍等工业用房 17 栋、总建筑面积 69160m^2，由于未能满足产业转型升级发展需要而空置。新业主方于 2016 年收购厂区并着手实施整体改造，总投资 5 亿元，主要建设内容由"旧厂工业活化"和"空地新建"两部分组成："旧厂工业活化"部分是在"三不变"（土地性质不变、产权归属不变、建筑主体结构不变）的情形下，对原有建筑物进行保留升级改造，以满足新业主方的使用需求。"空地新建"部分是为厂区内空地建设一栋新现代车间（L 形建筑）和一栋办公楼（新建覆土建筑），新建建筑面积约 76815.931m^2（含地下室），如图 8-27 所示。

整个项目为 20 世纪设计建造的建筑，项目存在的问题有：外立面破败陈旧、缺少展览空间、不能满足现代化的生产生活需求和绿色建筑节能的要求。

8.2.2　改造理念

针对上述问题，本项目主要从以下三个角度对老旧工业厂区进行改造：（1）空间布局的研究；（2）新旧建筑的融合；（3）绿色生态的践行。通过科学的整体设计，利用屋顶光伏发电、合理组织室内外风环境、覆绿色屋顶合理改造、新建覆土建筑、废旧建材再利用等措施，实现资源高效循环利用、节能措施综合有效、建筑环境健康舒适、废物排放减量

第8章 既有建筑改造案例

(a)东莞市楷模家居用品有限公司改造项目实拍图

(b)办公楼改造前

(c)新建L楼改造前

图 8-27 东莞市楷模家居用品有限公司改造项目图

无害等目标。本项目设计工作主要围绕以下内容开始工作：

（1）空间布局的研究：通过对平面功能的研究和空间序列的营造，实现工业园区空间布局合理、功能分区明确、交通便利，满足人车分流等方面的要求。

（2）新旧建筑的融合：通过对新建建筑立面的选取和既有建筑的改造，实现新旧建筑的融合，使二者成为一个不可分割的整体，和谐共存、相得益彰。

（3）绿色生态的践行：通过绿色生态化的设计和废旧材料的利用，践行绿色生态理念，达到低能耗、低污染、低排放建筑的设计目标。

8.2.3 改造内容

（1）空间布局的研究

空间布局方面，本设计主要从平面功能的布局及空间序列的营造两方面进行分析。

1）平面功能的布局

①场地分区：根据既有地块的实际情况，将场地分为 2 个功能区域，如图 8-28 所示。主出入口以覆土建筑为界，入口南边为生产生活区，入口北面为新建改建厂房、办公展览区。

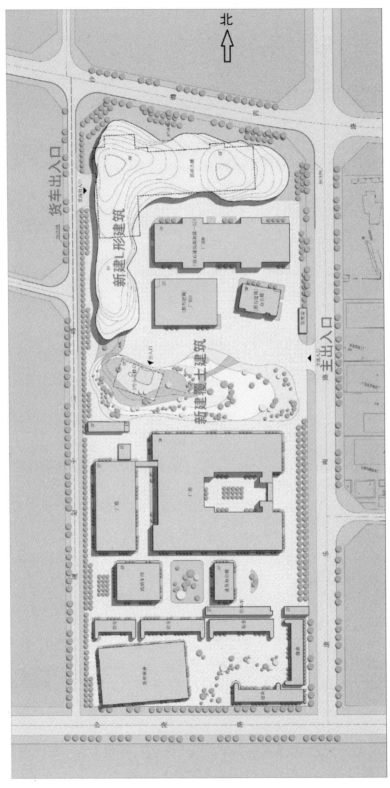

图 8-28 项目总平面图

②建筑布局：新建高层厂房呈"L"平行道路布局，最大限度地利用场地的南向阳光，同时向场地外界提供蓬勃朝气的立面形象。新建覆土建筑设置在主入口广场的中轴线上，作为左右两区域的衔接过渡区域。1号厂房和2号办公楼分别位于场地的西北侧和西南侧，整个地块平坦，与周边道路无较大高差，均采用框架结构体系。

③交通组织：结合实际工程，对厂区交通组织进行了分析与研究，并通过对厂区内交通节点，交通线路、交通设施的调整优化，实现了人车分流、人货分流。通过交通分流，提高厂区内通行能力，提高安全性，达到了改善厂区内道路通行环境的目的。

④环境配置：通过在建筑周边设置绿地、水池、广场，增加了一些小品，增强了厂区的生活趣味性，提高了绿地率，改善了生产生活环境。

2）空间序列的营造

厂区空间序列的营造，如图 8-29 所示，主要从 2 栋新建建筑进行策划，可分为以下四个阶段。

①开始阶段是序列设计的开端，以进入厂区主入口为界面，预示着将展开的荧幕，如何创造出具有吸引力的空间氛围是其设计的重点。

②过渡阶段是序列设计中的过渡部分，以覆土建筑的绿化坡地为界面，是培养人的感情并引向高潮的重要环节，具有引导、启示、酝酿、期待以及引人入胜的功能。

③高潮阶段是序列设计中的主体，是序列的主角和精华所在，以新建覆土建筑坡地顶部及徐徐上升的新建 L 形建筑为主要视觉感官点，在这一阶段，目的是让人获得在环境中激发情绪、产生满足感等种种最佳感受。

④结束阶段是序列设计中的收尾部分，以新建建筑与天空为主，主要功能是由高潮回复到平静，达到了使人回味、追思高潮后的余音之效果。

图 8-29 新建覆土建筑的空间营造图

(2) 新旧建筑的融合

1) 在新旧建筑的融合方面

本项目的建设中同样贯彻落实了绿色环保的理念，既保留了原有的历史印记，又突出了新时代的创新思维，主要从"新建建筑立面的选取"以及"既有建筑立面的改造"进行新旧建筑的融合。

2）新建建筑立面的选取

新建L形厂房为地上8层、地下1层，建筑设计风格采用现代的设计手法，其平面轮廓均为流线型曲面，立面上层层退进，创建出富有层次感的建筑效果，如图8-30所示。大面积玻璃窗的应用，更加体现了项目的现代感；简洁明快的色彩搭配，活跃了建筑风格的氛围。通过对流线型曲面进行拆分、放样，精准地拟合了设计的流线型曲面，完美地展现了设计效果。

图8-30　新建建筑立面意图

新建覆土建筑为地上2层建筑，其规划高度9.5m，设计利用地下室的土方将建筑隐入绿色植被中，打造原生态的"山体建筑"，通过在坡地上进行景观绿化，营造良好的办公工作环境，如图8-31所示。办公楼建筑与自然山体融为一体，以缓缓升起的绿化山坡作为建筑的主要立面，引导人们沿着山坡走上山顶，举目远眺心旷神怡，带给人们耳目一新的视觉享受。通过搭配一些植物和岩石景观，改善场地的热环境，提高了场地绿化效果，提升了厂区的整体形象。

图8-31　新建覆土建筑立面图

3）既有建筑立面的改造

既有建筑外立面的改造，是在原有建筑立面的条件下，通过重新构图、调整比例、改变材质、增加形式等设计手段，来达到改造的目的，如图8-32所示。立面改造不仅要求尊重历史，同时也需要在建筑与环境变换中，注入新的生命力，达到新旧协调共存的目的。

在建筑外立面改造中，具体表现形式为两种：第一，采用对比法则，强调新旧分离以达到对话历史的效果；第二，采用相似法则，模糊新旧界限以达到再现历史的效果。在这两种表现形式中，材料的选取、色彩的选择以及现代化技术的应用等都发挥着很大的作用。通过设计对其改造，实现了功能与经济价值的转移，达到了延续建筑历史与文脉的目的。

图 8-32　既有建筑改造前后对比照

（3）绿色生态的践行

1）绿色生态的设计

①土方回收利用，将建筑隐入绿色植被中，打造原生态的"山体建筑"

项目通过深度研究，精心策划，合理安排工序，以绿色环保节能理念开展施工，首先建造 L 形建筑（带地下室），利用开挖厂房地下室的土方（图 8-33），作为新建覆土建筑的覆土土料，既环保又减少车辆土方外运成本，减少施工对环境污染。施工过程中严格按照设计的标高进行土方堆积，对坡度较陡的部位进行挂网保护，避免土方滑坡。东西向及南向外墙周围均设有挡土墙，屋面为种植屋面，北向外墙立面为种植墙面。挡土墙的设置使得建筑几乎完全处于地下，其覆土深度达到植物生长的要求。

图 8-33　基坑土方堆场图

②覆土建筑的绿色生态设计

新建覆土建筑四周的土壤具有良好的保温隔热性能，对主体结构的保护能力较强，使得建筑外墙不用保温材料即可达到节能的要求。利用墙体之间的热室效应，实现保温效果，可减少空调的使用，大大降低建筑能耗。覆土降低建筑围护结构温度差，避免由温度应力产生的建筑裂缝，有利于延长建筑使用寿命。另外，覆土种植增加了场地的绿化面积，提高了场地的绿化率，对保持水土和净化空气具有重要作用。它降低了建筑表面温度，有助于改善工程区域的气候。

通过在办公楼屋顶开设圆形天窗，保障室内每一空间都拥有充沛的阳光。大片玻璃幕墙的设计，让光线充分进入室内，营造出通透明亮的视觉效果，实现了天然采光、自然通风，景观视线良好的办公体验，如图 8-34 所示。

2）建筑节能环保

①利用太阳能发电

建筑屋顶是建筑物接收太阳辐射量最大的部位，而且在通常情况下也是受到遮挡最小的部位。因此从能效的角度来看，屋顶是建筑利用太阳能最佳的位置。本项目从节能和隔热的角度进行改造设计，充分利用既有宿舍楼屋顶，把既有建筑屋顶改造成为"光伏屋顶"。设计实施的光伏屋顶达到了 6000m²，不仅能够起到良好的隔离功能，而且还能有效降低建筑物的能耗指标，如图 8-35 所示。

②合理利用室内外风环境

本项目通过合理的场地布置，夏季充分利用堆土形成的山坡以及新建 L 形厂房形成"U 形"兜住东南季风，结合架空层的通透性，给场地和架空层带来良好的自然通风效果，如图 8-36 所示。

(a) 天井

(b) 室内中庭

图 8-34 新建覆土建筑的采光节能设计

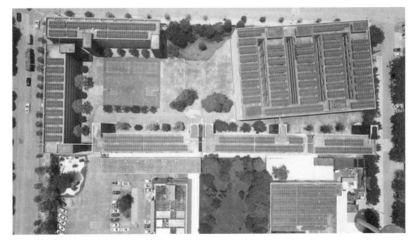

图 8-35 光伏屋顶现场图

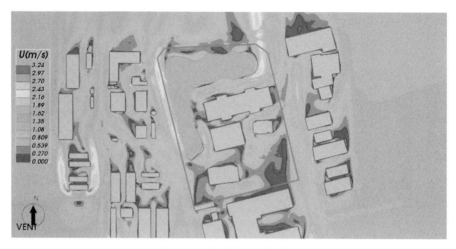

图 8-36　平面风速云图-夏季

新建厂房的玻璃幕墙上设计了同层高的百叶窗，保证了室内空气流通性及换气次数，经分析室内换气次数达 12～29 次，有效保证室内空气质量，如图 8-37 所示。

图 8-37　新建 L 形厂房百叶窗现场图

③绿色屋顶改造

通过对现有建筑屋顶进行种植屋面改造，利用植物光合作用、叶面的蒸发作用以及对太阳辐射热的遮挡作用来减少太阳辐射热对屋面的影响，从而降低屋面室外综合温度；利用植物培植基质材料的热阻与热惰性，降低屋面内表面温度与温度振幅。经测试，相同环境条件下种植屋面的内表面温度比其他屋面低 2.8～7.7℃，如图 8-38 所示。

④垂直绿化设计

本项目充分利用既有建筑墙面、阳台和屋顶等地方进行种植，采用乔木、灌木和草地相结合的方式增加厂区绿化率。植物可以通过反射、吸收、穿透等作用减少太阳辐射，降低环境温度；叶片通过蒸腾作用给空气提供大量的水蒸气，增加空气的湿度，降低空气的温度。此外，植物还可以控制和改变风速、风向，形成局部微风，加快空气的冷却，从而给厂区提供舒适、节能的环境，如图 8-39 所示。

第8章 既有建筑改造案例

(a)上人屋面种植大量绿色蔬菜

(b)屋面种植现场图片

图 8-38　种植屋面图

图 8-39　墙面种植现场图片

⑤废弃材料的利用

本项目利用原有废弃砖瓦做装饰外墙，使废旧建材变废为宝，有效地节约资源和保护环境，既满足了现代工业厂房新的功能要求，又形成了独具特色的建筑外观形象。此外，厂房外墙增加一道幕墙，能够起到良好的隔热效果，有效地降低了建筑物能耗，从而降低了运营和维护成本，产生了良好的经济效益和社会效益。

完工后达到了理想的设计效果，既传承了历史文脉，丰富了城市景观资源，又使旧材料变废为宝、节约资源绿色环保，赋予了旧厂房新的生命力，如图 8-40 所示。

图 8-40　传承历史文脉的建筑外立面设计

8.3　鲩鱼洲文化创意产业园

8.3.1　工程概况

鲩鱼洲位于东莞市东江和厚街水道的交会处鲩鱼洲半岛上，由 52 个旧粮油及外贸企业改造而成，是一个涉及多个单体建筑及园区规划的园区级区域及建筑更新改造项目。二十世纪七八十年代，改革开放之初，鲩鱼洲以其独特的地理优势先后聚集了 52 家粮油和外贸企业入驻，奠定了东莞早期的工业基础。它是改革开放初期东莞作为全国农村工业化先驱和模范的重要物证，也是东莞最具特色的工业遗址之一，还是东莞活化历史建筑，兼顾文化保育及产业创新的一个重要践行地，如图 8-41 所示。鲩鱼洲文化创意产业园更新改造主要内容见表 8-1。

鲩鱼洲文化创意产业园更新改造主要内容　　　　表 8-1

改造范围与主要任务	改造过程与具体内容	改造方法与技术手段	业态变化特点
区域总体规划	规划政策分析与改造可行性研究；交通消防及其他设施规划；建筑类型规划与分析	研究现有相关法律及规划文件，对交通消防及其他设施进行规划分析及优化，对建筑类型进行规划分析及优化	工业厂区转商业文创区，通过改造实现业态转换

续表

改造范围与主要任务	改造过程与具体内容	改造方法与技术手段	业态变化特点
建筑优化	单体建筑进行个性化改造	空间改造、外围护结构改造、相关设施的增设	
鉴定加固改建	需要加建的部位结合加建与加固原则进行处理	采用统一修复方案、原位修复、钢结构加固等措施	
标志性建筑改造	对标志性建筑进行个性化改造	对具有工业遗产价值的既有建筑特点进行保留，建筑更新改造中提升可人为利用的空间	

图 8-41　鳒鱼洲文化创意产业园效果图

8.3.2　改造理念

鳒鱼洲整体布局分为展览区、创意区、文化区三大功能区。展览区，即旧厂房改造区域，将打造多功能的文化服务区；创意区，将在历史遗迹和城市园林中打造一座非凡的文创产业园；文化区，将传承与探索东莞文化，激发文化活力。区域改造主要参照《东莞鳒鱼洲历史地段保护规划》和《东莞市土地1.5级开发操作指引》进行。

(1) 总体规划策略

根据鳒鱼洲文创园的现状以及《东莞鳒鱼洲历史地段保护规划》《东莞市土地1.5级开发操作指引》，对鳒鱼洲文化创意项目产业园的总体规划如下：

1) 延续工业区风貌，分层次优化利用：对历史建筑慎重保护，以及特别具有工业特征的建筑进行适度改造，大部分工业建筑进行轻微及局部改造，凸显工业历史的风貌。

2) 再现岭南水乡文化，演绎立体城市园林：利用鳒鱼洲的地形特点，实现全方位，多角度观水，不仅可观赏场地内部园林，对外部水道、金鳌洲塔等形成景观互动通廊；城市造园应尽可能保留原生环境要素，主要有：场地高差，原生砌体，鳒鱼洲路两侧树木及其他独立树木等。

3) 营造多元活动场景，引入绿色生态理念：将鳒鱼洲工业园分为多个不同主题的区域，通过廊道空间等空间组织，提供全天候活动场所，并结合绿色建筑技术手段改善建筑群通风散热，降低能耗。

（2）延续鱼洲既有工业区风貌

在延续工业区风貌，分层次优化利用方面，主要从标志性建筑、标志性场所、标志性路径、标志性界面进行优化处理。

1）标志性建筑

对于标志性建筑，鱼洲项目中采用慎重保护策略，以及特别具有工业特征的建筑进行适度改造，以鱼洲的筒仓为例，对筒仓结构加固，增设观景平台，最大程度发挥其高点观景优势，同时保留筒仓的工业建筑特征，延续工业建筑风貌，如图 8-42 所示。

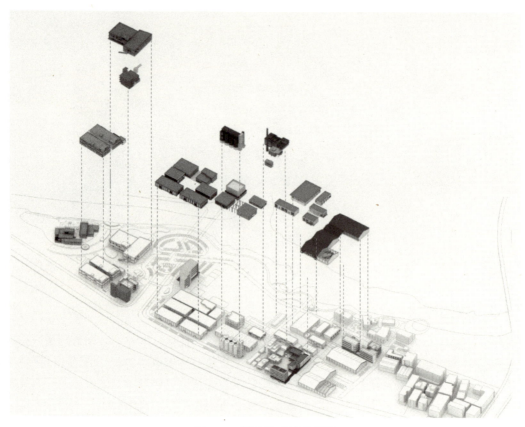

图 8-42　标志性建筑示意图

2）标志性场所

对于标志性场所，场地内工业遗存数量大，厂房围合多处院落组团，建筑独特的工业气息与场地绿植的生态气息和谐共存，塑造出标志性的场所空间。为此鱼洲调整更新建筑附加体量和损毁严重的部分，打通狭窄的廊道空间，提供采光廊道和院落，进行组团式设计，保证组团建筑满足相关要求。

3）标志性路径

对于标志性路径，依靠场地内鱼洲路，如图 8-43 所示，毗邻厚街水道，滨水沿岸湿地植物丰茂，生物多样性良好，鱼洲路两侧树木生长茂密，形成了标志性的景观路径，保留鲱鱼洲路两侧的原生树木。同时在岸边设置岸边道路，通过新建平台草坡、设计沿岸景观，丰富林荫路径。

(a)鲱鱼洲内部道路图

(b)鲱鱼洲岸边道路图

图8-43 鲱鱼洲道路图

4）标志性界面

对于东江大道一侧的建筑进行界面优化，沿东江大道的立面力图延续工业园区的风貌，主要以安全修缮为主、改建为辅，建筑风格力求统一，保证既有建筑的原汁风味。

(3) 再现岭南水乡文化，演绎立体城市园林

1) 再现岭南水乡文化

利用鲱鱼洲的地理优势，可观可赏可游的多层次活动是水乡文化的内涵所在，城市造园策略通过观水、亲水、戏水多层次理水策略进行回应。实现全方位，多角度观水，不仅可观赏场地内部园林，对外部水道、金鳌洲塔等形成景观互动通廊，如图8-44所示。

2) 演绎立体城市园林

鲱鱼洲内部的原生环境要素是城市造园理念得以实现的基础，主要有：厚街水道驳岸、场地高差、院落树木、原生砌体、鲱鱼洲路两

图8-44 岸边实景图

侧树木及其他独立树木等。利用场地高差的特点，将鳙鱼洲的园林立体化。同时尽最大程度地保留原有的绿色植物及相关砌体，保留历史韵味，如图8-45、图8-46所示。

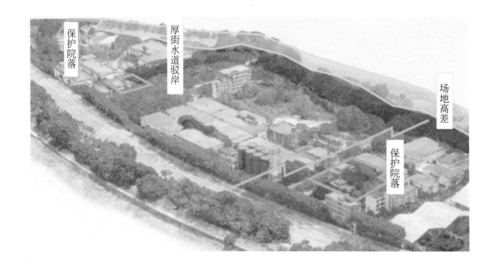

图8-45 绿色园林构思图

图8-46 保护院落内的树木图

（4）营造多元活动场景，引入绿色生态理念

在规划过程中，为营造多元的活动场景，将鳙鱼洲分为三大区域：文旅空间、产业空间、商业空间。主要面对项目产业人员（商务配套及日常消费群体）、当地市民（文体休闲、休闲消费群体）、国内外旅客（文旅配套、观光消费群体），如图8-47所示。

引入绿色生态理念，打造绿色办公空间，创造园林式办公、弹性化办公和开放型办

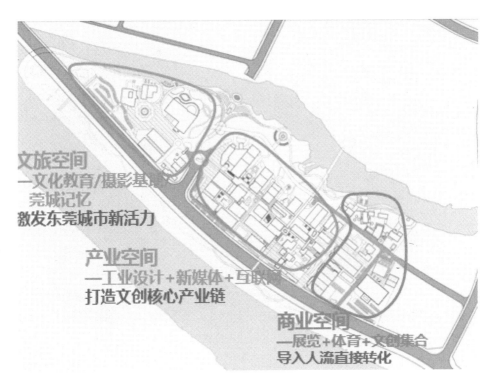

图 8-47 区位空间划分图

公等多种办公形式,提高园区吸引力,提升商业价值,增加招租率;同时利用部分空地,新建不同功能的建筑,提高园区的可使用面积,增加商业价值,如图 8-48、图 8-49 所示。

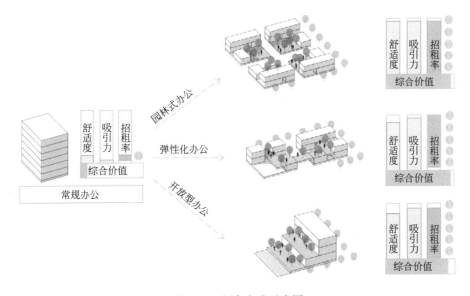

图 8-48 绿色办公示意图

图 8-49 新建办公楼图

8.3.3 改造内容

鲢鱼洲既有工业建筑的改造方案对象主要为历史建筑、工业特征建筑、一般特征建筑，主要从风格统一、空间改造、外围护改造、加装电梯及楼梯等配套角度进行分析。

(1) 风格统一

风格统一指的是此类方式整体结构不发生改变，只是根据鉴定对原有结构进行加固，并统一外立面风格。改造主要集中在门窗的开启、墙体的修缮、内外装修与设施的变更上。

如鲢鱼洲 2-4 号建筑，如图 8-50 所示，建筑空间不变。仅对建筑的外立面进行变动，包括以下几点：1) 清除墙体抹灰，露出内部红砖墙体；2) 拆除部分红砖，加大窗户面积；3) 铝合金窗代替原有木窗；4) 柱身喷涂真石漆，美化立面；5) 屋面新增栏杆，满足上人屋面需求。

(2) 内部空间改造

通过对工业建筑内部的空间进行调整，通过化整为零、合零为整、局部增建、局部重建的方式，营造更为丰富的空间，激活空间的灵活性和多样性，如图 8-51、图 8-52 所示。

(3) 外围护改造

外围护改造通过表皮更新（外墙修复）、更换表皮的方式进行修复。

1) 更换表皮——抹灰墙体（图 8-53）

2) 更换表皮——玻璃幕墙

即原有承重结构体系不变的基础上对外围护结构进行完全更换，此种改造方式适用于外围护结构与建筑承重结构相互独立的情况下实施，对原有建筑改动较大、工期较长。鲢鱼洲工业建筑群中，建筑结构类型大部分是钢筋混凝土框架结构，这为外立面替换式改造

(a) 2-4号建筑改造前图

(b) 2-4号建筑改造后图

图 8-50　建筑 2-4 改造前后图

图 8-51　建筑组团示意图

提供了可能性，为了增加建筑的采光量，大部分建筑将窗户面积加大，部分建筑将外立面填充墙均拆除后，改为落地窗。由于此种改造方式对建筑的破坏较大，为了保护建筑的传统风貌，减少对建筑的干预，鲦鱼洲的建筑立面没有达到完全的替换式改造的做法，如图 8-54 所示。

3）外置表皮——拉丝铝网

与前述两种表皮更新的方式不同的是，外置表皮强调的是附加性，即新的表皮系统被附加于原来的表皮系统之上，且其位于原来表皮的外部，与原建筑外墙有一定的间隔。

如建筑 7-3，在原有的建筑墙面外侧焊接幕墙龙骨，并在龙骨上外挂金色拉丝铝网，使建筑立面达到统一的效果。此处所用的拉丝铝网能起到更换表皮的作用，由于其表面孔洞较多，与玻璃幕墙或挡板相比更有利于建筑的通风散热和采光，因此在鲦鱼洲园区中被广泛应用，如图 8-55 所示。

(a) 5-7号建筑改造前　　　　　　　　　　　　(b) 5-7号建筑改造后

图 8-52　局部增建示意图（5-7 号建筑）

(a) 建筑3-4外墙脱色，长满青苔　　　　　　　(b) 建筑3-4改造后

图 8-53　建筑 3-4 更换外墙表皮图

图 8-54　立面替换式改造

(a)建筑7-3拉丝铝网幕墙

(b)建筑5-8拉丝铝网幕墙

(c)建筑3-4、3-5拉丝铝网幕墙

(d)拉丝铝网

图 8-55　拉丝铝网改造图

8.4　麦德龙东莞万江商场改造项目

8.4.1　工程概况

麦德龙中国旗下的东莞万江商场，原商场前身为普通类钢结构厂房，始建于2002年，总占地面积4.15万 m^2，建筑面积1.31万 m^2。东莞万江商场改造项目于2016年7月改造，总投资约746.4万元，2017年3月改造完成。

东莞商场作为麦德龙全球第一个绿色商场，该项目通过多种新技术对既有建筑进行节能改造，最终降低非可再生能源消耗的同时减少碳排放总量，达到项目整体绿色环保的目的。2017年麦德龙万江商场项目获得"中国绿色建筑三星设计标识"和"LEED"金奖标识认证，经过绿色改造，该项目每年总能耗降低了近50%。麦德龙东莞万江商场将是中国零售行业中首家完全按照中国绿色建筑三星标识和绿色能源与环境设计先锋奖（LEED）金奖标准打造的商场。

8.4.2 改造理念

麦德龙东莞万江商场从减少排放、保护自然资源角度出发，节能技术改造主要涉及太阳能光伏系统、太阳能热水系统、冷链余热回收、中央空调机组改造、节水器具改造、雨水回用系统，如图 8-56 所示。

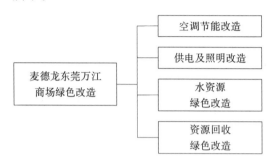

图 8-56 麦德龙东莞商场绿色改造分类示意图

8.4.3 改造内容

（1）空调系统的节能改造

1）选用合适的暖通空调设备

麦德龙东莞万江商场位于广东省东莞市，气候上划分为夏热冬暖地区，建筑内无供暖需求，也无供暖热源。项目改造前因空调系统已年久失修，无法继续使用，因此改造过程中将旧设备替换为新设备，选用高性能机组并充注环保冷媒。二氧化碳复叠系统运行所产生的热量将通过余热回收系统进行收集并用于商场其他加热设施，有助于减少商场能耗。

麦德龙东莞万江商场采用了国内领先的二氧化碳复叠式制冷系统，安全节能，年均可减少排放约 260 千克的氟利昂，相当于减少了 1500 个家庭使用家用冰箱一年产生的温室效应。此外，东莞商场配置的高能效比的空调系统，比市场上普通的商用空调节省能源 25%，每年约节省 78000 度电，大大降低了能耗。

麦德龙东莞万江商场冷源形式为屋顶式风冷空调机组和多联式风冷空调机组，其中屋顶式空调用于商场部分的制冷，多联机用于办公区域的制冷。

麦德龙东莞万江商场超市空间共配置 5 台屋顶式空调机组和 2 台多联机。空调分区原则是按超市功能划分：超市内非食品区设置 2 台屋顶式空调机组、食品区设置 2 台屋顶式空调机组，以区分食品区和非食品区对温度的不同要求；迪卡侬设置 1 台屋顶式空调机组，以便于租户迪卡侬单独对其区域内空调进行调节；超市内办公室、咖啡区、礼品区设置 VRV 系统，且每个区域均可独立调节。

2）合理设置暖通空调能耗管理系统

麦德龙东莞万江商场能源管理系统由供应商霍尼韦尔根据麦德龙的具体需求定制开发的 TOT 平台。该 EMS 系统通过计量表具，可对空调系统、照明系统、光伏系统等 12 个子项进行实时监控和管理。其中，对于空调系统，通过 RTU 一体空调独立控制模块，可对室内温度、室内 CO_2 浓度、室外温湿度进行实时监控，并据此基于已设定的控制策略对商场空调进行实时调整；RTU 一体空调独立控制模块，通过 Modbus RTU 与麦德龙

IOT 平台系统联通。

商场部分采用屋顶式空气调节机，办公区、咖啡区、礼品区采用 VRV，商场部分屋顶式空调按商场使用功能不同分区设置，末端风口采用风阀调节，且不同功能区温度可由工作人员通过操控面板进行控制与设置，所有 VRV 房间均设置有控制面板。所有屋顶式空气调节机组均配备了 G4+F7+光触媒的过滤装置，可提高室内空气洁净度。

(2) 供电和照明系统的节能改造

能源供给方面，麦德龙商场充分利用太阳能和风能这两种清洁能源，通过太阳能屋面电站、太阳能一体式停车雨棚、风光互补路灯等创新设施进行发电，减少了化石能源的使用，降低了运营给环境带来的影响。麦德龙是国内零售业第一家墙面再附着太阳能板来降低建筑热交换和空调负载的商场。值得一提的是，麦德龙还与顾客共享绿色能源，特别设立了太阳能绿色充电桩，用于电动汽车和助动车充电。前来商场购物的麦德龙会员均可免费使用助动车充电服务，真正享受绿色出行的购物体验。

东莞麦德龙商场改造在屋面和南立面增加了太阳能光伏板作为建筑新的外立面。其大气、简洁的外观，充分利用了屋面和南立面日照条件较好的特点，进一步节约项目能源消耗，且可以改善屋面和南面外围护结构的热工性能。项目的光伏系统和光热系统每日均正常运行，且保持运行记录完善。其中，太阳能光伏系统 2017 年全年发电量 783733kW·h，2017 年太阳能热水系统产生的热水量可以满足员工食堂全部热水需求，如图 8-57 所示。

图 8-57 麦德龙屋面太阳能光伏板图

麦德龙集团配置了一套囊括全国 82 家门店的设备物联网实施监控管理平台，实时监控门店的设备运行报警状况，同时可介入其他设备系统，包括照明、空调、水电气能源系统设备等，同时可实时存储门店的设备关键运行数据。门店子系统功能包括：系统建模、设备管理、实时监控（包括冷冻系统、空调系统、照明系统、能源系统、消防报警系统、CCTV 系统集成等）、报警管理、日程管理、系统管理，如图 8-58 所示。

东莞麦德龙商场在照明设计及灯具选择过程中，对照明舒适度及照明节能进行了综合考虑，在确保照度、照度均匀度、显色指数及眩光满足舒适度要求的情况下，通过选用高效灯具（LED）使照明功率密度大幅度降低。全部照明灯具纳入集中控制系统，能够根据使用条件和天然采光状况采取分区、分组控制方式，并按需要采取降低照度的自动控制措施。

麦德龙东莞商场项目按要求设置分项计量电表：空调冷热源、照明插座用电、冷链用电、其他用电。按迪卡侬和麦德龙两个管理单元分别设置计量电表，便于后期收费管理。

图 8-58 麦德龙商场内景图

电表数据记录接入能源管理系统,可以按月、年读取并导出。建筑无玻璃幕墙、无建筑泛光照明、无景观照明,场地内照明只有用于道路照明的路灯,且路灯照射方向朝向场地内且向下照射,照明光线不会溢出场地边界。因此,不会对周边建筑产生光污染影响。

(3) 水资源的节约改造

雨水回收系统可将雨水净化后进行循环利用,满足商场部分用水需求。麦德龙商场位于的东莞市万江街道属于水质型缺水城区。该项目改造给水排水系统设计在满足当地设计要求及项目使用需求的情况下,综合采取了多项节水措施,如雨水回用系统、一级节水器具、太阳能热水系统、冷链余热回收系统。本次技术改造不涉及给水排水管网的改造,继续沿用原有管路系统。从南侧万江大道和西侧西环路各引一条 DN200 市政给水管,供基地和消防用水。生活给水全部采用市政直供,市政供水压力为 0.25MPa,经计算,末端用水点压力均不大于 0.2MPa。

本次改造项目用水计量采用三级计量水表,同时卫生器具全部改造为一级洁具。生鲜区增设一套余热回收系统制备生鲜区用热水,增设一套太阳能热水系统供厨房用热水。

麦德龙东莞商场的厨房洗碗机用水点处设太阳能热水系统,采用分离式(强制循环)的平板型单机系统,屋顶设有一个 2000mm×1000mm 平板型集热器,在厨房吊顶内设有一个 80L 的承压热水箱,日热水用量为 $0.06m^3$,该太阳能集热器热水日产量不小于 $0.06m^3$,因该系统未设置备用热源,本项目太阳能热水利用率 100%。

麦德龙东莞商场的室内排水采用污废合流,室外雨污分流。运营期产生的污(废)水及其处理措施为:生产废水,生鲜区等生产废水采用三级隔油池处理后与生活污水混合进入化粪池进一步处理;生活污水,与生产废水混合后进入化粪池预处理;停车场冲洗废水,经沉砂池预处理后,排放至市政污水管道,如图 8-59 所示。项目改造前全部雨水排至市政雨水管网,本次改造增设了一套雨水收集系统,收集场地南部约 $4000m^2$ 范围内屋面、道路、绿地雨水,处理后用于室外场地冲洗用水,其余部分直接排至市政管网。

(a) 麦德龙屋面雨水收集　　　　　(b) 麦德龙给水排水设备房

图 8-59　麦德龙屋面雨水节能系统

(4) 资源回收改造

东莞商场还配备了强大的资源回收系统。商场还提供智能垃圾回收系统，可通过自动压缩垃圾为垃圾箱扩容，并智能地安排垃圾回收时间，减少垃圾车的使用频次。同时，商场后场设立大型垃圾分类回收箱为所有顾客和周边居民提供垃圾回收服务，分为纸、纸板、玻璃、金属、塑料和电池六类垃圾，培养消费者垃圾分类习惯，提升环保意识。

项目采用了太阳能智能垃圾桶，可实现太阳能供电、垃圾压缩、垃圾分类、智能感应投放口、除异味、垃圾溢满联网通知、语音播报、防盗功能、防雨水、便捷回收、全天候工作等功能，如图 8-60 所示。

图 8-60　太阳能智能垃圾桶

8.5 太原市图书馆改扩建

8.5.1 工程概况

太原市图书馆旧馆毗邻山西省地质博物馆、山西省博物院，三栋公共建筑沿河形成三馆并列的格局。太原图书馆从1954年对外开放至今，经过1973年、2001年两次扩建，如图8-61所示，图书馆旧馆由于建成较早，设计标准低，已不能满足现代图书馆的功能要求。2014年4月旧馆再次进行全面改扩建，2017年10月，新馆建成正式对外开放。

(a) 改造前的太原市图书馆

(b) 改造后的太原市图书馆

图 8-61 太原市图书馆改造前后图

8.5.2 改造理念

改造前的太原市图书馆由主楼、报告厅和2栋附属用房组成，改扩建设计保留了老馆的主体结构，拆除了报告厅和附属用房，将原先离散的形态整合为一个完整的建筑体量，在功能、布局和流线上得到提升，同时形成新的完整的城市形象，与前两馆在城市尺度上的空间共鸣，如图8-62所示。

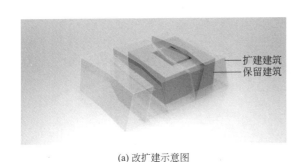

(a) 改扩建示意图　　　　　　　　(b) 正"V"形与倒"V"形空间示意图

图 8-62　太原市图书馆构想图

8.5.3　改造内容

扩建部分采用了与省博物院相反的收分形态，向中央聚拢，营造出内聚的公共活动空间，由此产生了一正一反两个"V"形的室内共享空间，如图 8-63 所示。

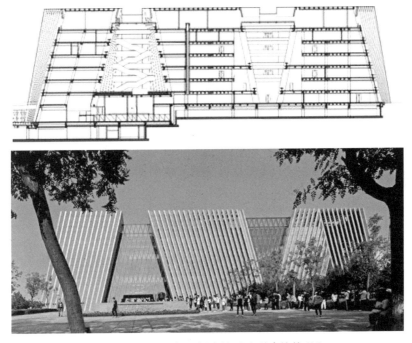

图 8-63　内部空间逻辑直接反映到建筑外观上

其中新老体量之间的倒"V"形空间，对应主入口，让新建与原有结构保持了明晰的逻辑关系，也形成了面朝汾河逐级升高的休闲阅览空间。开放空间延伸到所有楼层，在保证读者区独立管理的前提下，各个阅读区旁皆有开放空间，提供休憩、放松、咖啡茶点、打印、创客等丰富活动的可能，如图 8-64 所示。

改造对老馆"回"字形的建筑空间进行了由内而外的织补，在原有体量过大的老中庭中，继续贯彻"V"形几何母题，通过形态收分，填补出逐层退台的阅览空间，通过缩减空间尺寸，降低了能耗，也营造出更多静谧的围绕中庭的宜人阅览和观景空间，如图 8-65、图 8-66 所示。

(a) 入口大厅的开放空间

(b) 菱形玻璃幕墙

图 8-64　太原市图书馆内部空间

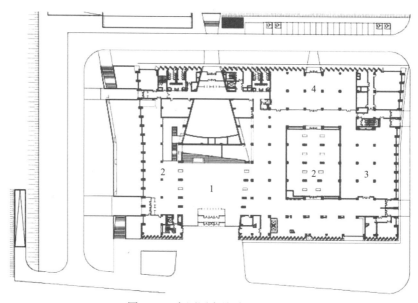

图 8-65　太原图书馆首层平面图
注：1. 中央大厅；2. 展厅；3. 少儿阅览；4. 少儿手工

(a) 老馆中庭改造示意图

(b) 老馆中庭改造后

图 8-66　既有场馆中庭改造图

旧馆的中庭部分进行了空间的织补，形成的逐级退台的"V"字形休闲阅读空间，形成了相对独立的一片小天地。

混凝土体量间的若干三角形"负空间"由菱形玻璃幕墙遮蔽，与实体墙面形成强烈的对比，如图 8-67 所示。建筑的东西立面的混凝土板遮阳构件贯穿屋面，连为一体，并在屋面的间隙内布置了太阳能光伏板。遮阳构件与玻璃幕墙交替成列，形成偏向南面的采光和观景形式。在立面上产生了如书页般的变化效果。南向立面设计了水平向的遮阳栅格以达到遮阳效果。

(a) 混凝土遮阳构件成为主要立面语言

(b) 遮阳构件形成书页般的效果

(c) 图书馆拉近人与书的距离

(d) 图书馆外景

图 8-67　太原市图书馆实景图

太原市图书馆将开放空间延伸到所有楼层，在保证读者区独立管理的前提下，各个阅读区旁皆有开放空间，提供休憩、放松、咖啡茶点、打印、创客等丰富活动的可能。开放空间按照功能和尺度分为多个层次，如图 8-68 所示。跨度达 30m 的中央大厅，贯穿建筑，成为城市与汾河之间的视觉通廊，也是承载公共活动的室内"城市街道"。改造完成后，这里先后举办了三场大型交响音乐会，成了名副其实的"城市客厅"。面向汾河的立面在原有结构外增加了一个柱跨，成为塑造了建筑新形象的景观面，其中既有视野开阔的观景空间，也提供了文化、展览活动场地，每年可举办 50 余场此类活动。

太原市图书馆改扩建设计诠释了"新旧融合、形态重塑"的建筑更新策略，在合理利用旧建筑的前提下，新的建筑语言赋予旧建筑崭新的新生命力。扩建后的太原市图书馆与周边环境产生共鸣，并成为太原市一处崭新的、拥有宜人公共空间的文化活动场所。

(a) 中央大厅

(b) 开放空间

(c) 在中央大厅举办的音乐会

(d) 观景、展览空间

图 8-68 太原市图书馆各功能分区展示图

8.6 北京 798 厂房改造

8.6.1 工程概况

北京 798 艺术区位于北京东北方向大山子地区，是原国营 798 厂等电子工业的老厂区所在地。798 艺术区西起酒仙桥路，东至酒仙桥东路、北起酒仙桥北路，南至将台路，面积 60 多万 m^2，如图 8-69 所示。

从 2002 年开始，一批艺术家和文化机构开始进驻到北京 798 艺术区，他们以艺术家独有的眼光发现了此处对从事艺术工作的独特优势，成规模地租用和改造空置厂房。他们充分利用原有厂房的风格，稍作装修和修饰，一变成为富有特色的艺术展示和创作空间。随后北京 798 艺术区逐渐发展成为画廊、艺术中心、艺术家工作室、设计公司、餐饮酒吧等各种空间的聚合，如图 8-70 所示，形成了具有国际化色彩的"Soho 式艺术聚落"和"Loft 生活方式"，引起了相当程度的关注。

北京 798 艺术中心是由艺术家们将原有国营 798 厂自发改造成功的创意产业园区。原始建筑群为包豪斯艺术设计风格，内部空间高、大柱支撑构架，墙体的砖和混凝土强度都非常大，是设计师充分研究北京地震史后，进行的高抗震强度建筑设计。改造后大都保留建筑结构和部分大型机器，利用斑驳的墙面和特色的建筑结构传达给人历史的视觉冲击和

图 8-69 北京 798 的文化印记

图 8-70 北京 798 艺术区街景

震撼力,园区不仅保留历史建筑形态,还注入新的建筑功能、空间元素,即将部分单体建筑进行内部空间整合、分隔,水平扩建或垂直扩建,形成 LOFT 空间形式,创新建筑空间活力。

8.6.2 改造理念

在对原有的历史文化遗留进行保护的前提下,艺术家们将原有的北京 798 艺术区工业厂房进行了重新定义、设计和改造,带来的是对于建筑和生活方式的创造性的理解。这些空置厂房经他们改造后本身成为新的建筑作品,在历史文脉与发展范式之间,实用与审美之间与厂区的旧有建筑展开了生动的对话。北京 798 艺术区已经演化为一个文化概念,对各类专业人士及普通大众产生了吸引力,并在城市文化和生存空间的观念上产生了影响,如图 8-71 所示。

图 8-71 原工业厂房改造后的面貌

北京798艺术区作为工厂遗产开发，通过对旧厂房的改造，形成艺术商业街区，成为北京的城市文化地标之一，城市休闲目的地。798艺术区内分为艺术空间、文化空间、消费空间和交易空间，如图8-72所示。

图8-72 种类繁多的艺术、设计、展览空间

8.6.3 改造内容

以北京798艺术区为主的厂区的建筑风格简练朴实，重视使用功能。巨大的现浇架构和明亮的天窗为其他建筑所少见。它们是50年代初的重点工业项目，几十年来经历了无数的风雨沧桑。原有建筑具有建筑主体坚固，空间高大灵活，使用了高强度等级建筑砖等特点。厂房窗户向北，这种设计可以充分利用天光和反射光，保持了光线的均匀和稳定，而从视觉感受来看，恒定的光线又可以产生一种不可言喻的美感。

（1）标志性建筑：以铁道部唐山机车车辆工程为例

铁道部唐山机车车辆工厂于1971年1月生产的火车头是园区内的一大亮点，这座曾经的重工业厂区，到处都是20世纪70～80年代大生产时的模样，而这台火车被保留至今，它承载着岁月在飞速地穿梭，作为798文化创意园标志矗立在这里，留住了时间的记忆，如图8-73所示。

园区内各色各样的涂鸦墙，夸张的手法表现了艺术家们的天马行空，这样的风格很受年轻人喜欢，不少游客都是慕名前来拍照打卡，如图8-74所示。

图8-73　被保留至今的火车头　　　　　　　　图8-74　涂鸦墙

（2）雕塑的引入

雕塑则是另一种表现手法，园区内散落着各种形态的雕塑，或是可爱的动物，或是有深度的人物形象，如图8-75所示。

图8-75　随处可见的雕塑街景艺术

（3）强调历史

在"798"，我们可以看到各个艺术家对空旷的厂房，裸露着的蒸汽管道、通风管道，斑驳的外墙面的各种空间改造。新与旧、光明与静谧，都在不停地穿插交融；旧的空间被穿越，新空间正在被重新界定，如图8-76所示。

图 8-76 被保留的工业建筑诉说着 798 辉煌的历史

798 草地里废弃的机床、生锈的铁门随处可见，斑驳的电线杆和如麻的电线诉说着工业时代的传说，还有两个巨型的锅炉仍在"怒吼"着坚持在自己的岗位。但是这一切也在潜移默化地影响着艺术，这个日渐庞大的艺术工作室替代了过去 798 的辉煌。

图 8-77 文化的渲染（一）

第8章 既有建筑改造案例

图 8-77 文化的渲染（二）

在建筑结构中硬性继承历史，在流动空间中注入软文化传播。保存的朱红色标语在新展出的艺术画展中，是新旧文化表现的碰撞；空间中导入特色导视系统，活跃氛围又凸显张力。利用场所中原有材料进行的公共空间设计、景观设计、展示设计、多媒体传播等都是综合性文化系统中不可或缺的一部分，如图 8-77 所示。

8.7 东莞市老旧小区改造案例

8.7.1 东莞市老旧小区的现状及政策

东莞市住房和城乡建设局于 2020 年会同各镇街对全市的老旧小区进行了两轮摸底排查并形成了台账。据调查统计，东莞市建成于 2000 年前的老旧小区共有 1272 个，涉及房屋 6761 栋、建筑面积 1527 万 m^2、住户 15.2 万户。2021 年，全市纳入老旧小区改造的项目共 13 个，涉及房屋 244 栋、建筑面积 47.95 万 m^2、住户 5886 户。截至近日，年度改造任务当中有 3 个项目已进场施工建设，1 个项目完成新接入管道天然气改造工程，其余项目处于方案编制，群众意见搜集及审批手续办理等前期准备阶段。电梯加装方案，从 2020 年 1 月至 2021 年 5 月，各镇街纳入计划台账的既有住宅单元共 139 个，已建成并投入使用电梯 2 台，已进入审批建设流程的增设电梯共 102 台，其中，已完成联合审查 64 台，已开工 39 台。

2020 年，东莞市政府先后制定《东莞市既有住宅增设电梯管理办法》《东莞市既有住宅增设电梯专项补助资金管理实施细则》《东莞市既有住宅增设电梯技术指引》等文件，填补了政策空白；工作方案方面，东莞市政府出台了《东莞市老旧小区改造试点工作方案》《东莞市老旧小区改造工程建设管理工作指引》，明确了老旧小区改造的范围内容、试点目标、任务计划、扶持政策、审批优化措施、操作流程等，对符合规定的老旧小区改造试点项目给予财政补助；电梯加建方面，东莞市政府印发了《东莞市推进既有住宅增设电梯工作实施方案》，将既有住宅增设电梯工作作为各镇街（园区）的硬任务，落实任务分工。

2021年以来，东莞市住房城乡建设局持续完善老旧小区改造项目推动机制。配合市政府成立市级层面的工作领导小组以加强统筹协调，进一步排查全市老旧小区改造需求，以落实"既要尽力而为又要量力而行"，面向社会公开征集设计、造价咨询服务单位以加强专业技术支持指导及品质把控，沟通协调老旧小区消防改造技术以明确设计及施工标准；二是实事求是、因地制宜，创造性地推出了一系列政策亮点措施。鼓励有改造需求的老旧小区积极参改，积极编制改造方案，对已完成改造方案编制但因业主表决不通过、未纳入财政补助范围等原因导致无法按计划实施的项目，由市财政按照平均每户100元且单个项目不低于1万元，不高于5万元的标准对方案编制单位进行补助。

8.7.2 东莞第二教师村老旧小区

东莞第二教师村于20世纪90年代初建成，如位于莞城区莞龙路80号，为7层框架结构住宅楼，总建筑面积68485m^2，共17栋26个单元，共计612户（实际入住580户），居住人员1588人，老人居多，现物业管理公司为深圳市彩生活物业管理有限公司东莞分公司，小区已成立业委会（第二届）。该小区从2018年起，陆续启动改造工程，已增设篮球场和儿童乐园，增加了14套健身器材，增加了路灯和楼道灯，增加了监控录像，还开展了室外护栏刷漆、小区白蚁防治等，投资约27万元，资金来源为物业出租收入结余。已启动第7、12栋电梯加装工作，初步选定了电梯供货商，争取2021年内施工安装（图8-78）。

图8-78 东莞第二教师村改造后图

目前，该小区已列为东莞市老旧小区改造试点项目，且完成了试点改造方案，改造内容包括天然气入户、屋面及楼宇外墙翻新补漏、绿化修整、小区内道路整治、垃圾分类设施整理、文娱体育设施建设、给水排水管网更换等，分两年两期实施，总预算约1000万元。

8.7.3 东莞南城黄金花园金碧楼

金碧楼于1995年建成，如图8-79所示，位于东莞南城街道元美路24号，为8层框架结构商住楼，此次改造项目为 0304 单元增设电梯。0304 单元楼 1 层为电房，2～8 层为住宅，建筑总高度 28.9m。

图 8-79　东莞南城黄金花园金碧花园改造图

在满足结构安全、消防安全的情况下，在楼梯间外侧增设电梯及连廊，电梯总高度 26.2m，共停 4 站（分别停靠 1、3、5、7 层）。通过连廊与楼梯休息平台连接，电梯井道基础采用天然地基筏板基础，主体采用钢结构，设备选用菱王无机房永磁同步乘客电梯，项目总投资约 50 万元，定位"东莞市既有住宅增设电梯领跑者"，自 2020 年 7 月 1 日电梯设计方案公示，到同年 12 月 4 日竣工验收交付及投入使用，用时约五个月，不论在施工前期的公示、审批和施工备案手续，还是在落地施工过程中，均为零投诉，用实际行动交上了一份让人民群众满意的答卷，改造平面图如图 8-80 所示。

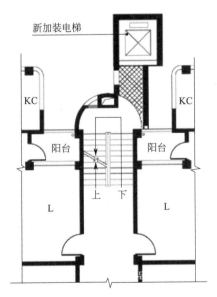

图 8-80　加装电梯平面示意图

8.7.4 东莞谢岗镇泰康花园

泰康花园是东莞谢岗镇在 20 世纪 90 年代早期开发的一个小区，由于年代久远，大部分公共设备设施已老化瘫痪，尤其是消防系统、安防系统不完善，存在较大的安全隐患，随时威胁着小区居民生命财产安全，改造升级刻不容缓。

谢岗镇泰康花园老旧小区改造试点项目是市级重点改造三个试点项目之一。此前，相关部门已经从开展老旧小区摸底调查，到收集各方意见、现场勘察、资质设计、征集业主意愿、项目申报、方案谋划、公示等一系列过程，历经 9 个月。谢岗镇泰康花园老旧小区改造实施方案正式公示，打响了东莞市老旧小区改造的第一枪，也是谢岗镇老旧小区居民迈出享受"新"生活的第一步，如图 8-81 所示。

图 8-81 东莞市谢岗镇泰康花园改造

谢岗镇积极探索谢岗镇老旧小区改造模式，推进老旧小区试点项目落地改造，全面开展城市综合品质提升。房管所多次组织泰园社区等相关部门人员和业主代表讨论，邀请专业资质设计公司现场踏勘后，最终确定十个改造项目，改造内容包括：小区消防设备、设施进行更新改造；更换每栋楼宇大门、增设人脸识别系统、改造监控设备；天台、外墙等公共部位的防水工程进行翻修重做；对小区楼梯道进行粉刷和修补；对小区大门及保安岗亭进行升级改造；增加天然气管道，使用环保燃气，改变使用瓶装气的现状；小区内的电线、网络线、有线电视线路进行整治，所有线路重新铺设，全部要求预埋地下或墙内，改变现在"蜘蛛网"的现象。

本章参考文献

[1] 时元元，强万明，付素娟，赵士永. 既有居住建筑超低能耗节能改造全生命周期碳排放研究 [J]. 建筑技术，2021，52（04）：417-420.

[2] 张萍，顾浩航. 既有养老建筑节能改造策略研究——以石家庄市为例 [J]. 建筑节能（中英文），2021，49（01）：140-144.

[3] 姚东升. 既有养老建筑适老性改造初探 [J]. 中国医院建筑与装备，2021，22（01）：66-68.

[4] 刘振. 老旧小区改造有颜值更要有内涵 [N]. 安徽日报，2021-07-21（009）.

[5] 王冰洁. 理顺新路径，老旧小区改造迎来"升级版" [N]. 青岛日报，2021-07-19（003）.

[6] 刘玲，李文竹. "微改造"理念下郑州市中原区五建小区的改造设计研究 [J]. 建筑与文化，2021（07）：37-39.

[7] 晏曼等．既有工业建筑园区更新改造研究与应用——鲇鱼洲文化创意产业园［M］．北京：中国建筑工业出版社，2021．
[8] 东莞市莞城建筑工程有限公司．大型公共建筑改造、扩建技术研究与应用——东莞市民服务中心［M］．北京：中国建筑工业出版社，2020．
[9] 李欣，许铁铖．新旧融合，形态重塑——太原市图书馆改扩建设计［J］．新建筑，2019（02）：58-61．
[10] 曹忠雄，陆珊珊，腰康杰，余博元，吴丽永．太原市图书馆改扩建工程建筑加固改造技术［J］．施工技术，2016，45（S2）：815-817．
[11] 戴娴璐．城市更新策略背景下工业遗产建筑再设计研究——以北京798艺术中心为例［J］．居舍，2020（32）：9-10＋4．
[12] 麦德龙官网新闻中心．绿色案例｜麦德龙（下）：如何用"绿色商场"实现零售业的可持续发展［EB/OL］．http://www.caseplace.cn/Resource_Show.asp?ID=1015
[13] 麦德龙官网新闻中心．《2016麦德龙中国可持续发展报告》［EB/OL］．https://catalogues.metro-group.com/p222-15793/2016nian-du-mai-de-long-zhong-guo-ke-chi-xu-fa-zhan-bao-gao/page/1?_ga=2.1972786.205235296.1635467336-1628852603.1635467336
[14] 崇蓉蓉，魏星，何雅君．文化创意产业园发展现状研究——以北京798艺术区为例［J］．赤峰学院学报（汉文哲学社会科学版），2019，40（04）：66-68．
[15] 田雨，谢庆龙，李丹丹．后工业时代文化创意工厂空间发展与启示——以北京798艺术区为例［A］．中国城市规划学会、杭州市人民政府．共享与品质——2018中国城市规划年会论文集（02城市更新）［C］．中国城市规划学会、杭州市人民政府：中国城市规划学会，2018：11．
[16] 姚晓璐．上海世博俄罗斯馆改造前抗震鉴定［J］．住宅科技，2021，41（01）：59-63．
[17] 陈小杰．上海世博会法国馆改造前抗震鉴定［J］．住宅科技，2020，40（07）：64-67．